촘스키, 우리가 모르는 미국 그리고 세계
Noam Chomsky Interventions

촘스키, 우리가 모르는 미국 그리고 세계

지은이 | 노엄 촘스키
옮긴이 | 강주헌
삽화 | 장봉군
펴낸이 | 김성실
편집 | 최인수 · 여미숙 · 이정남
마케팅 | 곽흥규 · 김남숙 · 이유진
디자인 · 편집 | (주)하람커뮤니케이션(02-322-5405)
인쇄 | 중앙 P&L(주)
제책 | 대흥제책
펴낸곳 | 시대의창
출판등록 | 제10-1756호(1999. 5. 11)

초판 1쇄 | 2008년 4월 25일 펴냄
초판 7쇄 | 2012년 3월 5일 펴냄

주소 | 121-816 서울시 마포구 동교동 연희로 19-1 4층
전화 | 편집부 (02) 335-6125, 영업부 (02) 335-6121
팩스 | (02) 325-5607
이메일 | sidaebooks@hanmail.net

ISBN 978-89-5940-103-1 (03300)
© 시대의창, 2008, Printed in Korea.

• 책값은 뒤표지에 있습니다.
• 잘못된 책은 바꾸어 드립니다.

Interventions
by Noam Chomsky
Original copyright © 2007 Noam Chomsky
This original edition was published in English by Open Media/City Lights
Korean translation copyright © 2008 Window of times
this Korean edition was arranged with Noam Chomsky c/o Roam Agency, USA
through Best Literary & Right Agency, Korea.
All rights reserved.

이 책의 한국어판 저작권은 베스트 에이전시를 통해 원저작권자와 독점 계약한
도서출판 시대의창이 소유합니다.
신저작권법에 의해 한국 내에서 보호를 받는 저작물이므로 무단전재와 무단복제를 금합니다.

촘스키, 우리가 모르는 미국 그리고 세계

《뉴욕타임스》 신디케이트 기고 최신 칼럼

노엄 촘스키가 쓰고 강주헌이 옮기다

시대의창

비판적 사고야말로
긍정적 사고다

언젠가부터 "긍정적으로 생각하라!"는 말을 귀가 따갑도록 들었다. 그런데 긍정적인 생각이란 무엇일까? 흔히 교회에서 가르치는 대로, 교통사고로 팔 하나가 부러지면 죽지 않아서 다행이라고 생각하는 것이 긍정적인 생각일까? 또 어떤 사고로 사람이 죽으면 하느님 곁에 일찍 가서 얼마나 좋냐고 생각하는 것이 긍정적인 생각일까? 그렇다면 장례식장에서 우는 기독교인들의 눈물은 어떻게 해석해야 할까?

궁금한 마음에 어원을 추적해봤다. '긍정'은 영어에서 주로 positive로 쓰인다. positive는 처음에 '자의적 합의'란 뜻이었다. 달리 말하면 자연스런 합의가 아니라는 뜻이다. 그후 '평가 없이 표현하다'라는 뜻으로 의미가 확대됐고, 결국에는 '건설적이고 좋은 면을 강조하는' 의미까지 더해졌다. 결국 긍정적 사고는 '어떤 일이든 그 일의 좋은 면을 보는 사고'라는 뜻이다.

최근에 '긍정'이라는 주제를 다룬 자기계발 서적들이 쏟아져 나오고 있다. 그리고 그 서적들은 '긍정적 사고'야말로 성공으로 가는 중요한 조건이라고 우리를 세뇌시킨다. 그런데 이런 식의 긍정이 정말 우리를 성공의 길로 이끌어줄까? 얼마 전까지만 해도 비판적 사고가 성공의 원동력이라고 하지 않았던가? 그렇다면 긍정적인 사고가 곧 비판적인 사고라는 뜻일까?

영어에는 '긍정'의 뜻으로 affirmation이란 단어도 있다. 이 단어는 확신을 통해서 긍정한다는 뜻이다. 더 정확히 말하면 어떤 일에 대한 증거를 찾아서 확신을 갖게 되면 그로 인해 긍정한다는 뜻이다. 영어에서 positive와 affirmative는 의미에서 차이가 있지만 우리말에서는 똑같이 '긍정'으로 해석된다. 그런데 우리말에서 '긍정'은 affirmation에 가까워야 한다.

촘스키는 이런 의미에서 긍정적인 사람이다. 미국 정부, 혹은 지배자의 입장에서 보면 사사건건 시비를 거는 부정적인 사람으로 보이겠지만, 다수 대중의 눈에는 긍정적인 사람으로 보일 것이다. 확신에 찬 긍정을 위해서는 현실에 대한 냉정한 분석과 비판이 있어야 한다. 또 눈을 크게 뜨고 시야를 넓혀야 한다. 이른바 시스템 사고에 근거한 분석과 비판이 있어야 하는 것이다.

촘스키는 완벽하지는 않지만 하나의 사건을 이러한 관점에서 보려는 노력을 게을리하지 않는다. 적어도 어떤 이념에 사로잡혀 맹목적인 비난을 퍼붓지는 않는다. 사회와 경제와 정치를 아우르고 나면 세상이 조금씩 보이기 시작한다. 명성을 얻기 위해서 그리고 지식인인 척하기 위해서 비판적인 목소리를 내는 사이비 좌파나 사이비 우파와는 차원이 다르다.

이 책은 촘스키가 《뉴욕타임스》 신디케이트에 기고한 글들을 모은 것으로 미국의 국내외 문제를 포괄적으로 다루고 있다. 그러나 《뉴욕타임스》에는 한 건도 게재되지 않았다. 그만큼 미국의 치부를 적나라하게 폭로하고 있기 때문이다.

내가 "비판적 사고야말로 긍정적 사고다"라고 말한 이유가 무엇인지 그의 글을 읽어보면 분명히 알 수 있다. 촘스키의 글은 우리가 조금만 더 노력하면 지금보다 훨씬 나은 세상을 만들 수 있다는 확신을 심어주기 때문이다.

충주에서 **강주헌**

편집자의 글

촘스키, **권력**에 과감히
도전장을 던지다

　　지난 17년 동안 노엄 촘스키는 '오픈 미디어 시리즈'를 통해 세계적인 베스트셀러로 지금도 꾸준히 팔리고 있는《촘스키, 9-11 : 뉴욕 테러와 미국의 무력대응에 대한 비판과 분석》을 비롯한 많은 책을 출간했다. 특히, 촘스키가 1990년 11월 하버드 대학교에서 가진 반전 연설은 이 시리즈를 발족할 때 포함되기도 했다. 그러나《촘스키, 9-11》이《뉴욕타임스》에서 장기간 베스트셀러 목록에 오른 것과 그로부터 몇 달 후 촘스키가《뉴욕타임스》신디케이트Syndicate(신문기사 배급사)를 통해 기명으로 약 1000단어 내외의 간략한 시론을 발표하기 시작했다는 사실은 사람들에게 거의 알려지지 않았다. 나조차도 최근에야 알았을 정도다.

　　촘스키의 논평은 세계 여러 언론에 많이 실렸지만, 미국의 이른바 '주요 신문들'은 촘스키의 글을 꾸준하게 거부하며 게재하지 않았기 때문에 별다른 주목을 받지 못했다.《뉴욕타임스》《로스엔젤레스타임스》《워싱턴포스트》《보스턴 글로브》에서는 단 한 편도 게재되지 않았다. 그러나 《레지스터 가드》와 《데이튼 데일리 뉴스》 같은 일부 지역 신문과 테네시를 기반으로 하는 월간지 《녹스빌 보이스》는 촘스키의 논평을 선별적으로 게재하기도 했다.

미국의 주류 언론들은 촘스키로 대표되는 진보적인 정치사상을 달갑게 받아들이지 않지만 이런 사상을 미국 밖으로 팔아 수익을 올리는 데는 적극적이다. 이 사실은 역설적이면서 적잖은 의미를 갖는다. 타리크 알리Tariq Ali는 "촘스키가 이탈리아나 독일, 프랑스나 영국에서 살았다면 그 나라에서 가장 유력한 신문 중 한 곳에 고정적으로 칼럼을 기고했을 것이다"라고 말했다. 실제로 촘스키의 칼럼은 《인터내셔널 헤럴드 트리뷴》《가디언》《인디펜던트》 등 영국의 주요 신문에 여러번 게재되었다. 그럼에도 불구하고 촘스키는 고향 땅에서 여전히 홀대받는 신세를 면치 못하고 있다. 이러한 이유로 촘스키가 《뉴욕타임스》 신디케이트를 통해 최근까지 쓴 기명 논평 전부를 수록한 《촘스키, 우리가 모르는 미국 그리고 세계》를 독자들에게 소개할 수 있어서 무척 기쁘다. 이 책에는 그가 최근에 출간한 책들 중에서 발췌한 한두 편의 논평만 빠져 있을 뿐이다. 대신 촘스키가 배급사가 아닌 《뉴욕타임스》를 위해 특별히 기고한 〈무기로서의 장벽〉을 추가했다.

《뉴욕타임스》와 이름이 같은 신디케이트는 《뉴욕타임스》와 같은 회사이긴 하지만 독자적인 영역을 갖는다. 촘스키는 이 책의 발간에 맞추어 관련된 주석을 보충했고, 공간의 부족 때문에 편집된 부분을 원래의 원고대로 되살려냈다. 또 내용상 미흡했던 부분도 보충해서 배경 및 관련된 정보를 더하기도 했다. 이런 작업을 통해서 《촘스키, 우리가 모르는 미국 그리고 세계》라는 한 권의 책이 완성된 것이다.

촘스키가 이 책에 수록된 논평들을 쓴 시기, 즉 2002년부터 2007년 사이에 《패권인가 생존인가》《실패한 국가, 미국을 말하다》《위험한 힘》 등과 같은 중요한 저작을 연이어 발표했다는 점에 주목할 필요가 있다. 2006년, 우고 차베스가 유엔 총회 연설에서 극찬한 이후로 《뉴욕타임스》 베스트셀러 목록에서 오랫동안 빠지지 않았던 《패권인가 생존인가》를 비롯한 모든 책이 《촘스키, 우리가 모르는 미국 그리고 세계》에서 언급된 생각들을 구체화한 것이기 때문이다.

촘스키는 권력에 도전하는 자유를 단순히 기회라고만 생각하지 않는다. 지식인의 책임이라고도 생각한다. 따라서 촘스키는 기명 논평이라는 형식을 활용해서 권력에 과감히 도전장을 던졌다. 간략하지만 권력층을 신랄하게 비판한 이 논평들은 일간신문을 읽는 보편적인 독자들을 위해 쓰인 것이다. 촘스키는 미국 정치계의 모순과 기만 그리고 감춰진 음모를 짧은 논평으로도 한 권의 책만큼이나 설득력 있게 고발할 수 있다는 것을 증명해보였다.

촘스키는 뿌리 깊은 불평등이 만연해 있는 전쟁국가 미국을 변화시킬 힘이 일반 국민들에게 아직 남아 있다는 사실을 우리에게 일깨워주었다. 그는 "역사가 우리에게 가르쳐준 가장 명백한 교훈 중 하나는 권리는 그냥 주어지는 것이 아니라 쟁취하는 것이다"라고 말했다. '오픈미디어 시리즈'와 촘스키 저작의 목표는 독자들에게 정의, 인권, 민주주의의 신장을 위해 본연의 권리를 포기하지 말라고 촉구하는 것과 그런 권리를 뒷받침하는 대중매체를 구축하는 데 있다.

그레그 루지에로

들어가는 글

묵살된 '진실'을 담은 44개의 칼럼

    대중 매체는 다양한 관점에서 연구될 수 있다. 보도된 기사와 무시되거나 구석에 묻혀버린 기사를 비교할 수도 있고, 중요한 사건을 거의 독점적으로 다루는 전문가들의 발언과 그 전문가들이 쓴 기사를 분석하는 방법도 있다. 여하튼 대중 매체를 분석해보면 언론에 뻔질나게 얼굴을 내미는 전문가들의 화려한 언변과 실제로 출판물이나 텔레비전에 소개되는 그들의 발언이 얼마나 다른지를 알게 된다.

    기업화된 언론의 지배자들이 말로만 내뱉는 가치관, 즉 '언론은 권력에 휘둘리지 않아야 한다'는 비판적인 언론관과 그들이 실제로 팔고 있는 결과물 간의 격차는 무시하지 못할 정도로 크다. 엘리트 계급은 수정헌법 제1조를 가장 소중한 원칙이라 말하면서도 그 원칙에 부끄럽지 않은 삶을 사는 것보다 권력에 아부하는 것을 더 중요하게 생각하는 듯하다.

    신문의 논평란도 다를 바가 없다. 각 신문사들은 독자들에게 다양한 사회적 쟁점을 전달하겠다는 약속을 지겹도록 되풀이한다. 그러나 그런 약속은 거의 지켜지지 않는다.

《뉴욕타임스》는 신문의 논평란을 "이 시대의 주요한 사회·문화·정치적 쟁점을 반영한 면"이라고 정의했다. 《뉴욕타임스》는 대외적으로 천명한 '정의'대로 시대의 쟁점들을 그런대로 보여주고 있지만, 대부분의 언론 매체들은 이런 고결한 '정의'에 턱없이 못 미친다. 엘리트 신문들, 즉 최대 발행부수를 자랑하며 《로스엔젤레스타임스》《워싱턴포스트》《뉴욕타임스》처럼 권력계층에 막강한 영향력을 휘두르는 신문들에서 기명 논평란은 받아들일 수 있는 쟁점의 한계선이 분명히 그어진 공간으로 작용한다. 무리 없이 발표될 수 있는 논평은 이런 경계 내에 있어야 하는 것이다. 이런 경계를 벗어나는 생각이나 논평은 아예 게재되지 않거나 아주 가끔 게재될 뿐이다.

《뉴욕타임스》의 기명 논평 역시 일정한 틀 내의 공론, 즉 엘리트 정치 집단과 기업의 이해가 용납하는 범위의 공론을 반영한다고 해도 과언이 아니다. 워싱턴 정계에서 공개적으로 전개되는 논쟁은 중요한 쟁점에 대한 실질적인 공론과 많은 면에서 다르다. 그래도 중요하다고 여겨지는 의견이기 때문에 신문에서는 다루고 있다. 텔레비전에 뻔질나게 얼굴을 내미는 전문가들, 즉 거의 모든 문제에 대해서 함축적인 논평을 하며 돈벌이를 하는 소수의 언론인과 평론가들 역시 똑같이 제한된 한계를 벗어나지 못한다. 게다가 의견과 분석을 내놓는 사람들은 언제나 똑같은 얼굴이다.

기명 논평과 신디케이트에서 배포하는 칼럼이 대중매체에서 특별한 형식은 아니다. 하지만 그 정확한 역사는 분명하지 않다. 《뉴욕타임스》는 지금과 같은 체재를 1970년에 갖추었던 것으로 알려진다. 자체

논설란 맞은 면에 게재하기 때문에 'op-ed'라고 불렀는데 이곳에는 외부 기고가들의 글이 주로 실렸다. 다른 주요 신문사들도 《뉴욕타임스》의 선례를 따르면서 기명 논평은 미국 전역에서 흔히 볼 수 있는 기사가 됐다.

《뉴욕타임스》가 현재의 체재를 널리 유행시키는 데 큰 역할을 한 것은 사실이지만 《뉴욕타임스》의 자체 평가에 따르면 《뉴욕타임스》가 '기명 논평이라는 신생아를 탄생시킨' 주역은 아닌 듯하다. 실제로 《뉴욕타임스》는 1990년 〈모든 관점이 보도할 가치가 있다〉는 기사에서 이러한 자체 평가를 내놓았다. 데이비드 크로토David Croteau와 윌리엄 호인스William Hoynes가 미디어 감시기구 '페어'(Fairness and Accuracy in Reporting, FAIR)의 잡지 《엑스트라》(1992년 6월)에서 지적했듯이 배급회사에서 배포하는 정치와 경제에 관련된 칼럼은 1920년대에 처음 등장했다. 또 《뉴욕타임스》보다 기명 논평란을 먼저 시작했다고 주장하는 신문사들이 미국 전역에서 적지 않다고 분석한 연구 논문도 있다.

그러나 기명 논평란을 누가 '탄생'시켰냐의 문제보다는 기명 논평란에서 무엇을 다루었느냐의 문제가 훨씬 더 중요하다. 기명 논평란을 통해 관점이나 인습에 구애받지 않는 폭넓은 논쟁을 펼치겠다는 취지는 분명히 멋진 생각이다. 그러나 그동안 《뉴욕타임스》에서는 그런 모습을 찾아보기 힘들었다. 예컨대, 《뉴욕타임스》에서 칼럼니스트로 활동한 앤서니 루이스Anthony Lewis는 기명 논평란을 《뉴욕타임스》 임원진과 우호적인 관계에 있는 정치계가 만들어낸 산물이라고 했다.

루이스가 대변한 좌파적이고 진보적인 관점이 윌리엄 새파이어William Safire를 필두로 한 보수진영의 관점과 균형을 맞출 수 있으리라는 생각은 애초부터 어불성설이었던 것이다. 1960년대 중반 《뉴욕타임스》의 여론란을 면밀하게 조사한 벤 바그디키언Ben Bagdikian은 이데올로기적으로 다양한 칼럼니스트를 찾는다는 신문사 편집자의 주장과 달리 그동안 '보수적인 칼럼니스트의 글이 압도적 다수'를 차지했다고 지적했다.

그로부터 30년이 지난 후에 똑같은 조사를 한 크로토와 호인스는 정치 칼럼이 여전히 우익 성향이라는 사실을 밝혀냈다. 미국에서 가장 인기 있는 일곱 명의 칼럼니스트 중 네 명이 저명한 보수 논객이었고 (조지 월, 제임스 킬패트릭, 윌리엄 새파이어, 윌리엄 F. 버클리), 나머지 세 명은 중도파 정치부 기자인 데이비드 브로더David Broder와 칼럼니스트 마이크 료코Mike Royko 그리고 유일한 진보주의자인 엘렌 굿맨Ellen Goodman이었다. 따라서 크로토와 호인스는 "이 시대에 가장 널리 읽히는 칼럼니스트들이 대부분 우익 성향을 띤 메시지를 전달하고 있기 때문에 '다른 관점'이 균형 있게 제시되지 못하고 있다"고 결론지었다.

다시 10년 후에 '페어'가 실시한 조사에서도 거의 비슷한 결과가 나왔다. 이데올로기 성향은 거의 변하지 않았고 칼럼니스트의 순위에만 변화가 생긴 정도였다. 칼럼이 실린 신문의 수를 기준으로 할 때, 극단적 보수주의자인 제임스 돕슨James Dobson과 칼 토머스Cal Thomas가 상위에 올랐고 그들에 버금가는 보수주의자인 로버트 노박Robert Novak과 조지 월Geoge Will의 순위도 크게 떨어지지 않았다.

물론 언제나 예외는 있다. 예컨대 대중영합적 진보주의자 몰리 어빈스Molly Irvins는 2007년 초에 세상을 떠날 때까지 300여 신문에 칼럼을 기고했다. 하지만 넓은 의미에서 일간지의 여론란은 기업화된 매체의 한 단면이기 때문에 우익의 목소리가 대부분을 차지하고 전반적인 의견도 극우에서 중도 성향이 강하다. 물론 몰리 어빈스의 경우처럼 예외도 있지만 말이다.

보수적인 정책연구소인 헤리티지 재단Heritage Foundation에서 발행하는 회보의 편집자 애덤 메이어슨Adam Meyerson은 오래 전에 이렇게 말했다(1988년 11월).

> 요즘 기명 논평란은 보수주의자가 득세하고 있다. 보수적인 의견이 엄청나게 쏟아지면서 이런 현상이 대학을 졸업하고 언론계에 투신하려는 젊은이에게 적잖은 문제를 안겨준다. …… 빌 버클리가 요즘 예일 대학교를 졸업했다면 누구도 그에게 큰 관심을 기울이지 않았을 것이다. 그가 조금도 특별하게 보이지 않았을 것이기 때문이다. …… 비슷한 사상을 가진 사람이 수백 명을 헤아리고, 그들이 신문기사 배급사에 이미 칼럼을 기고하고 있기 때문이다.

그렇다고 최고 수준의 논평란에 글을 싣고 싶어 하는 젊은 보수주의자들이 희망을 완전히 포기할 필요는 없다. 1995년, 《뉴욕타임스》 신디케이트 사장은 "경쟁력을 갖춘 시장이 거의 사라졌고 신문의 수 역시 더 적어졌지만 아직 틈새가 있다. 특히 소수민족이나 여성에 의한 보수적 관점의 칼럼은 환영받을 여지가 있다"고 말했다.

그러나 주요 신문사에 기사를 보급하는 회사들의 웹사이트를 잠깐만 살펴봐도 메이어슨의 한탄은 입증된다. 기명 논평란의 편집자가 독자들에게 좌익 성향의 논평을 소개하고 싶어도 신문사가 대규모 배급회사에만 의존하고 있기 때문에 그런 논평을 찾아내기란 쉽지 않다. 가장 큰 배급회사의 하나인 크리에이터스는 20명 정도의 저명한 보수주의자들의 글을 각 언론사에 제공한다. 진정한 좌파와 진보주의자의 글은 한 손가락으로 꼽을 수 있을 정도다.

그런데 이런 현상도 전체의 일부일 뿐이다. 지난 10년 동안 주요 신문사들은 그나마 소수이던 좌익 성향의 칼럼니스트들을 줄기차게 배제하면서 엘리트 언론계에서 거의 씨를 말려버렸다. 1995년 7월, 《유에스에이투데이》는 유일하게 진보적인 칼럼니스트였던 바바라 레이놀즈Barbara Renolds를 해고했다. 2년 후에는 《워싱턴포스트》가 1960년대 후반부터 일관된 목소리로 평화와 정의에 관한 글을 기고했던 콜먼 맥카시Colman McCarthy와의 계약을 해지했다. 편집국장인 로버트 카이저는 계약 해지 이유를 "시장의 요구에 따른" 것이라고 밝혔다. 《워싱턴포스트》는 찰스 크라우트해머Charles Krauthammer 그리고 조지 윌과 같은 극우 성향의 칼럼니스트를 위한 시장을 포기하지 않았다. 그들의 의견이 대중의 감정과 일치하지 않더라도 시장에서 검증받을 필요가 없기 때문이다.

2005년 《로스엔젤레스타임스》도 거의 30년 동안 붙박이로 활동했던 좌익 성향의 칼럼니스트 로버트 슈어Robert Scheer를 해고했다. 슈어는 말년에 맞은 결정적인 정치적 쟁점인 이라크 문제에서 주류 언론계의 권위자로는 드물게 이라크에 대한 백악관의 주장에 회의적인 시각을 감추지 않았다. 언론계의 저명한 논설위원들이 이라크의 대량살상무기에 대한 '모두'의 판단이 틀렸다고 편안하게 주장하기 전부터 슈어는 "이라크의 생화학 무기가 8년간의 사찰 기간 동안에 거의 파괴되었다는 전문가의 일치된 의견이 상원에 제출되었다"(2002년 8월 6일)는 칼럼을 썼고, 수개월 후에는 백악관이 내세운 전쟁 이유를 '새빨간 거짓말'이라고 혹평하기도 했다. 그는 2003년 말부터 미군의 이라크 철

《로스엔젤레스타임스》는 가장 유명한
진보적 컬럼니스트를 해고하면서
곧바로 신보수주의자 맥스 부트와
역사학자 니알 퍼거슨 그리고 《내셔널리뷰》의
조너 골드버그 등과 같은 우익 논객들을 데려와
빈틈을 메웠다.

군을 요구했다. 이러한 요구는 그로부터 3년 동안 지배계급에서도 좀처럼 거론되지 않던 의견이었다. 《폭스》의 빌 오라일리Bill O'Reilly를 비롯한 우익 세력의 반발과 신문사가 트리뷴 컴퍼니로 넘어간 것 등 여러 이유에서 슈어는 해고된 듯하다. 슈어가 밝힌 바에 따르면 《로스엔젤레스타임스》의 새 발행인이 자신에게 "자네가 쓴 단어 하나하나가 마음에 들지 않는다"고 말했다고 한다.

《로스엔젤레스타임스》는 가장 유명한 진보적 컬럼니스트를 해고하면서 곧바로 신보수주의자 맥스 부트Max Boot와 역사학자 니알 퍼거슨Niall Ferguson 그리고 《내셔널리뷰》의 조너 골드버그Jonah Goldberg 등과 같은 우익 논객들을 데려와 빈틈을 메웠다. 특히 골드버그는 프랑스가 이라크 전쟁을 반대하자 프랑스인을 '치즈나 먹는 비열한 원숭이'라고 빈정댔고, 이라크 점령을 비판한 학자에게는 이라크에서는 내란이 없을 것이고 2007년이 되면 대부분의 미국인과 이라크인이 이라크 전쟁을 바람직한 전쟁으로 평가할 것이라며 이에 1000달러 내기를 하자는 도발적인 칼럼을 쓰기도 했다.

골드버그를 비롯해 기업화된 언론에서 높은 위치를 차지한 보수 논객들은 '겉으로는 좌익을 표방하는 언론'으로부터 해고될 염려를 하지 않아도 된다. 우익 성향을 띤 평론가가 누리는 남다른 혜택 때문에 그들이 자칫 잘못된 판단으로 글을 쓴다 해도 불리한 처분을 받을 가능성은 거의 없다는 얘기다. 예컨대 1992년, 논평 배급회사로부터 최고의 인기를 누렸던 조지 윌은 갤럽의 여론조사 결과를 엉뚱하게 해석해서 지구 온난화에 대한 앨 고어Al Gore의 관점을 호되게 비난했고, 대부분의 과학자가 지구 온난화를 믿지 않는다고 주장했다. 그러나 여론조사 결과는 윌의 해석과 정반대였기 때문에 갤럽은 윌의 터무니없는 실수를 바로잡는 성명서까지 발표했다. 그러나 월의 독자들은 그 성명서를 보지 못했다. 따라서 월은 왜곡된 해석을 수정할 필요조차 없었다.

이러한 사실 관계의 오류는 빙산의 일각일 뿐이다. 이른바 전문가라는 칼럼니스트가 제시하는 의견과 처방은 또 다른 문제를 제기한다. 《뉴욕타임스》의 외교담당 칼럼니스트인 토머스 프리드먼Thomas Friedman은 세계화와 최고경영자들의 기업가적 열정을 천편일률적으로 찬양하는 칼럼을 써대면서 출세의 기반을 다졌다. 다시 말해 그는 미국에게 전쟁의 북소리를 울릴 필요도 없이 약한 나라에 사는 사람들에게 폭력을 휘두르라고 충고한 전문가였다. 그런데도 프리드먼은 언론계에서 가장 똑똑한 사람이라는 분에 넘치는 명성을 얻었다. 그가 쓴 칼럼을 생각한다면 그가 명성을 얻었다는 것이 놀라울 뿐이지만 그의 동료 칼럼니스트와 비교한다면 그다지 놀라운 일도 아니다.

프리드먼은 2006년 NBC의 뉴스 진행자 팀 루서트Tim Russert와 가진 토론에서 지금까지 많은 문제를 다루었지만 한 가지 문제에 대해서는 전혀 지식이 없었다고 솔직히 인정했다. 프리드먼은 "어떤 지역과의 '자유무역' 협정을 반대할 것이냐"와 관련한 질문을 받고 대충 얼버무린 적이 있다면서 당시의 상황을 자세히 설명해주었다. "반대하다니요, 절대 반대하지 않았습니다. …… 나는 카프타CAFTA, 즉 카리브 지역 자유무역 발의안을 지지하는 칼럼도 썼습니다. 하지만 그 발의안에 어떤 내용이 있는지는 몰랐습니다. 그저 자유무역이란 단어에 대해서만 알고 있었습니다." 여기에서 우리는 프리드먼이 자신이 찬성한 자유무역 협정의 이름조차 제대로 몰랐다는 점을 주목할 필요가 있다. 카프타에서 'CA'는 카리브 지역이 아니라 '중앙아메리카'를 뜻한다.

자유무역과 같은 쟁점에서 볼 수 있듯이 엘리트 계층의 '일치된 목소리'가 프리드먼과 같은 칼럼니스트들에게 뜻하는 바는 간단하다. 박식하게 보이기 위해서라도 여기저기를 다니면서 세계화의 미덕을 무작정 떠벌려야 하는 것이다. 그러나 독자들이 이런 종교와도 같은 주장에 반발하는 논평을 접할 가능성은 거의 없다. 기업이 지배하는 언론에서는 반론이 거의 허락되지 않기 때문이다.

우리는 북미자유무역협정NAFTA과 같은 무역협정에 오래 전부터 회의적이던 여론과 엘리트 계급의 '일치된 목소리'를 비교해볼 필요가 있다. 엘리트 계급이 내세우는 세계무역정책에 대한 국민들의 반대는 언론에서 합리적인 관점으로 다루어지지 않았다. 2000년, 세계은행과 국제통화기금IMF의 신자유주의 처방에 반대하는 대규모 시위가 수만 명의 행동주의자들이 몰려든 가운데 워싱턴에서 열렸다. 그때《뉴욕타임스》는 이 시위를 비난하는 칼럼을 연속적으로 게재했다. 더 정확히 말하면 시위가 열린 지 한 달이 지나지 않아 시위를 비난하는 다섯 편의 기명 논평을 실었다. 시위를 옹호하거나 시위대의 근심을 진지하게 다룬 논평은 단 한 편도 없었다. 그런 흐름은 논평의 제목(〈잃어버린 세계를 구하려는가〉〈IMF를 사랑하는 법을 배우자〉〈정말로 별난 사람들〉)에서 분명히 엿볼 수 있었다. 글의 내용은 제목보다 훨씬 도발적이었다. 우익 평론가로 그 직후 백악관 연설원고 작성자로 특채된 데이비드 프럼 David Frum은 "시위자들은 댐과 공항 그리고 경제학자를 증오한다"는 망언을 서슴지 않았다. 《뉴욕타임스》의 칼럼니스트 폴 크루그먼Paul Krugman도 "세계은행과 IMF의 정책을 비판하는 사람들은 '상대적으로 혜택을 누리는 소수'의 생각을 대변하며 사실에 근거하지 않는 주장을 읊어댄다"고 비난했다. 토머스 프리드먼도 자신의 텃밭에서 뒤질 수 없다는 듯이 "시위자들은 경제를 아는 척 하는 하찮은 야바위꾼들로

'세상의 가난한 사람들을 가난하게 내버려두려는 연대'로 불러야 마땅하다. 그들에게 대체 속내가 뭔지 까보이라고 말해주고 싶다"며 분노에 찬 발언을 했다. 요컨대 《뉴욕타임스》에는 시위를 반대하는 목소리만 있었던 것이다.

기명 논평을 세밀하게 분석해보면 역사적 순간마다 허용 가능한 담론이 어떤 것이었는지 대략 짐작할 수 있다. 예컨대 9.11사태 한 달 후, '페어'의 분석에 따르면 군사 대응을 주장하는 칼럼이 《워싱턴포스트》와 《뉴욕타임스》에서만 44편이 실렸다고 한다. 단 두 편만이 비군사적 대안을 주장하고 있을 뿐이었다. 당시 여론조사에서도 어떤 형태로든 군사 행동을 지지하는 경향이 뚜렷했지만, 제한적 군사 행동에 무게를 두거나 국제사법체제를 활용해서 9.11테러의 책임자들에게 책임을 묻자는 의견이 다수였다. 그러나 이런 여론은 거의 묻히고 말았다. 달리 말하면 엘리트 정치집단에서 그 의견을 진지하게 받아들이지 않았다는 뜻이다.

촘스키는 《환상을 만드는 언론》이라는 책에서 미국의 니카라과 정책에 대한 언론 보도의 허용된 범위를 연구했다. 연구 결과에 따르면 1986년 처음 석 달 동안 《뉴욕타임스》와 《워싱턴포스트》에 실린 85편의 칼럼 모두가 산디니스타Sandinista를 비난한 것으로 나타났다. 반면 콘트라Contra를 지원한 정책에 대해서는 비교적 폭넓은 보도가 허용됐다. 워싱턴 정계에서도 이에 대한 논란은 많았다. 그러나 언론은 산티니스타를 비난해야 한다고 누군가에게 강요받은 것처럼 행동했다.

어떤 기준을 들이대더라도 기명 논평이 편향되어 있다는 것을 알 수 있다. 예를 들어 수전 에스트리치Susan Estrich가 여성의 기명 논평은 손가락으로 헤아릴 정도로 적다고 《로스엔젤레스타임스》를 비난하면서 성의 다양성 문제가 공론화된 적이 있었다. 그러나 논평란의 편집자 마이클 킨슬리Michael Kinsley는 논평의 범위를 확대하는 것의 수학적 어려움을 토로하며 신문에서 다음과 같이 말했다.

　　여성 평론가의 글을 지금보다 더 많이 게재하라는 압력을 받아들이면 흑인, 라틴계 등의 목소리가 줄어들 수밖에 없다. 왜 그래야만 하는가? 흑인 여성과 보수적 성향을 띤 라틴계의 목소리는 없는가? 당연히 있다. 또 사지가 멀쩡한 성인 남성들과 담을 쌓고 지내기 때문에 눈에 띄지 않아서 그렇지, 글을 잘 쓰지만 신체장애가 있는 라틴계 레즈비언 보수주의자의 목소리도 두 사람까지는 아니어도 한 사람 정도는 있을 수 있다. 결국 노력의 문제가 아니라 수학의 문제다. 방정식에 더해지는 각 변수가 다른 변수를 극대화하려는 노력을 좌절시켜버린다.

안타깝게도 이런 식의 사고방식이 언론계에는 팽배하다. 안나 퀸들렌Anna Quindlen은 1990년 《뉴욕타임스》에 기고한 글에서 한 편집자로부터 "나는 당신 칼럼을 싣고 싶습니다. 하지만 우리는 이미 엘렌 굿맨의 칼럼을 싣고 있습니다"라는 말을 들었다고 했다. 결국 여성 칼럼니스트는 한 명이면 충분하다는 뜻이다. 《시카고트리뷴》의 칼럼니스트로 아프리카계 미국인인 클라렌스 페이지Clarence Page도 신디케이트를 통해 비슷한 말을 들었다고 한다. 즉, 편집자들이 이미 그들의 신문에 글을 싣는 흑인 칼럼니스트의 이름을 거론하며 새로운 칼럼을 싣는 것을 완곡하게 거절하더라는 것이다.

이러한 역사적 배경을 감안하고 이 책에 수록된 칼럼들을 읽는다면 한층 도움이 되리라 생각한다. 텔레비전 토크쇼에 붙박이로 출연하는 워싱턴 정가의 점쟁이나 전문가와 달리 노엄 촘스키의 글은 익명의 공무원들에게 들은 귓속말, 워싱턴 정가의 사교장에서 나눈 잡담, 혹은 도널드 럼스펠드가 주최한 크리스마스 파티장에서 나눈 한담을 근거로 하지 않는다(정말로 이런 파티가 있다. 게다가 얼마 전부터 언론계의 엘리트들은 이런 파티에 빠지지 않고 참석한다).

촘스키의 칼럼은 정성껏 수집한 각종 자료들, 특히 지배계급에게는 불편한 사실이어서 언론에서 전반적으로 묵살해버린 진실들 그리고 영향력 있는 관리들의 발언과 처신을 근거로 삼았다. 따라서 칼럼에서 거론된 사람은 권력층으로부터 버림받을 수도 있다. 그들에게 버림받는다고 그의 밥줄까지 끊어지지는 않겠지만 엘리트 언론계에서는 중대한 죄업이 아닐 수 없다.

당신이 사는 지역의 신문에 이런 칼럼이 정기적으로 실린다고 상상해보라. 무척 바람직한 현상이겠지만 그럴 가능성은 거의 없다. 몇 해전, 노엄 촘스키가 PBS 뉴스 '맥네일·레러 뉴스아워'에 출연한 적이 있다. 그러자 '페어'에서 발행하는 잡지 《엑스트라》는 '촘스키 맥네일·레러에 출연하다. 서구 문명은 아직 살아있다'는 제목의 기사를 내보냈을 정도다.

그렇다, 서구 문명은 분명히 살아 있다. 하지만 미국 민주주의의 힘겨운 생존에 만족하지 말고 우리는 민주주의가 활짝 꽃피우기를 바라야 한다. 그러나 대중에게 진정한 정보를 전달하지 않고는 그런 바람이 실현되기는 불가능하다.

백악관이 그야말로 모든 면에서 허둥대고 있고, 조지 부시 역시 역사적으로 유례를 찾아보기 힘들 정도로 지지부진한 업무 지지율에 허덕이고 있기 때문에 백악관 정책에 대한 비판적 평가는 이제 기업 언론에서도 쉽게 찾아볼 수 있다. 하지만 이런 공개적 비판은 신문에 다양한 관점이 반영되고 있다는 잘못된 환상을 독자들에게 심어줄 수 있다. 2006년 4월 3일, 파시피카 라디오의 대표적인 프로그램인 '이제는 민주주의다'에 출연한 촘스키는 이라크 전쟁에 대한 미국 언론의 행태를 냉정하게 평가했다. 당시 피사피카 라디오는 이라크 전쟁에 회의적인 입장을 표명한 덕분에 명성을 얻기 시작한 때였다.

이라크 전쟁에 대한 비판은 실질적으로 없는 것이나 마찬가지입니다. 이런 평가에 언론인이라면 누구나 반발하겠지요. 그들은 무척 비판적이라고 생각하겠지만 실제로는 그렇지 못합니다. 이라크 전쟁에 대한 비판은 교조적 시스템이나 미디어 등에서 허용된 비판일 뿐이란 뜻입니다. 비교해서 말하면, 스탈린그라드 공방전 이후 독일 참모진 내에 있었던 비판과 다를 바가 없습니다. 이런 식의 비판은 실효성을 갖지 못합니다. '우리가 실수했다. 다른 장군을 구해야 한다.'

이런 식이어서 부담만 가중시킬 뿐입니다. 지역 축구팀을 응원하는 고등학교 신문도 이 정도의 수준은 됩니다. 그들은 "우리 팀이 이겨야만 하잖아?"라고 묻지 않습니다. "이제 우리는 어떻게 해야 하지?"라고 묻습니다. 답은 뻔합니다. "코치들이 잘못한 것일까? 그럼 우리가 다른 걸 해봐야 하나?"라는 식입니다. 이런 걸 비판이라 합니다. …… 그러나 "우리 팀이 이기려면 어떻게 해야 하는가?"보다 "우리 팀이 거기서 우선적으로 무엇을 해야 하는가?"가 쟁점이 돼버렸습니다.

언론인, 칼럼니스트, 정치평론가의 의견은 지배계급의 이해관계에 맞아 떨어져야 하고, 그래야 권위 있는 언론 무대에서 활동할 만하다고 평가받기 때문에 그들은 그런 한계를 벗어나서는 안 된다는 것을 잘 알고 있다. 이 책에 수록된 칼럼들은 그런 법칙을 따르지 않았다. 따라서 주요 신문사의 지면에서 밀려날 수밖에 없었다. 진정으로 알아야 할 것들이 흔히 그렇듯이, 우리는 다른 경로를 통해 촘스키의 글을 읽는 수밖에 없다.

피터 하트

CONTENTS

촘스키, 우리가 모르는 미국 그리고 세계

PART 01
미국은 끊임없이 **전쟁**을 '**기획**'한다

PART
01

미국은 끊임없이
전쟁을 '기획'한다

시베리아 철도

● ● ● ●

요즘 미국은 "아랍인들이 우리를 증오하고 우리의 자유를 시기한다"고 생각하면

서 자충수를 두고 있다. 그러나 그들은 미국인을 좋아하고, 미국의 자유를 비롯

해 미국의 가치관을 동경하는 사람들이다. 그들이 증오하는 것은 미국의 대외정

책이다. 즉, 그들이 그토록 열망하는 자유를 그들에게 허락하지 않는 미국의 대

외정책을 증오하는 것이다.

왜 그들은 미국을 미워하는가

      9.11사태는 미국인에게 큰 충격을 주기도 했지만 미국 정부가 세계에서 어떻게 행동하고 있고 그런 행동이 어떻게 인식되고 있는지 한층 면밀하게 감시해야 한다는 깨달음도 주었다. 덕분에 전에는 의제조차 되지 않았던 많은 쟁점들이 공론화되면서 활발한 토론이 이뤄지고 있다. 바람직한 현상이 아닐 수 없다. 미국이 그와 같은 비극을 다시 겪지 않으려면 당연히 취해야 할 변화이기도 하다. 부시 대통령이 말한 "우리의 적은 우리의 자유를 시기한다"는 주장이 미국인들에게 약간의 위안이 될 수는 있겠지만, 완전히 다른 교훈을 전해주는 바깥 세계를 무시하는 것은 결코 현명한 짓이 아니다.

      부시 대통령이 "왜 그들은 우리를 미워하는가?"라는 의문을 제기한 첫 대통령은 아니다. 44년 전, 아이젠하워 대통령이 참모회의에서 "아랍세계에서 우리를 증오하는 저항운동, 그것도 정부가 아닌 국민들이 시작한 저항운동"에 대해 언급한 적이 있다. 아이젠하워의 국가안전보

미국은 대다수의 세계인들이 워싱턴을
테러집단이라 생각한다는 사실을 직시해야 한다.
미국이 '테러 행위'라고 공식적으로 규정한
'정의', 즉 미국이 적들에게 적용하는
테러의 '정의'에 따르면 미국 역시
콜롬비아, 파나마, 수단, 터키 등에
테러를 가한 꼴이 된다.

장회의는 그 근본적인 이유를 "미국이 그 지역의 원유를 지배하기 위해서 부패하고 억압적인 정부를 지원하고 있고 이를 더 누리기 위해 그 지역의 정치와 경제의 발전을 반대하기 때문"이라고 결론지었다.

9.11사태 이후에 아랍 세계의 여론을 조사해보면 지금까지도 그때와 똑같은 이유가 지배적이다. 게다가 특정한 정책에 대한 원망까지 더해 있다. 그런데 그 지역에서 특권을 누리는 서구지향적 계층까지 이러한 생각에 동조하고 있다는 사실은 놀라운 현상이 아닐 수 없다. 하나의 예를 들어보자. 국제적으로 인정받는 지역 전문가 아흐메드 라시드 Ahmed Rashid는 지난 8월 1일(2002년)에 발행된 《파 이스턴 이코노믹 리뷰Far Eastern Economic Review》를 통해 "미국이 파키스탄의 무샤라프 군사정권을 지원하면서 민주주의를 실현하겠다는 약속을 지체한다는 분노가 커지고 있다"고 지적했다.

요즘 미국은 "아랍인들이 우리를 증오하고 우리의 자유를 시기한다"고 생각하면서 자충수를 두고 있다. 그러나 그들은 미국인을 좋아하고, 미국의 자유를 비롯해 미국의 가치관을 동경하는 사람들이다. 그들이 증오하는 것은 미국의 대외정책이다. 즉, 그들이 그토록 열망하는 자유를 그들에게 허락하지 않는 미국의 대외정책을 증오하는 것이다.

이런 이유에서 9.11사태 이후에 부패하고 야만적인 정권을 지원하는 미국 정부 및 사우디아라비아의 '침략'을 비난한 오사마 빈 라덴의 주장이 그를 혐오하고 두려워하는 사람들에게조차 적잖은 반향을 일으킨 것이다. 결국 미국이 아랍 국민들에게 원한과 분노와 좌절을 안겨주었기 때문에 테러집단들은 그들에 대한 아랍인들의 지원과 신병모집을 기대할 수 있게 되었다.

또 미국은 세계 각국의 대다수의 사람들이 워싱턴을 테러 집단이라 생각한다는 사실도 직시해야 한다. 미국이 '테러 행위'라고 공식적으로 규정한 '정의', 즉 미국이 적들에게 적용하는 테러의 '정의'에 따르면 미국 정부 역시 콜롬비아, 파나마, 수단, 터키 등에 테러를 가한 꼴이 된다.

새무얼 헌팅턴Samuel Huntington은 1999년, 가장 공정한 기관지로 꼽히는 《포린 어페어스》에 기고한 글에서 "미국은 습관처럼 일부 국가를 '불량국가'로 비난하지만 많은 나라의 눈에는 오히려 미국이 불량한 초강대국으로 비친다. 즉, 미국은 그들의 사회에 유일하게 위협적인 적으로 변해가고 있다"고 말했다.

9.11사태로 미국 본토 역시 서구 열강들에 의해 희생되었던 수많은 약소국들처럼 끔찍한 테러 공격을 받을 수 있다는 사실이 자명해졌다. 하지만 미국의 이런 오만한 인식은 조금도 변하지 않았다. 게다가 요즘의 테러 공격은 IRA(북아일랜드의 반영反英 지하 군사 조직인 아일랜드 공화국군_옮긴이), FLN(Front de Liberation Nationale, 알제리 민족해방전선), 붉은여단(Red Brigades, 이탈리아의 극좌 테러단) 등의 단체가 행하는 '국지적 테러retail terror'를 훨씬 넘어선다.

9.11테러에 대해 전 세계가 격렬히 비난했고, 무고한 희생자에 대한 동정의 물결이 일었지만 거기에는 언제나 조건이 따랐다. 지난 9월(2002년) 갤럽의 국제여론조사에서도 밝혀졌듯이 미국의 아프가니스탄 군사 공격을 지지하는 사람은 거의 없다. 특히 미국의 간섭으로 큰 홍역을 치른 라틴아메리카에서는 지지도가 가장 낮았다. 예컨대 멕시코에서는 지지도가 겨우 2퍼센트에 불과했다.

물론 아랍 세계의 '증오에 찬 저항운동'도 이스라엘과 팔레스타인 문제 및 이라크에 대한 미국의 정책 때문에 더 격렬해졌다. 미국이 벌써 35년째 이스라엘의 가혹한 군사 점령을 지원하고 있기 때문이다.

이스라엘과 팔레스타인간의 긴장을 완화시키는 방법의 하나는 (물론 국경을 조절하는 상호합의가 있어야겠지만) 미국이 현재 점령 지역에 존재하고 있는 팔레스타인을 비롯해서 그 지역에 관련된 모든 국가가 평화롭고 안전하게 살 수 있는 권리를 인정하자는 국제사회의 여론을 받아들이고, 이런 합의를 불가능하게 만드는 이스라엘의 끊임없는 만행이 사라지도록 경제·군사·외교 및 이념적으로 지원하는 정책을 당장에 중단하는 것이다.

한편, 이라크에서는 10년에 걸친 미국의 가혹한 제제조치 때문에 사담 후세인 체제가 더욱 강화되고, 수십만 명의 애꿎은 이라크 국민이 사망했다. 군사 분석가 존John과 칼 밀러Karl Mueller가 1999년 《포린 어페어스》에 게재한 글에 따르면 그동안 이렇게 죽어간 사람들이 이른바 대량살상무기로 인해 죽어간 사람의 수보다 훨씬 많은 것으로 나타났다.

현재 워싱턴은 이라크를 침공하려는 이유를 합리화하려고 애쓰지만 그들의 신뢰는 이미 바닥으로 떨어졌다. 사담 후세인이 1988년 할바랴에서 독가스로 쿠르드족을 학살하고, 알 안팔에서는 대량학살을 저지르는 극악한 잔혹행위를 저질렀지만 부시 1세는 사담을 동맹관계이자 무역 파트너로 인정했다. 그런데 지금 워싱턴은 그때보다도 더 국제사회에 믿음을 주지 못하고 있는 실정이다. 당시, 워싱턴과 런던의 강력한 지원을 받던 살인마 사담은 지금보다 훨씬 더 위험한 인물이었는데도 말이다.

미국의 이라크 침공으로 인해 발생할 비용과 참혹한 결과는 누구도 현실적으로 예측할 수 없다. 도널드 럼스펠드도 마찬가지다.

급진적인 이슬람 극단주의자들은 미국의 이라크 침공으로 수많은 사망자가 발생하고 이라크의 대부분이 초토화되기를 바랄 것이다.*
그래야 테러를 위한 전사의 모집이 한결 수월할 것이기 때문이다. 따라
서 그들은 실질적으로 한계가 모호한 '잠재적 위협'까지 공격할 권리
를 요구하는 '부시 독트린'을 내심 반기고 있을 것이다. 부시 대통령은
"미국 본토에서 자유를 안전하게 확보하기 위해서 얼마나 많은 전쟁을
치러야 할지는 아무도 알 수 없다"고 말했다. 맞는 말이다. 위협거리가
사방에 있고 심지어 본토까지 공격받았기 대문이다. 그러나 끝없는 전
쟁의 선언이 '인지된 적'보다 미국인을 훨씬 더 큰 위험에 빠뜨리고 있
다. 테러 조직조차 잘 알고 있는 이유 때문에 말이다.

아랍 전문가로 이스라엘 군사정보국장을 역임한 예호샤파트 하르
카비Yehoshaphat Harkabi는 20년 전에 "팔레스타인에게 그들의 민족자
결권을 존중하면서 명예로운 해결책을 제시한다면 테러 문제도 해결
된다. 늪이 사라져야 모기도 없어지는 법이 아닌가!"라고 말했다. 이
지적은 지금도 여전히 유효하다.

당시 이스라엘은 점령지역에서 별다른 보복 테러를 당하지 않았다.
비교적 최근까지도 그런 테러는 거의 없었다. 하지만 하라카비의 경고
는 정확했다. 그 경고는 이제 점령지역에만 국한된 교훈이 아니다.

9.11사태가 있기 전에도 미국이 거의 독점적으로 행사해온 폭력수
단을 상실하면서 본토에서 잔혹한 보복을 당할 수 있다는 전반적인 인
식이 있었다. 따라서 미국의 잘못된 판단으로 늪이 늘어난다면 모기도
늘어나게 마련이다. 그렇게 됐을 때 일어날 파괴적 결과는 생각하기조
차 끔찍하다.

그러나 우리가 온갖 수단을 동원해서 '증오에 찬 저항'의 근본 원인
을 해결하고 늪을 말려간다면, 지금 우리에게 닥친 위협거리를 크게 줄

일 수 있을 뿐 아니라 우리가 대외적으로 천명한 이상에 맞게 살아갈 수 있을 것이다. 우리가 진지하게 결심만 한다면 그 꿈은 결코 요원한 것이 아니다.

(2002. 9. 4)

*———

정보 분석가들과 대체적으로 동일한 의견을 피력한, 1996년부터 오사마 빈 라덴을 추적하는 책임을 맡았던 CIA의 선임 분석가 마이클 슈어는 《제국의 오만》(2004)이란 책에서 "빈 라덴이라면 미국이 이라크를 침략해서 점령하기를 간절히 바랐을 것이다. 따라서 미국의 이라크 침략과 점령은 미국이 오사마 빈 라덴에게 안겨준 선물이라 할 수 있다"고 말했다.

지하드 조직을 가장 치밀하게 다룬 학문적 저서인 《지하드 전사의 여행》(2006)에서 파와즈 거기스는 9.11테러가 지하드 조직에게 신랄하게 비난받았고, 지하드 전사와 빈 라덴을 분열시킬 수 있는 기회를 미국에 제공했다고 평가했다. 하지만 부시는 성급하게 폭력에 의지하는 잘못을 범했다. 특히 이라크를 침략하면서 그들이 다시 결합하는 빌미를 제공했고, 결국에는 훨씬 심각한 테러의 위협을 초래했다.

조심스런 그러나 정신 나간 제안

　　부시 행정부는 전쟁, 쿠데타 등 모든 수단을 동원해서라도 이라크를 장악하고 싶어 한다. 그리고 많은 단체들은 부시 행정부가 이라크를 장악하려는 뚜렷한 동기가 무엇인지 밝히기 위해 여러 가지 분석을 시도하고 있다.

　　워싱턴 DC에 있는 카네기 국제평화재단Carnegie Endowment for International Peace의 수석 연구원 아나톨 리븐Anatol Lieven의 해석에 따르면 부시 행정부는 외부의 적에 대한 두려움을 조성하면서 "위험에 빠진 우익의 과두정부가 대중의 불만을 민족주의로 돌리는 근대의 전형적인 전략"을 구사하고 있다. 리븐은 "부시 행정부의 목표는 압도적인 군사력의 우세를 통한 일방적인 세계 지배"라고 말했다. 이 때문에 많은 나라가 깊은 우려를 감추지 못하는 동시에 미국 정부에 대한 반감을 갖기 시작했다. 그러나 안타깝게도 미국 정부에 대한 반감은 '반미 감정'으로 잘못 표현되고 있다.

워싱턴의 호전성을 보여주는 선례를 살펴보면 리븐의 해석은 충분한 타당성이 있고 그 이상으로 확대될 수도 있다.

9.11사태 이후 공화당은 테러의 위협을 평계로 우익을 위한 정책을 밀어붙였다. 그리고 의원을 뽑는 중간 선거에서는 이러한 전략으로 대중의 관심을 경제가 아닌 전쟁으로 돌렸다. 또 대통령 선거가 시작된 후에도 국민들이 연금과 일자리, 건강보험 등과 같은 문제에 의문을 제기하지 않기를 바랐다. 공화당의 선거 전략에 따르면, 엄청난 괴력을 가진 적의 위협으로부터 국민을 구해낸 그리고 우리를 파멸시킬 기회를 호시탐탐 노리는 다음 적에 분연히 맞설 채비를 갖춘 영웅적인 지도자를 찬양해야 마땅했다.

잔혹한 9.11테러로 미국 정부는 이라크의 막대한 석유자산을 지배하려는 오랜 계획을 실행에 옮길 구실과 기회를 갖게 되었다. 1945년, 미국 국무부는 이라크의 석유자원을 "전략적 힘을 더해줄 막대한 자원이며, 세계 역사상 가장 큰 물질적 보상 중 하나"라고 말했다. 에너지 자원의 지배는 미국의 경제력과 군사력에 날개를 달아줄 것이란 뜻이고, '전략적 힘'은 세계지배를 위한 지렛대라는 뜻으로 해석된다.

물론 부시 행정부의 발언을 곧이곧대로 받아들여 이라크가 우리를 비롯해 이웃 나라의 생존을 위협하고 있다고 해석하는 사람도 있다. 그들은 이라크의 대량살상무기와 그런 무기를 생산하는 수단을 기필코 파괴해야만 하고, 아울러 괴물이나 다름없는 사담 후세인을 제거해야만 한다고 말한다. 그것도 신속하게 말이다. 그리고 전쟁은 올겨울에 시작되어야 한다고 주장한다. 내년 겨울이면 너무 늦다는 것이다. 그때쯤이면 콘돌리자 라이스 안보보좌관의 예측처럼 버섯구름이 이미 우리를 먹어치워버렸을 수도 있기 때문이다.

잔혹한 9.11테러로
미국 정부는 이라크의 막대한 석유자산을
지배하려는 오랜 계획을 실행에 옮길
구실과 기회를 갖게 되었다.

이 해석이 맞다고 가정해보자. 그러나 중동의 강대국들이 사담 후세인보다 미국을 더 무서워한다면(실제로 그렇다) 이런 해석은 현실을 제대로 파악하지 못한 방증일 뿐이다. 그리고 미국 대통령 선거가 내년 겨울에 진행되는 것은 순전히 우연인 것이다.

이런 해석을 받아들일 때 우리는 "부시 행정부가 대내외에 공표한 목표를 어떻게 이뤄낼 수 있을까?"라는 의문을 제기할 수 있다. 그런데 앞에서 말한 이 가정을 자세히 들여다보면 부시 행정부가 이라크 침공을 간단히 대신할 수 있는 대안을 간과해왔다는 사실을 확인할 수 있다. 부시 행정부는 이란에게 그 역할을 맡겼어야 했다. 그러나 이러한 간단한 계획은 그동안 무시된 듯하다. 이런 계획은 정신 나간 짓이라 여겨졌기 때문이다. 하지만 이 '조심스런 제안'이 무엇인지 따져봐야 할 필요가 있다.

'조심스런 제안'이란 무엇인가? 미국이 안전한 거리를 두고 미사일, 폭탄, 군사기지 등 적절한 군수품과 무기를 이란에게 지원해서 이라크를 침략하라고 권유하는 것이다. '악의 축' 중 하나를 대리로 내세워 다른 하나를 상대하게 만드는 것이다. 이런 제안은 어떤 대안보다 많은 이점을 갖는다.

첫째, 사담 정권이 전복될 것이고 사담과 가까운 측근들이 사분오열될 것이다. 대량살상무기는 물론이고 그런 무기를 제작하는 수단들도 당연히 파괴될 것이다.

둘째, 미국의 인적 피해가 전혀 없을 것이다. 대신 이라크와 이란의 국민들이 죽어갈 것이다. 하지만 그들의 죽음은 우리에게 큰 걱정거리가 아니다. 대다수가 레이건 시대의 관료들이었던 부시 1세의 측근들은 1980년 사담이 이란을 공격할 당시는 물론이고 그후의 체제 아래에서도 엄청난 인명 손실이 있었다는 사실을 까맣게 잊은 채 사담을 강력하게 지원했다.

사담은 화학무기를 사용할 가능성이 있다. 그러나 '바그다드의 야수'가 레이건 시대에 이란을 상대로 화학무기를 사용하고, '그의 국민'이기도 한 쿠르드족에게 독가스를 사용했을 때도 현재의 미국 지도부는 사담을 굳건히 지원해주었다. 체로키족이 앤드류 잭슨의 국민이었다는 점에서 쿠르드족도 사담의 국민이었다.*

바그다드의 야수가 최악의 범죄를 저지른 후에도 현재의 워싱턴 정책입안자들은 그 야수를 꾸준히 지원했고, 심지어 대량살상무기와 핵무기 및 생물학적 무기를 개발할 수단까지 제공했다. 미국은 그 야수가 쿠웨이트를 침략한 후에야 모든 지원을 부랴부랴 중단했다.

1991년 3월, 사담이 시아파를 학살했을 때, 부시 1세와 체니는 '안정'을 이유로 그 학살을 실질적으로 인정했다. 사담이 쿠르드족을 공격했을 때도 그들은 국내외의 거센 압력을 받고나서야 지원을 거두었다.

셋째, 유엔은 문제될 것이 없다. 유엔이 미국의 명령을 따른다면 유엔이 중요한 역할을 한다고 세계에 설명할 필요가 없지만, 유엔이 미국의 명령을 따르지 않을 수도 있기 때문이다.

넷째, 이란은 워싱턴보다 사담 이후의 이라크를 운영하기에 적합한 자격을 갖추었다. 부시 행정부와 달리 이란은 살인마 사담이나 그의 대량살상무기 프로그램을 지원한 적이 없다.

물론 이란 지도부를 신뢰할 수 없다는 반박이 있을 수 있다. 틀린 지적은 아니다. 하지만 사담이 최악의 범죄를 저지른 후에도 그를 계속 지원한 사람들보다는 훨씬 믿을 만하지 않은가!

다섯째, 미국이 침략할 때보다 훨씬 많은 이라크 국민들이 해방을 반기며 해방의 기쁨을 만끽할 수 있다. 이라크 국민들은 바스라의 길거리, 카르발라의 길거리로 뛰쳐나와 만세를 외치며 환호할 것이다. 그렇게 된다면 미국도 이란 기자들과 더불어 해방자의 숭고한 정신과 합당한 대의를 환영할 수 있을 것이다.

여섯째, 이란이 '민주주의'를 제도화하는 방향으로 나아갈 수 있다. 이라크 국민의 다수가 시아파기 때문에 미국이 후임 정부에 시아파를 임명하는 것보다 이란이 그렇게 할 때 반발이 훨씬 덜 할 것이다.

게다가 워싱턴이 허락한다면 미국 석유회사들이 곧바로 이란의 에너지 자원을 편하게 개발할 수 있기 때문에 이라크 석유를 확보하는 데도 문제가 없을 것이다.

물론, 이란으로 하여금 이라크를 해방시키게 하자는 이런 제안은 조심스럽지만 정신 나간 제안이다. 그래도 하나의 이점이 있다면 현재 시행되는 계획보다 훨씬 합리적이라는 점이다. 게다가 부시 행정부가 대내외적으로 공표한 목표가 실제로 그들이 이루려는 목표와 조금이라도 관계되어 있다면 이 제안이 훨씬 합리적일 수 있다.

(2002. 11. 1)

---
*

나중에 밝혀졌지만 사담은 2003년에 화학 무기를 가지고 있지 않았다. 그러나 미국은 사담이 화학 무기를 가지고 있을 것이라 추정했고, 그 때문에 미군은 보호장비를 갖추었다. 그리고 이스라엘에서도 이에 대한 예방책이 진지하게 강구되었다.

명분과 실리도 없는 이상한 전쟁

역사상 가장 강한 힘을 지닌 국가가 압도적 힘을 이용해 무력으로 세계를 지배하려는 의중을 공포했다. 아무래도 부시 대통령과 그의 패거리는 그들이 손에 쥔 폭력 수단이면 어떤 방해꾼이라도 큰 치욕을 안겨주며 쫓아낼 수 있다고 믿는 듯하다.

그런 오만한 믿음은 이라크를 비롯한 세계 곳곳에서 최악의 결과를 가져왔다. 미국은 테러 보복이라는 후폭풍에 시달리고 있고 핵전쟁의 가능성마저 열어놓았다.

존 아이켄베리John Ikenberry가 《포린 어페어스》 9~10월호에 썼듯이, 부시와 체니 그리고 럼스펠드를 비롯한 그들의 동료들은 '제국주의적 야망'을 불태우고 있다. 달리 말하면 미국에 견줄 만한 경쟁국가가 없는, 어떤 국가나 연합국도 세계의 리더이자 보호자인 미국에 감히 도전할 수 없는 일극체제unipolar world를 꿈꾸는 것이다. 이런 야망의 일환으로 미국은 페르시아만의 자원에 대한 지배력을 확대하는 동시에 그 지역에 미국에 유리한 형태의 질서를 강요하기 위한 군사를 주둔시키려 하고 있다.

부시 행정부가 이라크를 상대로 전쟁의 북소리를 울리기 시작하기 전에도 미국의 '모험주의'가 전쟁억제를 위한 대량살상무기를 확산시키고 복수의 테러를 증가시키리라는 많은 경고가 있었다.

현재 워싱턴은 무척 추악하고 위험천만한 교훈을 세계에 가르치고 있는 셈이다. 즉, "미국의 폭력으로부터 나라를 지키고 싶다면 북한처럼 확실한 군사적 위협을 가하라. 그렇지 않으면 미국이 너희 나라를 쑥대밭으로 만들어버릴 것"이라는 교훈이다.

미국이 '타격'을 가하기로 결정할 때 염두에 두는 것이 무엇인지를 과시할 목적에서 이라크 전쟁이 계획된 것이라는 믿을 만한 근거는 충분하다. 그렇다, 힘의 압도적인 차이를 감안하면 '전쟁'이란 단어는 어울리지 않는다.

미국이 오늘 사담 후세인을 징벌하지 않으면 사담이 내일 미국을 파멸시키려 할 것이라는 프로파간다가 미국 내에서 봇물을 이룬다. 2002년 10월, 의회가 대통령에게 전쟁을 허락했을 때 그 목적은 "이라크의 집요한 위협으로부터 미국의 안보를 방어하기 위한 것"이었다.

그러나 이라크 주변 국가들은 잔인한 폭군을 미워하긴 하지만 사담 후세인을 드러내놓고 겁내는 나라는 하나도 없다. 이라크 국민이 생존의 기로에 있다는 것을 주변 국가들은 이미 알고 있기 때문이다. 사실 이라크는 그 지역에서 가장 허약한 나라로 전락한 상태다. 미국의 예술과학아카데미가 제출한 보고서에서도 지적하고 있듯이, 이라크 인구의 10퍼센트에 불과한 쿠웨이트를 비롯해서 주변 국가들의 경제규모와 군사비 지출에 비교할 때 이라크는 정말 약소하다. 게다가 최근 들

레이건과 부시 1세는 사담 후세인에게
군사 원조를 해주었을 뿐 아니라
대량살상무기를 개발할 수 있는 수단까지 제공했다.
그때 사담은 독가스로 수천 명의 쿠르드족을
학살하는 등 최악의 범죄를 저지른 독재자로
지금보다 훨씬 위험한 인물이었다.

어 이라크에게 침략당한 이란과 쿠웨이트를 포함해서 주변 국가들은 이라크를 그 지역에 재통합시키려는 의도까지 비쳤다.

사담 후세인은 이란과의 전쟁을 통해서 그리고 그 이후 쿠웨이트를 침략하던 날까지 미국의 지원을 톡톡히 받았다. 그런데 당시 미국의 정책 결정권을 가지고 있던 사람들이 오늘날 워싱턴으로 대거 복귀해서 요직을 차지하고 있다. 레이건과 부시 1세는 사담 후세인에게 군사원조를 해주었을 뿐 아니라 대량살상무기를 개발할 수 있는 수단까지 제공했다. 그때 사담은 독가스로 수천 명의 쿠르드족을 학살하는 등 최악의 범죄를 저지른 독재자로 지금보다 훨씬 위험한 인물이었다.

미국의 이라크 침략으로 사담의 폭정이 종식되면 이라크 국민들은 혹독한 학정에서 벗어날 수는 있을 것이다. 하지만 생존을 위해서 사담에게 어쩔 수 없이 의존하게 하면서 사담과 그의 세력에게 힘을 실어주게 만드는 가혹한 경제제재로 이라크 사회가 황폐화되지 않았더라면 사담은 차우세스쿠와 같은 악덕한 독재자와 똑같은 운명을 맞았을 것이다.

사담은 지금도 여전히 자신의 세력 범위 내에서는 위협적인 인물이다. 물론 오늘날 그의 세력이 이라크 영토를 넘어서지는 못하고 있지만 미국이 이라크를 침략한다면 복수심에 불탄 새로운 세대의 테러리스트가 양산되고, 이라크가 관여하고 있다고 의심받는 테러 행위를 촉발할 가능성이 크다.

2002년, 개리 하트Gary Hart와 워렌 러드먼Warren Rudman이 공동 의장을 맡은 태스크포스 팀이 외교위원회를 대신해서 〈아직 준비되지 않은 여전히 위험한 미국〉이라는 보고서를 작성했다. 이 보고서는 9.11테러를 훨씬 능가하는 테러공격을 경고하며 미국 본토에서 대량살상무기가 사용될 가능성을 제기했다. 또 미국이 이라크와 전쟁을 계획하고 있다는 점에 비추어볼 때 그 위험은 긴박해 있다고 지적했다.

그런데 만약 이라크에 생화학 무기가 있더라도 사담은 그 무기를 엄격히 관리할 수밖에 없다. 사담은 세계 곳곳에서 암약하는 오사마 빈 라덴과 같은 테러리스트들에게 그런 무기를 제공하지는 않을 것이다. 그들은 사담에게도 중대한 위협거리이기 때문이다. 부시 행정부의 강경파는 이라크가 공격받더라도 최후의 수단이 아니라면 어떠한 대량살상무기도 사용하지 않을 가능성이 높다는 사실을 잘 알고 있다.

그러나 미국의 공격을 받으면 이라크 사회는 붕괴될 것이고 대량살상무기에 대한 통제력도 흔들리기 십상이다. 그렇게 된다면 국제안보 전문가인 대니얼 벤저민Daniel Benjamin이 경고한 대로 대량살상무기가 '사유화'되어 비전통적 무기시장에 매물로 나올 수 있다. 이런 시장에서 그 무기의 구매자를 찾기란 그다지 어려운 일이 아닐 것이다. 벤저민의 표현대로 '악몽 같은 시나리오'가 아닐 수 없다.*

이라크 국민의 운명에 대해서는 누구도 확실하게 말할 수 없다. CIA는 물론이고 럼스펠드도 예외가 아니다. 이라크 전문가라고 자처하는 사람들도 마찬가지다. 그러나 국제구호기구들은 최악의 상황에 대비하고 있다.

명망 있는 의료구호단체들은 사망자의 숫자가 수십만에 이를 것이라고 한결같은 목소리로 말한다. 유엔의 비공개서류에서도 이라크에서 전쟁이 일어나면 '대규모 인도주의적 비상사태'가 발생할 것이라고 경고하며, 이라크 아동의 30퍼센트 가량이 영양실조로 죽어갈 가능성마저 제기했다.** 그러나 부시 행정부는 공격 후에 닥칠 참혹한 여파에 대한 국제구호기구들의 경고에는 신경조차 쓰지 않는 듯하다.

많은 국가들은 설득력 있는 이유를 가지고 있지 않는 한 국제 관계에서 위협이나 폭력의 사용을 고려하지 않는다. 왜냐하면 폭력에는 재앙이 잠재되어 있다는 사실을 모두가 알고 있기 때문이다. 그런데 미국은 정당화될 수 있는 근거가 눈곱만큼도 없음에도 불구하고 이라크와의 전쟁을 시작하려 하고 있다.

(2003. 3. 3)

* ——
실제로 '악몽 같은 시나리오'는 현실로 나타났다. 이라크는 대량살상무기를 개발할 수단을 보유하고 있었다. 그러나 유엔 감시단의 감시 아래 그 수단들은 해체되고 있었다. 그러나 미국이 이라크를 침략하면서 유엔 감시단은 철수해야 했다. 럼스펠드와 월포위츠 그리고 그들의 동료들은 미군에게 그 지역들을 안전하게 지키라고 지시하지 않았다. 유엔 감시단은 위성을 통해서 본연의 임무를 계속했고, 100여 곳의 시설이 조직적으로 약탈당했다고 보고했다. 치명적인 생물독소뿐 아니라 미사일과 원자폭탄을 제조하는 데 사용되는 정밀 장비까지 약탈당했다. 최종 목적지를 알 수 없기 때문에 생각하기만 해도 끔찍할 뿐이다.

** ——
MIT 국제문제연구소의 협조를 얻어 실시된 사상자에 대한 가장 권위 있는 연구 보고서는 2006년 10월, 《란세트》에 실린 Gilbert Burnham et al. 〈The Human Cost of the War in Iraq〉이다. 이 보고서는 침략 후에만 65만 명이 사망했을 것이라 추정했다. 또 수백만 명의 난민이 발생했고, 엄청난 파괴로 인해 사람들의 생활이 점점 더 어려워졌다고 밝혔다.

'제국주의적 야망'을 꽃피우다

전쟁사에서 눈에 띄는 공통점이 있다면 그것은 어떤 전쟁도 사전에 예측할 수 없었다는 점이다.

인류 역사에서 가장 강력한 군사력을 지닌 나라가 허약하기 이를데 없는 나라, 이라크를 공격했다. 화력의 차이는 엄청났다. 그 결과에 대한 잠정적 평가를 내리는 데는 그다지 오랜 시간이 걸리지 않을 것이다. 여하튼 전쟁으로 인한 피해를 최소화하고 이라크 국민들이 사담 이후의 외국 지배자들의 그늘에서 벗어나 그들의 손으로 사회를 재건할수 있도록 전 세계는 필요한 자원을 지원하려는 온갖 노력을 경주해야만 할 것이다.

그러나 이라크 전쟁이 테러의 위협을 증가시키고 복수와 전쟁 억제를 위한 대량살상무기의 개발과 사용을 확대시킬 것이라는 거의 보편적인 의견을 의심할 여지는 없다.*

이라크에서 부시 행정부는 '제국주의적 야망'을 실행에 옮기고 있다. 세계는 미국의 이러한 제국주의적 야망을 보고 무척 놀랐다. 미국은 국제 불량배로 전락해버렸다. 그들도 공공연히 인정하고 있듯이 미국의 대외정책은 세계의 어떤 나라도 감히 도전할 수 없도록 군사력을 과시하는 데 있다.

미국은 마음만 먹으면 어느 때든지 '예방전쟁'을 치를 수 있다. 선제공격이 아니라 '예방전쟁'인 것이다. 그러나 어떤 식으로 정당화한다 해도 예방전쟁은 억지로 만들어낸 위협을 제거하기 위해 무력을 사용한다는 점에서 선제공격과 크게 다르지 않다.

이와 같은 대외정책으로 미국은 적들과 지루한 전쟁을 시작했다. 미국의 무력 침략 때문에 중동뿐 아니라 다른 지역에도 새로운 미국의 적이 생겨났다. 이런 점에서 미국의 이라크 침략은 빈 라덴이 바라던 바가 아닐 수 없다.

지금은 이라크 전쟁이 가져올 여파를 모두가 초조한 눈으로 지켜보고 있는 실정이다. 많은 가능성 중 하나를 예로 들어보겠다. 파키스탄의 정국 불안으로 '핵무기'가 세계적 조직을 가진 테러 단체에 넘어갈 수 있다. 그렇게 되면 미국의 이라크 침략으로 한껏 고무되어 있을 테러 조직에게 날개를 달아주는 격이 될 것이다. 이밖에도 섬뜩할 정도로 무서운 다른 가능성을 얼마든지 생각해볼 수 있다.

그러나 다행스런 결과가 전혀 없는 것은 아니다. 전쟁과 야만적 폭정 그리고 살인적 제재로 인한 애꿎은 피해자들을 위한 범세계적 지원이 시작되었기 때문이다. 또 침략 전후로 침략을 반대하는 시위가 전례 없이 봇물을 이뤘다는 사실도 좋은 징조다.

41년 전 3월, 즉 케네디 행정부가 미 공군을 동원해서 베트남을 폭격하겠다고 선포했을 때, 반전시위는 거의 찾아볼 수 없었다. 그로부터

이제 미국이 훨씬 약한 적을 공격할 수 있는
유일한 방법은 그 적을 궁극적인 적,
즉 미국의 생존을 위협하는 적으로 둔갑시키는
대대적인 프로파간다를 전개하는 것뿐이다.

수년이 지난 후, 수십만의 미군이 남베트남에 주둔하며 그곳을 황폐화하고 전쟁을 북베트남으로 확대했음에도 반전시위는 의미 있는 수준에 이르지 못했다.

그러나 요즘은 그때와 다르다. 열정적이고 조직적인 대규모 반전시위가 미국 전역, 심지어 전 세계에서 일어나고 있다. 이라크 전쟁이 발발하기 전부터 수많은 평화운동단체들이 활발하게 활동하기 시작한 것이다. 이런 현상은 침략과 잔혹행위를 용납하지 않으려는 세계여론의 꾸준한 변화를 반영한 것이다. 이는 지난 40년 동안 행동주의자들이 적극적으로 활동한 덕분에 많은 사람들이 새로운 인식을 갖게 된 결과라고 할 수 있다.

이제 미국이 훨씬 약한 적을 공격할 수 있는 유일한 방법은 그 적을 궁극적인 적, 즉 미국의 생존을 위협하는 적으로 둔갑시키는 대대적인 프로파간다를 전개하는 것뿐이다. 워싱턴은 이라크에 이런 시나리오를 적용했다.** 그러나 이제 평화운동가들은 무력 행사를 막을 수 있는 한결 유리한 입장에 서 있다. 실로 의미 있는 변화가 아닐 수 없다.

부시가 획책한 전쟁에 반대하는 사람들은, 이라크가 2002년 9월에 미국이 발표한 국가안보전략에서 노골적으로 천명된 '제국주의적 야망'의 특수한 사례일 뿐이라는 데 인식을 같이하고 있다. 현재의 상황을 정확히 판단하려면 비교적 최근에 있었던 역사를 눈여겨볼 필요가 있다.

2002년 10월, 쿠바 미사일 위기 40주기를 맞아 아바나에서 개최된 정상회담에서는 '평화의 위협'이라는 주제를 가지고 회담이 진행되었고 '평화의 위협'에 대한 정의도 내려졌다. 쿠바, 러시아, 미국에서 주요 인물들이 참석한 회담이었다.

미국이 쿠바 미사일 위기를 무사히 넘겼다는 사실은 거의 기적에 가까웠다. 케네디가 설정한 '저지선' 근처에서 미국 구축함들이 러시아 잠수함들을 공격했을 때 러시아 핵잠수함 함장 바실리 아르키포프 Vasily Arkhipo는 핵미사일을 발사하라는 상부의 명령을 거부했다. 그 덕분에 전 세계는 핵 재앙으로부터 벗어날 수 있었다. 아르키포프가 상부의 명령을 따랐다면 미국과 러시아는 핵미사일을 서로 주고받았을 것이고, 만약 그렇게 됐다면 아이젠하워가 예전부터 예고한 것처럼 '북반구는 쑥대밭이 되고 말았을 것'이다.

요즘의 상황을 보면 그 당시를 떠올리지 않을 수 없다. 미사일 위기의 근원이 '정권교체regime change'를 겨냥한 국제 테러에 있었기 때문이다. 카스트로가 집권한 직후부터 미국은 쿠바를 테러 공격하기 시작했고, 케네디 정부 시대에 공세가 급격히 강화되어 급기야 미사일 위기를 불러온 것이다. 그러나 미국은 이러한 공세를 그 이후에도 멈추지 않았다.

새롭게 발굴된 자료들에 따르면 정권교체를 목표로 '훨씬 약한 적'을 공격할 때 예기치 않은 엄청난 위험이 닥칠 수 있다는 사실이 확인되었다. 그 위험은 우리 모두를 파멸로 몰아갈 수 있는 위험이다. 결코 과장해서 하는 말이 아니다.

그런데 미국은 거의 전 세계의 반대를 무릅쓰고 위험한 길을 다시 걷고 있다. 미국은 무력행사와 오만한 선언으로 자초한 이 위협에 대해 두 가지 방법으로 대응할 수 있다.

하나는 '정당한 불만legitimate grievance'을 표현하는 것이다. 즉, 세계 질서와 제도를 존중하며 세계 공동체의 품위 있는 일원으로써 위협을 줄여가기 위해 노력하는 방법이다.

그리고 다른 하나는 아무리 먼 곳이라도 도전의 낌새를 보이는 세력이 있다면 즉각 분쇄할 수 있는 강력한 파괴 및 지배 장치를 구축하는 방법이다.

(2003. 3. 24)

*
전후 정보 평가에서 밝혀졌듯이, 테러 위협은 예상을 훨씬 넘어섰다. 《실패한 국가, 미국을 말하다》와 마크 만제티가 2006년 9월 24일 《뉴욕타임스》에 기고한 〈이라크 전쟁이 테러의 위협을 증가시켰다고 말하는 정보기관〉에서 다룬 국가정보평가서를 참조할 것.
테러 전문가 피터 버겐과 폴 크룩섕크는 《마더 존스》(2007년 3, 4월)에서 "이라크 전쟁으로 지하드의 공격이 연간 7배나 증가했다. 문자 그대로 수백 건의 테러 공격이 추가로 발생했고 수천 명의 민간인이 목숨을 잃었다. 이라크와 아프가니스탄에서의 테러를 제외하더라도 그 밖의 세계에서 자행된 치명적인 공격이 3분의 1이상 증가한 것이다"라고 말했다.

**
정책 결정자들은 이 문제를 알고 있다. 부시 1세의 정권 인수팀에서 누설된 '제3세계의 위협'을 검토한 자료는 "미국이 훨씬 약한 적과 맞서는 경우에 우리 과제는 적을 단순히 패배시키는 수준을 넘어서 단호하고 신속하게 패배시키는 데 있다"라고 결론지었다. 여기에는 "전쟁이 다른 식으로 진행된다면 당혹스런 결과를 낳을 수 있고, 정책적 지원을 약화시킨다. 또 뚜렷한 목표가 없다는 인식을 받을 수 있다"는 평가가 더해졌다. Maureen Dowd, 《뉴욕타임스》 1991년 3월 2일자 참조.

페트리 접시 속의 이라크

　　　무질서가 판을 치는 와중에서도 '이라크를 누가 통치하느냐'는 문제가 첨예한 쟁점이 되고 있다. 과연 주권은 이라크 국민들에게 돌아갈 것인가, 아니면 텍사스 크로포드의 패거리에게 돌아갈 것인가.

　　사담 후세인을 반대하는 종교계와 비종교계의 지도급 인사들이 미국을 중재자로 두고 이라크 국민들이 이라크를 직접 통치하길 바라는 것은 조금도 놀라운 일이 아니다. 그러나 미국은 상당히 다른 생각을 갖고 있다. 그들은 다른 지역의 선례를 따라 이라크에 괴뢰정권을 심으려고 안달인 듯하다. 미국은 거의 한 세기 전부터 미국의 지배 아래 있는 지역, 즉 중앙아메리카와 카리브 연안에서 줄곧 그런 짓을 자행해왔다.

　　부시 1세의 안보보좌관을 지낸 브렌트 스코크로프트Brent Scowcroft는 "우리가 이라크의 선거를 인정했다가 급진적인 인물이 승리하면 어떻게 되겠는가? 당신이라면 어떻게 하겠는가? 그들의 손에 정권을 넘겨줄 수는 없다"는 분명한 입장을 최근에도 거듭 밝혔다.

중동 지역은 미국의 의도에 대해 무척 회의적이다. 《워싱턴포스트》
의 유세프 이브라힘Youssef Ibrahim은 메릴랜드대학교의 시블리 텔하미
Shibley Telhami가 의뢰한 조사를 언급하면서, 모로코에서 레바논을 거
쳐 걸프만에 위치한 국가들의 국민 95퍼센트 가량은 "아랍의 석유를
확보하고 이스라엘의 뜻대로 팔레스타인을 종속시킬 목적"에서 이라
크 전쟁이 시작된 것이라 믿는다고 말했다.

그동안의 경험에 비추어 볼 때 부시 행정부의 선전팀은 형식적인
민주주의를 이라크에 심으려고 할 것이다. 말 그대로 알맹이는 빠진 형
식적인 민주주의를 말이다. 워싱턴은 이라크의 다수를 차지하고 있는
시아파가 정당한 목소리를 낼 수 있도록 허락하지 않을 것이다. 시아파
가 이슬람 지도층에 압력을 가해 이란과의 관계를 정상화하려 할 가능
성이 높기 때문이다. 부시로서는 생각만으로도 끔찍한 일이다. 그렇다
고 해서 워싱턴이 소수민족인 쿠르드족의 목소리를 허락할 가능성도
거의 없다. 그들은 연방 구조 내에서 자치권을 요구할 것이 자명하다.
이는 터키가 달갑게 생각하지 않는 일이다.

터키 정부는 국민의 뜻에 따라 미군이 이라크 침략의 전초기지로
자국의 영토를 사용하는 것을 허락하지 않았지만 터키는 여전히 미군
의 주요 기지다.

중동에서 정상적인 민주주의가 실현된다면 중동 지역의 지배력을
강화하려는 미국의 목표가 흔들리는 결과가 초래될 수 있다. 부시 행정
부는 다음 공격 목표가 시리아나 이란일 수 있다고 공공연히 발표해왔
다. 그런데 부시 행정부가 두 나라를 공격하려면 이라크에 강력한 군사
기지를 마련해야만 한다. 달리 말하면 미국이 이라크에 의미 있는 민주

주의를 허락할 가능성이 거의 없다는 뜻이다. 세계 유수의 에너지 자원국 심장부에 군사기지를 마련하겠다는 것은 그 자원을 확실히 지배하고, 그 자원에서 비롯된 전략적 힘과 물질적 부까지 한꺼번에 거머쥐겠다는 의도가 분명히 숨어 있는 것이다.

이라크 전쟁은 일종의 실험 무대였다. 부시 행정부가 2002년 9월에 발표한 '국가안보전력을 진지하게 검토하고 있다'는 메시지를 세계에 분명히 알리려는 첫 시도인 것이다. 우리는 여기에서 부시 행정부가 무력으로 세계를 지배하려 한다는 메시지를 읽을 수 있다.

현재 미국은 무력에 있어서 압도적 우위를 자랑한다. 현 상태를 지속적으로 유지하기 위해서는 미국에 도전할 가능성이 있는 잠재 세력을 확실히 제거해야만 한다. 이런 전략이 새로이 공포된 '예방전쟁'이란 정책의 핵심이다.

미국은 이라크와 전쟁을 시작하기 전에 세계 각국으로부터 억지로라도 자신들의 입장에 대한 동조를 받아내려고 노력했어야 했지만 그렇게 하지 않았다. 그럼에도 불구하고 세계 각국은 미국의 뜻에 마지못해 동조했다. 1차 걸프전을 예로 들어보자. 이때 미국은 안전보장이사회에 엄청난 압력을 가해서 전쟁 계획을 승인받았지만 대다수의 국가는 미국의 전쟁 계획에 반대했다. 합리적인 법체계에서 강요된 결정은 실효성을 갖지 못한다. 그러나 강대국에 의해 좌지우지되는 국제문제에서는 강요된 판단이 정당화된다. 그리고 이런 것이 외교라고 미화된다.

유엔은 지금 매우 위험한 처지에 있다. 미국이 유엔을 해체시키려는 움직임을 보이고 있기 때문이다. 미국은 적어도 유엔의 힘을 무력화하려 한다. 이러한 부시 행정부의 극단적인 입장이 유엔을 심각한 위험에 빠뜨리고 있다. 그뿐 아니라 2차대전 이후 평화로운 세계를 위한 초석으로 힘겹게 마련한 국제법의 틀마저 뒤흔들고 있는 실정이다.

물론 미국 내에서 권력을 유지하는 것도 중요하다. 2002년 가을에 실시된 중간 선거에서 사회·경제적 쟁점이 전면에 부각되었더라면 부시 행정부는 참패를 면치 못했을 것이다. 그러나 그들은 이라크의 위협과 같은 안보 문제를 쟁점화하는 데 성공했기 때문에 선거를 승리로 이끌었다. 대통령 선거가 시행될 시점이 되면 부시 행정부는 기필코 죽여 없애야 할 또 한 마리의 용을 찾아내야 할 것이다.

한편, 이라크의 운영은 이라크인에게 맡기고 미국은 대대적인 지원만 해서 이라크인이 직접 그 지원에 대한 사용처를 결정하도록 보장해야 한다는 것이 미국의 대체적인 여론이다. 그러나 그렇게 되면 미국의 납세자가 할리버튼이나 베첼에게 지원한 돈이 다른 목적으로 사용될 가능성이 훨씬 높을 것이다.

《뉴욕타임스》의 데이비드 생어David Sanger와 스티븐 와이즈먼 Steven Weisman의 표현을 빌리자면 이라크 정책은 "국가안보전략에서 천명한 극단적으로 위험한 정책"이다. 실제로 미국에서는 이라크라는 '페트리 접시petri dish'(세균 배양용으로 사용되는 뚜껑 있는 동글납작한 유리 또는 플라스틱 투명 용기_옮긴이)에서 시행된 위험한 정책을 중단하라는 여론이 상당히 높다. 그러나 우리는 이러한 여론을 한 단계 더 발전시켜서 전쟁으로 인해 한층 기대치가 높아진 무기 판매의 판로를 봉쇄하기 위한 진지한 노력을 기울여야 한다. 무기 판매의 증가는 세계를 더 위험하고 끔찍한 곳으로 전락시키는 결과를 초래하기 때문이다.

언제나 그렇듯이 모든 일은 세상에서 어떤 일이 벌어지고 있는지 알아내려고 노력하는 것 그리고 현 상황을 변화시키기 위해 무엇인가를 하는 것으로부터 시작한다. 미국 국민들은 다른 어떤 국가의 국민들보다 많은 것을 알아낼 수 있는 위치에 있다. 미국인만큼 특권과 힘과 자유를 누리는 사람은 거의 없을 것이다. 그러나 그런 만큼 책임도 따른다. 이는 미국 국민들이 피해갈 수 없는 자명한 이치다.

(2003. 4. 29)

목적지가 없는 로드맵

      이스라엘과 팔레스타인 사이에 평화가 계속되는 동안에도 장벽의 건설은 계속되고 있다. 이스라엘은 이 장벽을 '안전을 위한 울타리'라 부르고 팔레스타인은 '분리의 벽'이라 칭한다.*

    조지 부시 대통령과 아리엘 샤론Ariel Sharon 총리는 장벽의 정확한 위치에 대해서 서로 다른 의견을 가진 듯하다. 하지만 평화와 장벽의 문제에 있어서 이스라엘은 미국의 허락과 지원 없이 거의 아무 것도 할 수 없다는 사실을 기억해야만 한다. 모든 일에 민감한 이스라엘이 이런 사실을 모를 리가 없다. 따라서 "이른바 '파트너'로 칭해지는 '상관'은 미국 행정부다"라는 이스라엘의 정치 평론가 아미르 오렌Amir Oren의 지적은 정확한 것이라 할 수 있다.

    워싱턴이 이스라엘을 비롯해 미국 안의 친이스라엘 로비단체(반드시 유대인은 아니다)의 요구를 충실하게 따르고 있다고 아랍 국가들과 그 밖의 많은 나라들은 잘못 판단하고 있다. 달리 말하면, 적어도 내 생각

에는 미국이 이스라엘의 뜻대로 움직인다는 생각은 중대한 착각이
다.**

지난 30년 동안 이스라엘이 선택할 수 있는 입지는 크게 줄어들었
다. 특히 요즘 들어 이스라엘은 미국의 군사기지 역할을 하면서 미국의
요구에 응하는 것 외에는 다른 대안을 실질적으로 가지고 있지 못하다.

이집트의 사다트Sadat 대통령이 유엔의 중재자 군나르 야링Gunnar
Jarring의 제안을 받아들이며, 이스라엘이 이집트 영토에서 철수하는 대
가로 완전한 평화조약을 제안했던 1971년만 해도 이스라엘이 선택할
수 있는 방향은 많았다. 그때 이스라엘은 숙명적인 선택의 갈림길에 있
었다. 그들은 이집트의 평화 제안을 받아들여 그 지역의 일원이 될 수
도 있었고, 대립을 고수하며 미국에 필연적으로 종속되는 길을 택할 수
도 있었다. 그런데 이스라엘은 후자의 길을 택했다. 안전보다는 확장의
길을 택한 것이다.

당시 이스라엘은 이집트 시나이 반도로의 영토 확장을 꾀하면서
1973년 전쟁의 직접적 원인을 만들었다. 이 전쟁에 강대국들이 개입하
면서 이스라엘뿐 아니라 전 세계가 위기에 처하게 됐다. 이는 미국을
비롯한 많은 나라가 안전보다는 다른 목표를 훨씬 더 중요하게 여긴다
는 단적인 증거다.

옥스퍼드대학교의 중동 전문가 후세인 아가Hussein Agha와 클린턴
대통령의 아랍·이스라엘 문제 특별보좌관을 지낸 로버트 맬리Robert
Malley는 작년(2002년 5월) 《포린 어페어스》에 발표한 글에서 교착상태
에 빠진 이스라엘과 팔레스타인 문제를 거론하며 "얼마 전까지만 해도
해결책의 커다란 테두리가 기본적으로 합의되었다"고 지적했다. 아가
와 맬리가 대략적으로 설명한 공동의 합의사항에 따르면 국제적으로

인정된 경계대로 영토를 분할하고 땅을 1대 1로 교환하는 것이다. 그러나 그들은 "해결책에 접근하기 위한 방법이 처음부터 빗나갔다"고 평가했다.

이러한 평가가 틀린 것은 아니지만 자칫하면 오해를 불러일으킬 수 있다. 더 정확히 말하면 미국은 양국 간의 문제를 해결하려는 시도를 지난 25년 동안 줄기차게 방해했고, 이스라엘 정계에서 영향력을 가진 온건파조차도 그런 시도를 꾸준히 거부해왔다.

부시 2세와 샤론의 시대에 접어들면서 외교적 해결의 전망은 더욱 어두워졌다. 이스라엘이 미국의 후원을 등에 업고 정착 프로그램을 멈추지 않고 오히려 확대한 것이다. 이스라엘의 인권단체인 브첼렘은 현재 이스라엘 정착촌이 웨스트뱅크의 42퍼센트를 차지한다고 주장한다. 브첼렘은 이런 정착촌들 사이에 산재한 팔레스타인 지역을 두고 "아파르트헤이트 시대의 남아프리카처럼 과거의 끔찍했던 시절을 떠오르게 한다"고 표현했다.***

현 부시 행정부는 두 얼굴을 가지고 있다. 그 두 얼굴은 말과 행동이다. 미국의 뜻을 담아 이스라엘이 제시한 '로드맵'과 팔레스타인 국가에 대한 부시 행정부의 '비전'은 현란한 수사어구로 가득한 말에 불과하다. 그들은 '로드맵'의 핵심 쟁점이 무엇인지도 모르면서 박수치는 지경에까지 이르렀다. '로드맵'은 국경이라는 핵심적 쟁점을 비롯해서 중요한 쟁점에 대해서는 의도적으로 얼버무리고 있다. 게다가 이스라엘은 로드맵을 형식적으로는 인정하면서 즉각 14가지 조건을 내걸었다. 미국의 지원을 등에 업고 로드맵의 핵심 골자를 빼버린 셈이다. 따라서 부시 행정부가 제안한 것으로 잘못 알려지기는 했지만 모두가 그렇게 알고 있는 '로드맵'을 이스라엘과 미국이 앞장서서 위반한 것이

미국의 뜻을 담아 이스라엘이 제시한
'로드맵'과 팔레스타인 국가에 대한
부시 행정부의 '비전'은 현란한 수사어구로
가득한 말에 불과하다.
그들은 '로드맵'의 핵심 쟁점이 무엇인지도 모르면서
박수치는 지경에 이르렀다.

나 마찬가지다.****

　장벽을 비롯한 그밖의 행위들로 이스라엘, 더 나아가서는 '파트너'라 불리는 이스라엘의 보스는 평화로운 외교적 해결을 의도적으로 방해하고 있다. 이스라엘은 팔레스타인의 테러 행위를 이유로 자신들의 방해 행위를 합리화한다. 실제로 2000년 9월에 시작된 '알아크사 인티파다(민중봉기)' 동안에 팔레스타인의 테러가 한층 격렬해진 것은 사실이다. 이스라엘 민간인을 목표로 한 자살 폭탄테러도 있었다. 그러나 비교적 최근까지 이스라엘의 군대가 그 지역을 점령했음에도 불구하고 이스라엘에 대한 보복은 거의 일어나지 않았고, 점령군과 불법 정착자들이 자행한 범죄적 행위에도 그들이 크게 반발하지 않았다는 사실을 주목해야만 한다.

　지금 일어나고 있는 '인티파다'의 초기에도 마찬가지였다. 이스라엘 군부의 발표에 따르면 팔레스타인 사람들의 저항이 그들의 지역에 국한되었고 저항이라 봤자 돌을 던지는 수준을 넘어서지 않았던 첫 달에 팔레스타인과 이스라엘의 사상자 비율이 거의 20대 1이었다. 다시 말해 팔레스타인 쪽이 75명의 사망자를 낸 반면에 이스라엘 쪽의 사망자는 4명에 불과했다. 그런데 사망자 비율이 3대 1에 근접하자 죄 없는 이스라엘 사람들에게 고통을 안겨준다는 이유로 그들의 분노가 폭발했다.

　어떤 의미에서 당연한 반응이었다. 하지만 이러한 테러 희생자의 비율이 변하기까지 팔레스타인 사람들이 겪었던 참혹한 고통은 무시한 반응이었다. 지금도 달라진 것은 하나도 없다. 미국의 막대한 지원을 등에 업고 오랫동안 팔레스타인 사람들에게 가한 고통은 도대체 무엇이란 말인가?

인티파다로 인해 당시 이스라엘 내에서 일어나고 있던 중대한 변화가 극명하게 드러났다. 이스라엘 군부가 이스라엘 내에서 엄청난 실권을 장악하기 시작한 것이다. 심지어 이스라엘의 언론인 벤 카스피트 Ben Kaspit는 이스라엘을 '군대를 가진 국가가 아니라 국가를 가진 군대'라고 표현할 정도였다. 더 구체적으로 말하면 역사적 전례가 없는 수준으로 세계를 지배하는 막강한 군사력을 지닌 나라에게 지원을 받는 군대인 것이다. 따라서 그 지역의 국민들이 영향을 받지 않을 수 없는 상황이었다.

그러나 이 땅에도 정의로운 평화가 도래할 수 있다. 결코 해결되지 못할 것처럼 보이던 갈등이 종식되고 평화를 정착시킨 역사적인 전례는 얼마든지 있다. 북아일랜드가 가장 대표적인 예다. 물론 유토피아는 아니지만 북아일랜드의 상황은 10년 전과 비교해볼 때 몰라볼 정도로 개선되었다.

남아프리카공화국 역시 좋은 예다. 수 년 전만해도 인종갈등과 폭력적인 억압으로 남아프리카공화국은 희망이라곤 없는 나라였다. 그러나 그 이후로 괄목할 만한 개선이 있었다. 물론 지금도 국민의 대다수를 차지하는 흑인과 가난한 사람들의 삶이 개선되지 않고 악화된 부분도 있지만 말이다.

이스라엘과 팔레스타인 사이에는 반목이 거듭되면서 증오와 공포, 복수라는 소모적인 욕망의 벽이 놓이게 되었다. 그리고 매일 새로운 돌이 더해지며 그 벽은 점점 높아지고 있다. 그러나 지금도 늦지 않았다. 하루라도 빨리 그 벽을 허물어야 한다. 이스라엘과 팔레스타인 국민들만이 이 일을 진지하게 시작할 수 있다. 그러나 외부 사람들도 그들을 성심껏 도와야 한다. 요컨대 모두가 정직하게 각자의 역할과 책

임을 기꺼이 떠맡으면서 새로운 '로드맵'을 만들어간다면, 또 그들의
정부에 그 '로드맵'을 충실히 추구하라고 압력을 가한다면 평화의 길
은 결코 요원하지 않을 것이다.

(2003. 8. 18)

---

*

2004년 국제사법재판소는 이스라엘의 장벽을 불법으로 규정했다. 미국 출신의 재판
관 뷔겐탈도 별도의 성명을 발표했다. 그는 정복자의 국민을 점령지로 이주시키는 행
위를 금지한 제4차 제네바 협약이 웨스트뱅크에도 적용된다면서 "정착지를 보호할
목적으로 이스라엘이 세운 벽은 사실상 국제 인도주의법 위반"(국제사법재판소, 2005년
9월 15일)이라고 말했다. 즉, 장벽의 80~85퍼센트가 불법이란 뜻이다.
장벽은 분명히 정착민을 보호할 목적에서 세워졌지만, 장벽 안쪽의 불법으로 취득한
땅에서 모든 팔레스타인 사람들을 추방하지 않는다면 장벽은 오히려 안전의 위협을
증가시킬 것이다. 2006년 5월, 이스라엘 수상은 분리 장벽을 합병 장벽으로 전환하

는 통합 계획을 발표했다. 그 계획을 성공적으로 추진하려면 이스라엘은 장벽 내의 지역을 완전히 장악하고, 팔레스타인 사람들이 집중적으로 거주하는 협소한 지역들을 분리시키며, 요르단 계곡을 점령해서 그 지역들을 완전히 포위해야 한다. 이러한 계획을 부시 행정부는 지원했고 서구 세계의 평론가들은 '온건한' 계획이라고 칭찬했다. 그런데 얼마나 온건했기에 미국과 이스라엘은 2006년 7월 레바논을 침략했던 것일까.

**
때때로 워싱턴은 의도적으로 이스라엘에 굴욕감을 주기도 한다. 하지만 로비스트의 반발은 거의 없는 편이다. 《실패한 국가, 미국을 말하다》에서 지적했듯이 2005년에 이에 대한 대표적인 사례가 있었다. 유리 아브네리의 주장에 따르면 미국은 이스라엘이 사전에 정교하게 계획한 2006년 레바논 전쟁 계획을 반대했고, 2007년 3월 에후드 올메르트 수상에게 양보를 받아냈다. http://www.avnery-news.co.il/english/를 참조할 것. 이 책의 칼럼 〈지배의 딜레마〉의 주(*)를 참조할 것.

***
하지만 이런 수치는 큰 의미가 없다. 국가 기밀이기 때문에 공개되지는 않았지만 현재 계획된 정착지의 경계, 팔레스타인 사람들은 사용하지 못하는 양편에 넓은 안전지대를 둔 이스라엘인만을 위한 고속도로, 대규모 기반시설의 건설 계획 그리고 이스라엘 측의 검문소 및 팔레스타인 사람들이 인간다운 삶을 살 수 없도록 만든 그밖의 조치들을 고려하지 않았기 때문이다.
따라서 현실적으로는 이스라엘의 정착지가 웨스트뱅크의 약 70퍼센트를 차지하는 것으로 추정된다. 하지만 미국이나 이스라엘이 사실 여부를 공개하지 않고 있기 때문에 확실한 수치는 아니다. 이스라엘 정착지에 대한 최근 정보를 얻고 싶으면 이스라엘의 인권단체 브첼렘이나 중동평화재단에서 정기적으로 발행하는 〈Report on Israeli Settlements〉를 참조할 것.

****
'로드맵과 14가지 조건에 대한 이스라엘 내각의 입장', 2003년 5월 25일. 이스라엘은 팔레스타인에게 완전한 침묵과 도발의 종식을 확실히 보장해주길 요구했다. 그러나 로드맵에 이스라엘이 팔레스타인에 대한 폭력 행위와 도발을 중단해야 한다는 내용은 명기되어 있지 않았다. 그리고 '유대인 국가로 존립할 이스라엘의 권리'는 인정되어야 하고, 팔레스타인의 귀향권은 포기되어야 했다. 또 유엔이 인정한 팔레스타인의 권리, 이스라엘 정착촌 문제 등은 논의하는 것조차 허용되지 않았다. 이러한 조건에 미국이 동의하면서 로드맵은 출발지도 못한 채 무용지물이 되고 말았다. 주류 계급에서 이런 사실을 언급한 최초의 책은 지미 카터의 《팔레스타인: 아파르트헤이트가 아닌 평화》다.

에이브러햄 링컨 호의 연극

2001년 9월 11일 이후 바그다드, 예루살렘, 나자프에서 자행된 자살 폭탄테러를 비롯해 끔찍한 사건들이 수도 없이 일어났다. 이러한 사건들을 감안해볼 때 이 세상이 새로운 '공포 시대'에 접어들었다고 많은 사람이 믿는 이유를 쉽게 이해할 수 있다. 그러나 9.11사태 이후 5년이란 시간이 지났지만 미국은 여전히 테러의 근본 원인을 밝혀내지 못하고 있다. 그리고 평화보다는 전쟁을 선택해서 오히려 국제분쟁의 위험을 가중시켜왔다.

9.11사태가 일어나자 세계는 충격과 공포에 휩싸였고 많은 사람들이 희생자들에 대한 동정을 아끼지 않았다. 그러나 많은 지역에서 '우리도 테러의 목표가 될 수 있다'는 우려의 목소리가 더 컸다는 사실을 잊어서는 안 된다. 서구 세계는 역사상 처음으로 다른 땅에서 일상사처럼 일어났던 잔혹행위가 자신들의 땅에서도 일어날 수 있다는 사실을 직면한 셈이다.

9.11사태 이후, 테러를 이해하려는 많은 시도가 미국에서 자연스럽게 시작되었다. 그리고 미국이 테러에 어떻게 대응할 것이냐에 관심이 모아졌다. 그러나 미국과 영국은 9.11사태가 있고 1년이 지나지 않아 아프가니스탄을 공격했다. 그런데 기본적인 도덕률을 인정하는 사람들도 미국과 영국의 아프가니스탄 폭격이 정당했다고 변명해주는 데 앞장섰다. 그들은 미국과 영국이 폭격을 시작하면서 내건 대외적인 이유대로 아프가니스탄이 잔혹행위를 저지른 범인으로 의심되기 때문에 죗값을 물어야 한다고 주장했다.*

그후 2002년 9월, 역사상 가장 강력한 나라는 새로운 '국가안보전략 National Security Strategy'을 발표하며 세계 패권을 영구히 유지하겠다는 뜻을 분명히 드러냈다. 미국은 어떠한 형태의 도전도 압도적 우위를 차지하는 힘으로 억제하겠다는 의도를 감추지 않았다. 이와 동시에 미국인들을 이라크 침략에 동원하려는 전쟁의 북소리를 울리기 시작했다. 그리고 부시 행정부는 그들의 급진적인 대외 및 국내 정책을 실행에 옮길 수 있을 것이냐를 판가름하는 중간선거 기간에 전쟁의 포문을 열었다.

외교정책 전문가 마이클 크레펀 Michael Krepon은 2002년 말을 "1962년 쿠바 미사일 위기 이후로 가장 위험한 시기"라고 말했다. 또 이란과 이라크, 북한과 인도에까지 핵이 확산되는 것을 우려했다. 달리 말하면 평양에서 바그다드까지 불안한 핵 지대가 형성되는 것을 염려한 것이다. 그러나 2002~2003년의 부시 행정부의 선제공격은 이 불안한 핵지대 및 인근 지역에서의 위험을 오히려 가중시킬 뿐이었다.

미국의 국가안보전략에 따르면 오로지 미국만이 '예방전쟁'을 시행할 권리를 갖는다. 조작된 것이라 하더라도 인지된 위험이 있다면 이를 제거하기 위해 예방적 차원에서 무력을 사용할 수 있다는 뜻이다. 단순히 선제공격으로 만족하지 않겠다는 뜻이기도 하다. 그러나 뉘른베르크 재판에서 보았듯이 예방전쟁은 '극악한 범죄'일 뿐이다.

2002년 9월 초부터 부시 행정부는 사담 후세인에게 미국에 가한 위협에 대한 엄중한 경고를 보냈다. 그리고 사담이 알카에다와 모종의 관계가 있고 9.11테러에도 연루되었다는 암시를 노골적으로 내비쳤다. 이러한 공격적인 프로파간다로 인해 두려움에 짓눌린 일부 국민들의 지원을 등에 업은 부시 행정부는 실질적으로는 아무런 방어능력도 없는 것으로 알려진 나라를 침략할 계획을 세웠다. 세계 최대의 에너지 공급처라는 소중한 전리품을 챙길 수 있었으니까.

이라크 전쟁이 실질적으로 끝난 2003년 5월, 부시 대통령은 항공모함 에이브러햄 링컨 호의 갑판에서 "알카에다의 지원자를 제거함으로써 테러와의 전쟁"에서 승리했다고 선언했다. 그러나 2003년 9월 11일까지도 사담 후세인과 오사마 빈 라덴 간에 결탁이 있었다는 확실한 증거는 전혀 발견되지 않았다.

이라크전의 승리와 테러 사이의 관계를 보여주는 유일한 증거가 있다면 미국이 이라크를 침범하면서 알카에다의 전사 모집이 쉬워졌고 테러의 위협이 한층 증가했다는 것뿐이다.

《월스트리트 저널》이 지적했듯이 부시가 전격적으로 연출한 에이브러햄 링컨 호의 연극은 '2004년 재선 운동의 서막'이었다. 이런 연극을 통해 백악관은 선거 쟁점을 국가안보라는 문제로 몰아가려고 한다. 만약 국내 문제가 선거 쟁점이 된다면 부시 행정부는 여간 곤란하지 않을 것이다.

한편 오사마 빈 라덴은 여전히 건재하다. 또 9.11사태 이후 닥친 탄저병 테러의 출처도 여전히 오리무중이다. 그런데 그 출처가 미국 내에 있다면, 그리고 일각의 주장대로 연방 무기실험실이라면 정말 충격적인 문제가 아닐 수 없다. 게다가 이라크에서는 대량살상무기도 아직 발견되지 않았다.

9.11사태 2주기를 맞은 지금 미국 국민들에게는 기본적으로 두 가지 갈림길이 있다. 하나는 부시 대통령의 연설문 작성자들이 고대 서사시와 동화를 표절해 주장하는 것처럼 세계의 수호자를 자임하는 미국이 세계에서 악의 무리를 몰아낼 것이라는 확신을 갖고 미래로 전진하는 것이다.

다른 하나는 새로운 시대를 위한 위대한 원칙들을 면밀히 검토해서 합리적인 결론을 이끌어내는 것이다. 달리 말하면 우리 눈앞에 닥친 현실을 냉정하게 직시하는 것이다.

테러와의 전쟁은 한동안 계속될 것이다. 부시 대통령이 첫 임기 동안에 말한 것처럼 "미국 본토에서 자유를 안전하게 확보하기 위해서 얼마나 많은 전쟁을 치러야 할지는 누구도 모르는 것"이다. 맞는 말이다. 잠재된 위협은 무한하다. 따라서 부시 행정부의 불법적이고 폭력적인 행위의 결과로 테러의 위협이 커졌다는 주장은 충분한 설득력을 갖는다.

1996년부터 2000년까지 이스라엘 종합보안국(샤바크)을 지휘한 아미 아얄론Ami Ayalon이 미국의 '테러와의 전쟁' 문제를 거론하면서 "근본적인 불만의 원인을 해결하지 않은 채 테러와의 전쟁에서 승리를 원하는 사람은 끝없는 전쟁을 원하는 사람이다"라고 지적했다는 사실에 우리는 주목해야만 한다. 아얄론의 지적은 우리 상황에도 일반화될 수 있다.

지금 세상은 워싱턴에서 획책되는 일을 두렵고 떨리는 마음으로 지켜보고 있다. 이런 두려움을 조금이라도 가라앉혀주고 세상을 지금보다 희망차고 건설적인 미래로 인도해가는 데 최적의 위치에 있는 사람은 바로 미국 국민이다. 상대적인 기준에서 미국은 월등한 국력을 지녔고 미국인은 자유와 특권을 향유하고 있기 때문에 그 어떤 나라보다 미래를 만들어가는 데 유리한 위치에 있기 때문이다.

(2003. 9. 2)

*
─────
탈레반은 오사마 빈 라덴과 그 공모자들을 급습해서 수색하라는 미국의 요구를 뒷받침할 증거를 부시 행정부에 요구했다. 그러나 부시 행정부는 그런 증거의 제공을 거부했다. 나중에야 밝혀졌지만 아무런 증거도 갖고 있지 못했기 때문이다. 8개월 후 로버트 뮐러 FBI국장이 언론에 밝힌 바에 따르면, 당시 FBI는 9.11테러의 음모가 아프가니스탄에서 기획되었지만 아랍에미레이트와 유럽에서 시행되었다고 믿었다.
폭격이 시작되고 3주가 지난 시점부터 목표가 변경되었다. 영국의 해군 제독 마이클 보이스 경은 아프가니스탄 국민들에게 정권이 교체될 때까지 폭격이 계속될 것이라고 알렸다. 이는 극단적인 국가 테러의 전형적인 사례였다. 탈레반에 반대하는 아프가니스탄의 야당 지도부까지 폭격을 맹렬하게 비난했다. 미국에 우호적인 압둘 하크는 무고한 아프가니스탄 국민을 죽이는 폭격을 중단하라고 워싱턴에 촉구하고 나섰다. 그리고 폭격은 미국의 힘을 과시하는 것에 불과하며 내부에서 탈레반을 전복시키려는 세력의 노력을 방해할 뿐이라고 주장했다. 되돌아보면 압둘 하크의 지적은 사실이었다. 갤럽의 여론조사에서 밝혀졌듯이 폭격은 전 세계로부터 강력한 반대에 부딪쳤다. 그러나 이 여론조사 결과는 미국에서 보도되지 않았다.
폭격이 시작되면 수백만 명의 시민이 기아로 내몰릴 것이란 예측이 있었다. 그 때문에 모든 국제 구호단체가 폭격을 신랄하게 비난했다. 수개월 후, 하버드대학교의 아프가니스탄 전문가 사미나 아흐메드는 하버드의 학술지 《국제 안보》(2001~2월 겨울)에 기고한 글에서 "인도주의적 지원이 미국의 군사 공격으로 중단되면서 수백만의 아프가니스탄 국민이 기아에 허덕이고 있다"고 말했다. 아프가니스탄에 대한 미국의 공격이 '정당한 전쟁just war'의 전형적인 사례로 소개되는 서구 사회에서는 눈에 띄는 지적이 아닐 수 없다.

미국은 끊임없이 **전쟁**을 '**기획**' 한다

미국과 허수아비 유엔

　　미국은 이라크를 군사력으로 점령하려던 작전이 참담하게 실패하자 유엔에 전쟁 비용의 일부를 떠안아달라고 요구했다.

　　유엔 안전보장이사회는 미국과 영국의 결의안을 만장일치로 통과시켰지만 모두 한 목소리를 낸 건 아니었다(결의안 1511호). 안전보장이사회 상임이사국 중 중국과 프랑스 그리고 러시아가 결의안에 반발하며 군대를 파견하지 않거나 비용의 추가 지원을 제시하지 않았다. 그러나 독일과 파키스탄을 비롯한 일부 국가들은 미국의 압력에 굴복하면서 상징적 협조체제를 유지했다.

　　결의안에 대한 이와 같은 다양한 반응은 국제 사회 및 유엔을 향한 미국의 횡포가 어떠한지를 단적으로 보여주는 증거다.

　　미국의 주도로 시작된 이라크 전쟁은 애초에 유엔의 승인을 받지 않고 시작되었다. 워싱턴은 2002년 9월에 발표한 국가안보전략에 따라 행동했을 뿐이다. 모두가 알고 있듯이 미국은 국가안보전략에 따라 인지된 적에게 무력을 행사할 권리를 갖는다. 필요하다면 무력을 일방적으로 행사할 수도 있다.

이러한 미국의 국가안보전략에 전 세계는 불안과 우려를 감추지 못했다. 미국 내의 외교정책 전문가들도 마찬가지였다. 미국의 국가안보전략은 "대국은 원하는 대로 하고 소국은 받아들여야 할 것을 받아들인다"는 투키디데스의 격언을 아주 위험하게 해석한 전략이다.

유엔이 미국의 꼭두각시 역할을 제대로 해내지 못하면 미국은 언제나 유엔을 무시해버렸다. 예를 들어, 2002년 유엔 군축위원회는 우주의 군사기지화를 방지하는 강력한 조치를 요구하는 결의안을 채택했고, 독가스의 사용과 세균전을 억제하는 1925년의 제네바 협정을 재확인하는 또 하나의 결의안을 통과시켰다. 미국과 이스라엘 두 나라가 기권했지만 두 결의안 모두 만장일치로 통과되었다. 누구나 짐작하듯이 미국의 기권은 거부권을 뜻한다.

미국은 1960년대 이후로 안전보장이사회의 결의안에 가장 많은 거부권을 행사한 나라다. 국제법을 준수하자고 촉구하는 결의안에 거부권을 행사한 적도 있었다. 영국이 두 번째고, 프랑스와 러시아는 한참 뒤처진다. 막강한 영향력을 가진 워싱턴이 이미 통과된 결의안까지 종종 무력화하고 중요한 쟁점을 의사일정에서 억지로 빼버린다는 사실을 감안한다면 이런 기록도 일부분에 불과하다.

이처럼 미국은 거부권을 습관적으로 휘두르고 있다. 하지만 정작 이런 모습은 미국 내에서 간과되거나 경시되고 있다. 오히려 워싱턴은 적에게 포위당한 상황에서도 원칙을 굽히지 않았다고 칭찬받기도 한다. 이런 태도는 유엔의 정통성과 신뢰성을 명백히 침해하는 행위지만 아무도 그렇게 해석하지 않는다. 오히려 미국의 입장에 반발하며 따르지 않는 국가들의 태도가 문제인 것처럼 매도된다.

미국은 유엔에서 이라크 문제를 토론하는 과정에서 일방적으로 행동하려는 특권을 줄곧 요구해왔다. 예컨대 2003년 3월 6일 기자회견에서 부시는 이라크에 단 하나의 문제, 즉 '유엔 결의안 1441호대로 이라크 체제가 완전히 무장해제 되었느냐 아니면 그렇지 않았느냐'는 문제만 남았다고 말했다. 그러나 결의안 1441호는 유엔이 발의한 것이 아니다. 미국이 발의한 것이다. 부시는 "우리의 안보에 관련된 문제에서 우리는 누구의 허락도 필요로 하지 않는다"고 덧붙이면서 그 문제의 답은 중요하지 않다는 점을 분명히 밝혔다.

유엔의 사찰과 안전보장이사회의 심의는 사실상 겉치레에 불과하다. 심지어 미국은 완전히 결정된 안건도 뒤집기를 서슴지 않는다. 사담 후세인이 완전히 무장해제되더라도 미국은 이라크의 체제를 입맛대로 결정할 것이 불을 보듯 뻔하다.

점령군이 이라크에서 대량살상무기를 찾아내지 못하자, 부시 행정부는 대량살상무기의 존재에 대한 '절대적 확신'에서 입장을 바꿔, 미국은 대량살상무기를 개발하려는 의도를 눈곱만큼이라도 가진 나라가 있다면 그 나라를 단죄할 권리가 있다고 주장하고 나섰다. 침략의 근거로 내세운 평계가 무너지자 오히려 무력사용의 기준선을 낮추는 중대한 결과가 빚어진 셈이다.

이제는 누가 이라크를 지배할 것인가라는 중대한 문제가 남았다. 미국이 이라크에 독립적인 정부의 수립을 허락할 것이라고 믿는 사람은 거의 없다. 따라서 세계 여론은 유엔이 그 역할을 인계하기를 강력히 요구하고 있다. 메릴랜드대학교의 국제정책태도프로그램PIPA이 2003년 4월에 실시한 여론조사에 따르면 미국 내 여론도 이와 크게 다르지 않다.

이라크의 여론은 판단하기 힘들지만, 최근에 바그다드에서 갤럽이 실시한 여론조사에 따르면 외국 지도자에 대한 호감도에서 시라크가 부시나 블레어를 훨씬 앞섰다. 시라크 프랑스 대통령은 이라크 침략을 가장 격렬하게 비판한 지도자였다.

미국은 끊임없이 말을 바꾸면서 자신들의 태도를 합리화하고 변명한다. 그러나 그 와중에도 끝까지 고수하는 원칙 하나가 있다. 궁극적으로는 미국이 이라크를 실질적으로 지배해야 한다는 것이다. 가능하면 민주주의의 탈까지 씌워서 말이다.

미국의 기본 입장은 '전후 이라크의 민정기구'라는 조직표에서 여실히 드러났다. 모두 16개의 칸으로 이뤄진 조직표에는 각 칸마다 이름과 그 사람의 역할이 명기되었다. 맨 위에는 펜타곤과 밀착 관계에 있는 폴 브레머Paul Bremer 대통령 특사의 이름이 있었고, 그 아래로 7명의 장군들의 이름이 올라 있었다. 나머지 대부분도 미국의 정부관리들이었다. 조직표 아래로 내려가면 17번째 칸이 있는데 크기가 다른 칸의 3분의 1에 불과하다. 그 칸에는 아무 이름도 명기되어 있지 않았다. 굵은 서체로 표시되지도 않았고 맡을 역할마저도 적혀있지 않았다. 그저 '이라크인 고문'이라 쓰여 있을 뿐이다.

부시 대통령은 유엔에 전쟁 비용을 분담하자고 강요하지만 전후 이라크에서 권력까지 나눠가질 생각은 전혀 없어 보인다. 요컨대 이라크를 책임질 수 있는 나라는 미국이지 유엔이나 이라크가 아닌 것이다.

(2003. 10. 17)

지배의 딜레마

미국이 이라크에서 질서를 회복하고 미국에게 고분고분한 정권을 앉히려고 고군분투하는 동안 북한에서 또 하나의 위기가 터졌다.

이른바 '악의 축'에 속한 나라 중에서 북한은 가장 위험한 나라다. 북한은 이라크와 다르다. 북한은 이란과 마찬가지로 미국이 세운 적절한 목표에 이르는 첫 번째 기준을 만족시키지 못했다. 즉, 북한은 무방비한 나라가 아니었다.

북한은 전쟁 억제력을 보유하고 있다. 아직(이 글을 쓴 때) 핵무기까지는 아니지만 비무장지대에 집중된 대포들이 남한의 수도인 서울과, 휴전선 바로 아래에 주둔한 수십만의 미군을 겨냥하고 있다. 최근 미군은 대포의 사정권 밖으로 철수할 계획을 세우면서 남북한에 미국의 의도에 대한 불안감을 일으켰다.

2002년 10월, 미국은 북한이 1994년의 합의를 어기고 우라늄을 농축하는 프로그램을 비밀리에 시작했다고 비난했다. 그 이후 핵을 이용한 북한의 벼랑정책을 보고 일부 관측자는 쿠바 미사일 위기를 떠올리기까지 했다. 올해 워싱턴은 전 세계에 꺼림칙한 교훈 하나를 남겼다. "너희가 우리의 힘에서 벗어나고 싶다면 북한처럼 확실한 군사적 위협을 가하라. 그러면 된다!"라는 교훈이다.*

북한은 미국이 세운 적절한 목표에 이르는 두 번째 기준도 만족시키지 못했다. 달리 말하면 북한은 세계에서 가장 가난하고 궁핍한 나라 중 하나다. 그러나 북한은 전략지정학적으로 중요한 의미를 갖는다. 북한의 전쟁 억제력을 견제할 수만 있다면 미국은 북한을 탐내려 할 것이다. 그만큼 북한은 중요한 곳에 위치하고 있다. 더 정확히 말하면 세계 지배를 꿈꾸는 워싱턴에 도전하고 있는 북동아시아에 자리 잡고 있는 것이다.

현재 세계 경제는 세 축을 중심으로 치열한 경쟁을 벌이고 있다. 바로 미국과 유럽과 동북아시아다. 이 지역들은 30년 전부터 태동되기 시작해 '삼극 체제'를 이루고 있다.

미국은 군사력에서는 압도적 우위를 보이고 있지만 다른 부문에서는 그렇지 못하다. 세 지역은 서로 복잡한 관계를 맺고 있고 본질적으로는 엘리트 계급끼리 이해관계를 공유하고 있지만 치열한 경쟁을 벌이고 있는 것도 사실이다.

셀리그 해리슨Selig Harrison이 주도하고 있는 미국의 대남북한정책 태스크포스 팀이 발표한 연구 보고서는 동북아시아를 중심으로 불거진 다양한 쟁점들을 주로 다루고 있다.

동북아시아는 현재 세계에서 가장 역동적인 경제지역으로 전 세계 GDP(국내총생산)의 30퍼센트 가량을 차지한다. 이는 미국의 19퍼센트

시베리아 철도

현재 러시아의 시베리아에서
한국, 일본까지 연결되는 파이프라인이 건설 중이다.
그런데 미국은 동북아시아의 이러한 통합 움직임에
양면적인 태도를 보이고 있다.
이들이 냉전 시대에 흔히 '제3의 힘'으로 불렸던
세력으로 발전할까봐 우려하고 있는 것이다.

를 훨씬 능가하는 수치다. 게다가 세계 외환보유고의 절반을 가지고 있다. 미국과 유럽도 상호 간의 거래보다는 동북아시아와의 거래가 더 많은 편이다.

동북아시아에는 두 주요 산업국인 일본과 한국이 있으며 중국까지 산업국가로 변모해가고 있다. 이에 러시아는 시베리아의 석유를 비롯한 천연자원들을 등에 업고 동북아시아 지역권과의 무역을 서서히 늘려가고 있다. 또 '아세안＋3(중국, 일본, 한국)'라 불리는 비공식적 기구 그리고 동남아시아와도 연계되어 있다.

그리고 현재 시베리아에서 한국, 일본까지 연결되는 파이프라인이 건설 중이다. 그런데 파이프라인이 한국까지 연결되려면 자연스레 북한을 지날 수밖에 없기 때문에 시베리아 횡단철도가 북한을 지나 한국까지 확장될 가능성도 있다.

동북아시아의 이런 통합 움직임에 미국은 양면적인 태도를 보이고 있다. 이들이 한층 독자적인 길을 추구하면서 냉전 시대에 흔히 '제3의 힘'이라 불렀던 세력으로 발전할까봐 우려하고 있는 것이다.

미국의 대남북한정책 태스크포스 팀은 북한에서 비롯된 위기를 외교적 방법으로 해결하라고 워싱턴에 권고했다. "북한이 핵을 갖지 않도록 안전을 보장하고 북한과 한국 간의 관계를 증진시키며, 북한이 이웃 나라들과 경제적으로 협조하도록 유도하라"는 외교적 해결책은 클린턴 행정부 시대부터 머뭇거리면서도 간헐적으로 시작되었던 정책이다. 이 정책대로 북한의 외교적 관계가 정상화되면 북한의 경제 개혁을 가속화시켜 궁극적으로는 전체주의적인 정치권력을 억제하고 인권 유린을 완화시킬 수 있다. 그리고 이는 북한의 경제력 확대로 이어질 수 있다.

이런 정책은 이 지역의 컨센서스와도 일치한다. 태스크포스 팀의 주장에 따르면 부시, 체니, 렘스펠드가 기획한 예방전쟁 전략은 동북아시아와 미국을 불필요한 전쟁으로 몰아넣을 수 있다.

미국은 동북아시아가 유럽처럼 한층 독자적인 길을 추구하도록 독려하는 더 온건한 정책을 생각해볼 수도 있다. 하지만 이런 정책 아래에서는 기존의 강압적인 세계 지배 방식이 더 이상 유지되기 어려울 것이라는 점을 미국은 감수해야 한다.

이런 역학 관계에서는 에너지 의존이 언제나 핵심적인 문제다. 2차대전 이후로 미국의 정책 입안자들은 중동의 무궁한 에너지원을 지배하려고 애썼다. 중동의 석유가 세계 지배를 좌우하는 실질적인 수단이라 생각했기 때문이다. 유럽과 새로운 세력으로 부상한 아시아의 열강들도 똑같은 생각을 가지고 있다. 이들은 에너지 공급원과 해로를 장악하려는 미국으로부터 벗어나 자체 에너지원을 확보할 방법을 모색해왔다. 중동과 중앙아시아에서 벌어지는 갈등의 대부분이 이런 우려에서 비롯된 것이다.

미국은 쿠바처럼 외국 투자자와 워싱턴 정책 입안자의 이익보다 국내의 욕구를 더 중요시하면서 독자적인 발전의 길을 추구하는 제3세계 국가들의 '성공적인 도전'에 오래 전부터 가혹할 정도의 반응을 보였다. 워싱턴은 주요 강대국들의 산업 심장부를 전통적으로 주시해왔고, 기본적으로 '삼극 체제의 성격'을 띠면서 새로운 형태로 개편되는 세계 경제질서를 그 어느 때보다 주목하고 있다.

이라크 침략은 '본보기'였다. 다시 말해 부시 행정부가 먼 미래에 있을지도 모르는 잠재적인 어떤 도전도 허락하지 않겠다는 정책을 관철하기 위해 무력을 멋대로 사용하겠다는 의지를 세계에 증명해보인 행위였다. 많은 나라가 이 교훈을 가볍게 넘기지는 않았을 것이다.

역사가 증명하듯이 폭력은 강력한 지배 수단이다. 하지만 지배의 딜레마는 결코 가볍지가 않다.

(2003. 11. 26)

* _____
2006년 북한은 8~10기의 핵폭탄을 개발했고, 장거리 미사일 실험을 재개했으며, 핵실험을 시도했다. 북한의 핵개발은 부시 행정부의 업적으로 봐도 손색이 없을 듯하다. 레온 시걸은 2006년 11월에 발간된 《커런트 히스토리》에서 "부시 대통령이 취임했을 때 북한은 장거리 미사일 실험을 중단한 상태였다. 북한은 한두 기의 원자폭탄을 제조할 수 있는 플루토늄을 보유하고 있었지만 그 이상의 행동을 취하지 않았다"고 썼다.

이 문제의 최고 전문가 중 하나인 시걸은 여러 자료를 검토한 후에 "북한은 상대와 똑같은 식으로 대응하면서 반목 관계를 끝내려고 노력했다. 미국이 협조하면 보답하고 미국이 약속을 어기면 보복하는 식이었다"고 결론지었다. 예컨대 1993년 북한은 외교적 인정의 대가로 중동에 미사일 수출을 중단하기로 이스라엘과 합의하려고 했다. 이는 이스라엘의 안전을 크게 강화할 수 있는 거래였다. 하지만 미국은 이스라엘에게 이 합의를 중단하라고 압력을 가했고 이스라엘은 미국의 압력을 받아들였다. 이스라엘은 예전부터 선택한 의존 관계 때문에 미국의 명령을 따를 수밖에 없었다.

이에 북한은 중거리 미사일 실험을 시작하면서 미국의 방해에 대한 보복을 했다. 이런 패턴이 클린턴 시대 내내 반복되었다.

부시의 호전적인 군국주의는 예측한 대로 러시아의 공격용 군사무기의 개발을 부추겼고 나중에는 중국까지 경쟁에 끼어들게 만들었다. 2002년 부시가 '악의 축'으로 북한을 지목하자 북한은 미사일과 핵무기 개발에 박차를 가했다. 결국 아시아 국가들의 압력으로 부시 행정부는 협상에 동의했다. 그리고 2005년 9월 "국제 원조와 침략하지 않겠다는 미국의 약속을 받는 대가로 모든 핵무기와 기존의 무기 개발계획을 포기하고 국제사찰을 받아들이겠다"는 북한의 합의를 이끌어냈다. 여기에는 미국과 북한은 상호 주권을 존중하고, 평화적으로 공존하며, 관계를 정상화하기 위한 단계적 조치를 취한다는 합의도 추가되었다. 그러나 부시 행정부는 약속된 경수로를 북한에 제공하기 위해 결성된 국제 컨소시움을 해체하며 합의를 위배했다. 게다가 무력을 동원한 위협을 재개하고, 은행에 북한 구좌를 동결시키라는 압력을 가했다. 합법적인 무역 거래를 통한 자금도 예외가 아니었다(시걸의 《파이낸셜타임스》(2006년 10월 10일)와 한국정책연구소의 토머스 김의 자료 www.kpolicy.org를 참조할 것).

워싱턴은 북한이 은행을 이용해서 위조 달러를 유통한다고 주장했다. 그러나 부시 행정부의 신뢰가 바닥까지 떨어졌기 때문에 누구도 그런 주장에서 뚜렷한 결론을 이끌어내지 못했다. 심지어 보수적인 신문 《프랑크푸르터 알게마이네 자이퉁》마저 위조 달러가 CIA의 공작일 가능성이 있다고 보도했다(2007년 1월 6일).

2007년 2월, 북한 체제에 대한 압력이 강화되고, 곤경에 처한 미국 정부 역시 '악의 축'에 속한 한 국가라도 협상을 성공적으로 결말지으려 하면서 오래 전에 끝장난 것으로 여겨지던 협상이 생기를 띠기 시작했다(《파이낸셜타임스》, 2007년 2월 8일). 정확히 말하면 '곤경에 처한 미국 정부'가 성공의 지푸라기라도 잡으려고 협상을 재개하는 데 동의한 것이다.

미국에서 보도된 기사에 따르면 미국 측의 끈질긴 협상가면서 주된 정보원인 크리스토퍼 힐이 현 상황을 2005년 9월로 되돌리기 위해 노력하고 있다고 한다. 즉, "조항이 모호하게 규정되었기 때문에 조항을 실행에 옮기기 위한 회담이 결렬되고, 북한이 국제 사회의 경고를 무시하고 핵실험을 강행한 때"로 되돌리려 한다는 뜻이다(《뉴욕타임스》, 2007년 2월 8일).

하지만 진실을 그렇지 않다. 워싱턴은 현재 2005년 9월에 자신들이 저버린 합의와 비슷한 수준의 합의를 준비하고 있다. 또 워싱턴은 2002년 북한에 대한 비난이 불확실한 증거에 근거한 것이라는 사실도 인정했다. 미국은 국제 무기 사찰단이 새로운 협정 아래 북한에 들어가면, 2002년에 불확실한 정보를 근거로 북한을 비난했던 것이 "현장에서 실제로 발견된 것과 다시 한 번 비교되면서" 이라크에서와 같은 치욕을 겪을까봐 두려워서 미리 선수를 친 것 같다(《뉴욕타임스》, 2007년 3월 1일).

시걸이 지적하듯이 이 모든 것을 통해서 "외교는 선의를 가지고 행하면 좋은 효과를 거둘 수 있다"는 교훈을 배울 수 있다.

비열한 법정 앞에 선 사담 후세인

인권과 정의를 조금이라도 염려하는 사람이라면 사담 후세인의 체포에 환호했을 것이고, 그가 하루라도 빨리 국제 법정에서 공정한 재판을 받기를 손꼽아 기다렸을 것이다.*

당연히 사담의 기소장에는 1988년 독가스로 쿠르드족을 학살한 잔혹행위뿐 아니라 1991년 그의 정권을 전복시키려 했던 시아파 폭도들을 대량 학살한 것도 포함돼야 할 것이다.

《뉴욕타임스》의 앨런 카우얼Alan Cowell의 보도에 따르면 당시 워싱턴과 그 동맹국은 "이라크 지도자가 저지른 범죄로 인해 고통 받는 사람들이 늘어난다 해도 그가 계속 집권하며 안정을 유지하는 것이 서구 세계와 그 지역에 유리하다"는 일치된 견해를 가지고 있었다. '안정'이란 단어는 미국의 이해관계를 따른다는 암호다. 《포린 어페어스》의 옛 편집자로 자유주의 성향을 띤 정책 분석가 제임스 챈스James Chance는 《뉴욕타임스 매거진》(1977년 5월 22일)에서 "칠레에서 자유선거로 선출된 마르크스주의 정부를 약화시키려는 음모"를 닉슨과 키신저가 획책한 이유는 "우리가 안정을 도모하기로 결정했기 때문"이라고 지적했다. 이처럼 '안정'과 '미국의 이해관계' 사이에는 어떤 모순도 없다.

2002년 12월, 영국의 외무장관 잭 스트로Jack Straw는 사담의 범죄를 기록한 서류를 공개했다. 그러나 대부분의 범죄가 미국과 영국이 사담을 줄기차게 지원한 시기에 저질러진 범죄였다. 그러나 워싱턴과 스트로는 평소처럼 도덕적 성실성을 과시하면서 자신들이 이라크를 지원했다는 사실에는 눈을 감아버렸다.

이런 관례는 지식인 문화에 전반적으로 깊게 뿌리내리고 있다. 더 정확히 말하면 미국에서 2~3년을 주기로 반복되는 '방향전환' 정책을 그대로 보여주고 있다. 이 정책은 "그래, 전에는 우리가 순진하고 부주의해서 잘못을 범했다. 하지만 이제는 다르다. 따라서 그런 지겹고 짜증나는 일에 더 이상 시간을 낭비하지 않겠다"라고 요약할 수 있다.

이 정책은 비열해보이지만 상당한 이점을 갖는다. 바로 눈앞에서 벌어지고 있는 일조차 국민들이 올바로 이해하지 못하도록 방해할 수 있다는 이점이다. 예컨대 부시 행정부가 이라크 전쟁을 시작하면서 내세운 이유는 대량살상무기를 개발하고 테러와 연계된 폭군의 마수로부터 세계를 구하는 것이었다. 하지만 이제 누구도, 심지어 부시의 연설문 작성자조차도 이런 말을 믿지 않는다.

이런 주장이 맥없이 허물어지자 전쟁을 벌인 새로운 이유가 급조되었다. 그래서 나온 이유가 이라크에 민주주의를 심고, 더 나아가서는 중동 전체를 민주화하려고 이라크를 침략했다는 것이다. 민주주의를 타국에 심겠다는 이런 호언은 간혹 열정적인 찬사를 받기도 한다. 예컨대 2003년 11월, 《워싱턴포스트》의 평론가 데이비드 이그네이셔스

David Ignatius는 이라크 침략을 "현대의 가장 이상적인 전쟁" 이라고 호평했다. 즉, 미국의 이라크 침략이 이라크와 중동에 민주주의를 선물하기 위해 벌인 전쟁이라는 것이다. 또 이그네이셔스는 폴 월포위츠Paul Wolfowitz에게 특별히 감동받았는지 그를 '부시 행정부에서 가장 이상적인 책임자' 라고 칭하며 "억압받는 아랍 세계를 위해 피를 흘리고 그런 아랍 세계를 해방시키기를 꿈꾸는 진정한 지식인" 이라 평가했다. 이런 찬사는 월포위츠의 찬란한 이력을 설명하는 데 도움을 준다. 그는 레이건 시대에 인도네시아 대사를 지내면서 20세기 최악의 살인마이며 침략자인 인도네시아 수하르토를 강력하게 지원했다.**

또 아시아 문제를 총괄하는 국무부 관리로 재직하면서 한국의 전두환과 필리핀의 마르코스와 같은 흉악한 독재자들에 대한 지원을 주도하기도 했다.

그러나 '방향전환' 이라는 편리한 정책 덕분에 이런 경력은 크게 문제시되지 않는다. 월포위츠는 단지 억압받는 피해자들을 위해서 피눈물을 흘렸을 뿐이다.

월포위츠는 민주주의를 지극히 사랑한다는 증거를 최근에도 보여주었다. 터키 의회는 이라크 전쟁 개입을 반대하는 국민 여론을 반영해서 거의 만장일치로 터키를 공격 거점으로 활용하려는 미군의 요청을 거부했다. 그 때문에 워싱턴은 분노에 휩싸였다. 월포위츠는 가장 극단적인 입장을 취했다. 그는 의회의 그런 결정을 막지 못한 터키 군부를 맹렬히 비난하면서 당장 미국에게 사과하라고 요구했다. 하지만 터키는 텍사스 크로포드 목장의 명령을 고분고분 받아들이지 않고 자국 국민의 여론에 귀를 기울였다.

가장 최근의 예는 이라크의 재건 계획에 따른 계약 입찰에 대한 월포위츠의 '결정과 판정'이다. 대다수 국민들의 의견을 반영해 미국의 뜻을 따르지 않았던 국가들은 입찰에서 배제되었다. 월포위츠가 대외적으로 내세운 근거는 '선취 특권security interest'이라는 것이다. 문제는 이런 권한은 애초부터 존재하지도 않았다는 것이다. 게다가 할리버튼과 베첼이 주요 선진국 회사들이 아닌 이제 민주주의가 막 태동한 우즈베키스탄과 솔로몬 제도의 작은 기업들과만 '자유경쟁'하도록 함으로써 철저하게 비민주적인 행태를 보였다.

워싱턴이 민주주의를 경멸하는 과정에서도 워싱턴이 민주주의를 열망하고 있다는 환호의 합창이 끊이지 않았다는 사실은 미래를 예측하는 중요한 잣대가 된다. 그동안 워싱턴은 이런 모순된 모습을 멋들어지게 만들어냈다. 이는 전체주의 국가에서도 감히 흉내낼 수 없는 감동적인 위업이 아닐 수 없다.

이라크인들은 정복자와 피정복자 간에 나타나는 이런 과정을 꿰뚫어볼 만한 경험을 가지고 있다. 예컨대 영국은 자국의 이익을 위해 이라크를 세웠다. 당시 세계의 정복자 역할을 하고 있었던 영국은 이른바 '아랍적 외관Arab facades'을 구축할 방법을 고심했다. 더 구체적으로 말하면 허약하고 말 잘 듣는 정부 그러나 영국이 실질적으로 지배할 수 있는 의회 민주주의 형태를 띤 정부를 아랍에 심으려고 애썼다.

워싱턴은 이와 마찬가지로 세계 최대 석유생산지역의 심장부에 군사기지를 상주시킬 권리를 확보하고, 이라크의 운명을 서구 기업의 마수에 던져주면서 주권국가라면 어떤 나라도 받아들이지 않을 경제 체제를 강요하고 있다. 이 상황에서 미국이 독자적인 이라크 정부를 허락할 것이라고 기대하는 사람이 있기나 할까?

인류 역사상 가장 가혹하고 가장 부끄러운 조치에 걸핏하면 고결한 의도가 덧씌워진다. 거기에는 자유와 독립을 시혜한다는 낯간지러운 말까지 더해진다. 정직한 눈을 가진 사람이라면 토머스 제퍼슨Thomas Jefferson이 당시의 세계 상황을 지적했던 말이 지금 이 시대에도 그대로 적용될 수 있다는 사실을 부인하지 않을 것이다. "우리는 대영제국이 인류의 자유를 위해서 싸운다는 말을 믿지 않듯이 보나파르트가 오로지 항해의 자유를 위해 싸운다는 말을 믿지 않는다. 둘의 목적은 똑같다. 다른 나라의 힘과 부와 자원을 약탈하려는 것이다."

(2003. 12. 15)

*
사담 후세인은 1982년, 약 150명의 살상을 주도한 혐의로 사형을 당했다. 그가 저지른 끔찍한 잔혹행위에 비하면 이는 아주 사소한 범죄였을 뿐이다. 그러나 대표적인 인권단체들은 그 재판이 몹시 불공정했다고 비난을 퍼부었다.
한편 언론은 1982년의 미국과 이라크의 관계는 거의 다루지 않았다. 미국과 영국이 사담을 지원했다는 사실이 극히 드물게 언급되기는 했지만 당시 이라크가 더 위험한 적국인 이란과 싸웠다는 이유로 양해된 것이다. 하지만 그런 구실은 설득력이 없다. 이란과의 전쟁이 끝난 후에도 미국과 영국은 대량살상무기를 개발할 수 있는 장비를 비롯해서 사담을 계속해서 지원했기 때문이다. 특별히 눈에 띄는 변화는 없었다.
1989년에는 이라크의 핵공학자들이 미국으로 초청받아 첨단 기술을 전수받기도 했다. 1990년 4월, 즉 사담이 쿠웨이트를 침략하기 4개월 전에는 1996년 공화당 대통령 후보로 지명된 밥 돌 상원의원을 대표로 한 상원 대표단이 이라크를 방문해서 사담에게 부시 대통령의 안부를 전했다. 그들은 미국의 일부 몰지각한 평론가들이 쏟아내는 비난을 걱정할 필요가 없다고 사담을 위로하기까지 했다. 그리고 사담이 쿠웨이트를 침략할 때까지 미국의 지원은 계속되었다. 그러나 영국은 미국을 능가할 정도였다.

**
2005년, 월포위츠가 세계은행 총재로 임명되자 그가 민주주의 개발에 공헌하고 부패를 척결하려 투쟁한 업적을 찬양하는 기사가 줄을 이었다. 그가 인도네시아에서 인권과 민주주의를 말살한 잔혹한 기록은 전혀 언급되지 않았다. 인도네시아의 행동주의자들은 월포위츠가 인도네시아 경제를 붕괴시킨 주역이라고 맹렬히 비난했다. 국제투명성기구의 보고서에 따르면 월포위츠의 친구 수하르토는 세계에서 가장 부패한 지배자였다. 이 부분에 대해서는 《실패한 국가, 미국을 말하다》를 참조할 것.

사담과 미국의 뒤틀린 관계

사담 후세인과 서방 국가 간의 오랫동안 유지해 온 비틀린 관계가 법정에서 어떤 모습으로 불거질지 궁금증을 자아낸다.* 그럴 가능성은 무척 희박하지만 사담이 공정한 재판을 받는다면 사담의 변호사는 콜린 파월Colin Powell, 딕 체니Dick Cheney, 도널드 럼스펠드Donald Rumsfeld, 부시 1세를 비롯해 레이건과 부시 행정부에서 고위 관리를 지낸 사람들을 증인으로 당연히 요구할 수 있어야 한다. 독재자 사담이 최악의 범죄를 저지르던 기간에 그들 모두가 사담을 강력히 지원한 장본인들이기 때문이다.

또한 공정한 재판이라면 기본적인 도덕적 보편성이 적용되어야 한다. 피고와 원고 모두에게 똑같은 기준이 적용돼야 한다는 뜻이다. 하지만 전범 재판의 선례는 이 점에서 떳떳하지 못하다. 역사상 최악의 악한들을 단죄하면서 보편성의 원칙을 지키려고 애썼던 재판이라 평가받는 뉘른베르크 재판에서도 독일인의 '범죄'는 인정되었지만 연합군은 그렇지 않았다.

프린스턴대학교의 교수로 최근에 《보스턴 글로브》에 〈복수를 중지하라: 전범재판의 정치〉라는 글을 기고한 게리 베이스Gary J. Bass는 "밀로세비치와 마찬가지로 사담 후세인도 과거에 서방 세계로부터 지원을 받았다고 폭로함으로써 서방 세계를 당혹감에 빠뜨리려 할 것이다. 법적으로는 아무런 관련도 없지만 자크 시라크와 도널드 럼스펠드를 뜨끔하게 만들기엔 충분한 폭로일 것이다"라고 말했다.

진정으로 공정한 재판이라면 워싱턴이 1980년대에 사담과 부정한 타협을 맺었다는 사실을 고려해야 마땅하다. 미국은 처음에 이라크를 통해 이란을 단죄한다는 핑계를 댔다. 그래서 이라크는 미국의 지원을 받아 이란을 공격했다. 하지만 전쟁이 끝난 후에도 지원은 계속됐다.

이런 타협정책을 주도한 사람들이 이제 사담을 법의 심판대에 세우고 있는 셈이다. 럼스펠드는 사담과 한층 돈독한 관계를 맺으려고 레이건의 중동 특사로 1983년과 1984년에 이라크를 방문했다. 이라크가 화학 무기를 사용한다고 미국이 비난하던 와중에 말이다. 콜린 파월은 1987년 12월부터 1989년 1월까지 부시 1세의 국가안보 보좌관을 지냈고, 그로부터 수개월 후에는 합동참모본부 의장이 되었다. 체니는 부시 1세 때 국방장관이었다. 즉, 사담이 1988년 쿠르드족에게 독가스를 살포해 대량학살을 자행하고, 1991년 그의 정권을 전복시키려고 한 시아파 반도들을 학살하는 잔혹행위를 자행하던 시기에 파월과 체니는 최고 의사결정권을 가지고 있었던 것이다.

파월과 체니를 비롯한 그 당시에 활동했던 많은 책임자들이 이제는 부시 2세 밑에 들어가 악귀를 단죄한다는 이유로 그런 잔혹행위를 들먹이고 있다. 그 기간 동안 미국이 사담을 지원했다는 중요한 사실은 빼버리고 말이다.

1989년, 부시 1세는 국가안보지침을 발표하면서 "미국과 이라크의 정상적인 관계는 장기적으로 우리에게 이익이 될 것이며 걸프만과 중동 지역의 안정에도 이바지할 것"이라고 말했다.

미국은 사담 정권이 쿠르드의 농업 지역을 파괴하자 그들이 절실히 필요로 하던 식량을 지원했을 뿐 아니라 대량살상무기로 응용 가능한 첨단 테크놀로지와 생물학적 약제까지 제공했다.

사담이 미국의 규칙을 따르지 않고 1990년 8월 쿠웨이트를 침략한 후에는 정책과 구실이 바뀌기는 했지만, 이라크 국민의 손에 이라크를 맡겨놓을 순 없다는 한 가지 원칙만은 변하지 않았다. 1990년, 유엔은 이라크에 경제 제재를 가했다. 물론 미국과 영국이 주도한 일이었다. 클린턴 시대를 거쳐 부시 2세 때까지 계속된 경제 제재는 미국의 대對 이라크 정책에서 가장 비열한 유산이다.

1997년부터 2000년까지 이라크에서 유엔 인권 조정관을 지낸 데니스 할러데이Denis Halliday와 한스 폰 스포넥Hans von Sponeck만큼 이라크를 잘 아는 서구인은 없을 것이다. 1998년, 할러데이는 이라크에 대한 경제 제재를 '대량학살'이라 비난하며 항의성 사임을 했고, 폰 스포넥 역시 2년 후에 비슷한 이유로 사임했다. 할러데이와 폰 스포넥을 비롯한 많은 사람들이 오랫동안 지적해왔듯이 이라크에 대한 경제 제재는 이라크 국민을 도탄에 몰아넣어 오히려 사담과 그 도당의 힘을 키워줬을 뿐이다. 생존을 위해서는 독재자에게 의존할 수밖에 없었기 때문이다.

할러데이는 2002년에 "이라크 국민이 스스로 경제를 운영하며 그들의 삶을 뒷받침하는 그들 고유의 삶의 방식을 회복한다면 그들의 뜻에 맞는 적합한 지배구조를 이라크에 만들어갈 수 있을 것이다"라고 말했다.**

지금까지 말한 이야기와 증거가 법정에서 폭로되든 그렇지 않든 간에 이라크의 미래가 누구의 손에 맡겨질 것이냐의 문제는 여전히 중요한 쟁점이며 뜨거운 논란거리다. 그런데 이 중요한 쟁점과 상관없이 이라크의 비극에 관련된 사람들에게는 세 가지의 기본적인 목표가 있었다. 첫째는 정권을 전복시키는 것이고, 둘째는 사악한 지배자를 제거하는 것이 아니라 애꿎은 국민을 힘들게 하는 경제 제재를 끝내는 것이며, 셋째는 표면적으로라도 세계 질서를 유지하는 것이다.

상식적인 사람이라면 처음의 두 목표에 대해서는 이의를 제기하지 않을 것이다. 두 목표가 성취됐다면 미국이 사담을 지원하는 데 항의했던 그리고 나중에는 살인적인 경제 제재를 반대했던 사람들이 무척 기뻐했을 것이다. 그리고 그들은 미국에게 진실로 박수를 보냈을 것이다. 그런데 세 번째 목표가 훼손되고 말았다. 세 번째 목표가 훼손되지 않았더라면 첫 번째 목표는 물론이고 두 번째 목표도 제대로 성취될 수 있었다. 그러나 부시 행정부는 무력으로 세계 질서를 와해시키고 세계를 지배하려는 의도를 공개적으로 천명하며 이라크를 본보기로 삼았다.

미국의 의도는 전 세계에 두려움을 안겨주면서 증오심을 불러일으키는 것이었다. 미국의 자의적인 침략 정책에 동조하는 길을 선택한 사람들은 그 결과를 보고 절망감에 빠지고 말았다. 물론 그 결정에는 미국인의 대다수가 찬성했다.

(2004. 1. 22)

앞에서도 언급했듯이 재판은 1982년의 범죄로 한정되었다. 사담이 자행한 잔혹행위에 비하면 하찮은 범죄였지만 미국과 영국 등 사담의 범죄를 지원한 여러 국가들의 파렴치한 역할이 거론되지 않도록 하기 위해서는, 특히 미국과 이라크의 관계에서 1982년이 갖는 의미가 거론되지 않도록 하기 위해서는 어쩔 수 없는 선택인 듯하다.

**
이라크 국민을 야만적 상태로 몰아넣은 미국과 영국의 역할에 대해서는 한스 폰 스포넥의 《A Difference Kind of War: The UNSanctions Regime in Iraq》(2006)를 참조할 것. 폰 스포넥은 이라크에 대한 경제 제재를 제네바 협정 위반이라고 주장하며 2000년에 유엔 석유식량 프로그램 국장직을 사임했다. 앞에서 지적했듯이 그의 선임자였던 저명한 국제 외교관 데니스 할러데이도 똑같은 이유로 사임했다.
클린턴 정부는 유엔 안전보장이사회에 이라크의 현황을 숨김없이 알리려는 그들의 노력을 방해했다. 미국무부 대변인 제임스 루빈의 표현대로라면 "그 사람들은 바그다드에서 일하라고 월급을 받는 것이지 쓸데없는 말이나 해대라고 월급을 받는 것이 아니"었다. 미국의 언론도 똑같은 입장을 취했다. 할러데이와 폰 스포넥만큼 이라크를 잘 아는 서구인은 없었다. 그러나 어쩌면 당연한 현상이었겠지만 그들의 목소리는 이라크 침략이 있을 때까지 미국의 주류 언론에서 언급되지 않았다.

무기로서의 장벽

많은 정부가 논란이 많은 행위를 취할 때마다 습관적으로 안보를 구실로 내세운다. 따라서 그 진정성 여부를 면밀히 검토해볼 필요가 있다. 오늘 헤이그의 국제사법재판소에서 열리는 청문회의 주제인 이스라엘의 '안보 장벽'도 그런 사례 중 하나다.*

'안보 장벽'이 적절한 수단이라면 그런 장벽을 세워서라도 테러 공격으로부터 이스라엘 시민을 보호하려는 이스라엘의 권리에 의문을 제기할 사람은 거의 없을 것이다. 그러나 안보가 이스라엘의 진짜 관심사라면 그런 장벽이 어디에 세워져야 하는지가 명백해진다. 즉, 이스라엘의 안쪽이다. 더 정확히 말하면 국제적으로 인정된 국경으로 1948~1949년 전쟁 이후 설정된 그린라인Green Line 안쪽이다. 이곳에 장벽을 설치한다면 이스라엘 당국이 의도한 대로 안보 효과를 거둘 수 있을 것이다. 장벽의 양편을 군대가 경계하고 지뢰를 조밀하게 설치하면 누구도 통과할 수 없을 테니까 말이다. 이런 장벽이라면 안보 효과를 극대화할 뿐 아니라 국제법 위반으로 국제 사회의 저항을 받지도 않을 것이다.

이런 예측은 누구나 할 수 있다. 영국은 미국을 따라 헤이그 청문회를 반대했지만 잭 스트로 영국 외무장관은 장벽을 '불법'이라고 줄곧 말해왔다. '안보 장벽'을 조사한 또다른 영국 외무부 관리도 장벽을 그린라인에 세우거나 '그린라인의 이스라엘 쪽'에 세워야 한다고 말했다.

이 장벽의 실제 목적은 팔레스타인 영토를 빼앗는 데 있다. 이스라엘의 사회학자 바루치 키멀링Baruch Kimmerling이 안보 장벽 설치를 팔레스타인 사람들을 향한 이스라엘의 '정치적 학살'이라 칭했듯이 안보 장벽은 팔레스타인 공동체를 '토굴'로 전락시키는 효과를 낳았다. 달리 말하면 겉모습만 자유와 주권과 자결의 상징처럼 보였던 남아프리카공화국의 반투스탄(남아프리카공화국에서 인종 격리 정책에 따라 설정되었던 흑인 자치구_옮긴이)과 유사한 고립지역으로 만들려는 것이다.

유엔은 장벽 건설이 시작되기 이전에도 이스라엘의 차단벽과 기간 시설 그리고 정착촌으로 인해 웨스트뱅크에 있는 50여 곳의 팔레스타인 거주지역이 이미 고립 상태에 있다고 추정했다. 장벽의 계획이 구체화되었을 때 세계은행은 장벽의 건설로 인해 팔레스타인 인구의 10퍼센트 이상인 25~30만 명이 고립될 수 있다고 내다봤고 이스라엘은 웨스트뱅크의 10퍼센트를 효과적으로 합병하게 될 것이라고 추정했다. 아리엔 샤론 정부가 최종적으로 발표한 장벽의 계획도에 따르면 웨스트뱅크는 16곳의 고립 구역으로 명백히 나뉜다. 그 구역을 모두 합한다 해도 샤론이 이전에 팔레스타인 국가에 양보할 수 있다고 말했던 웨스트뱅크 땅의 42퍼센트에 불과하다.

장벽은 이미 웨스트뱅크에서 가장 비옥한 땅의 일부를 점유한 상태다. 게다가 장벽 덕분에 이스라엘은 중요한 수자원을 확보할 수 있었다. 이로 인해 이스라엘과 그 정착지는 원하는 대로 물을 충당할 수 있지만 토착민은 마실 물조차 부족한 실정이다.

　장벽과 그린라인 사이에 거주하는 팔레스타인 사람들에게는 그곳에 계속 거주할 권리를 신청할 자격이 허용되겠지만 이스라엘 사람들은 자동적으로 그 땅을 사용할 권리를 갖는다. 이스라엘의 언론인 아미라 하스Amira Hass는 일간지 《하레츠》에 기고한 글에서 "안보라는 구실과, 겉으로는 불편부당하고 관료적인 군부의 명령 뒤에는 추방을 위한 문이 감춰져 있다. 그리 많지 않은 사실이 조금씩 장벽 밖으로 흘러나온다면 장벽의 진실이 국제적으로 알려질 것이고 전 세계에 충격을 줄 것이다"라고 말했다. 그뿐 아니라 미국 국민이 지원한 것은 아니더라도 여하튼 너그러운 해외 납세자 덕분에 확보할 수 있었던 넉넉한 지원금에 현혹되어 그곳에 정착한 이스라엘 사람들, 그들에게 땅과 자원을 주기 위해 지난 35년에 걸친 가혹한 점령기간 동안 걸핏하면 자행된 살인과 테러, 일상적인 만행과 모욕적 행위도 세상에 알려질 것이다.**

　이스라엘은 2004년 2월에 가자지구를 떠날 것이라고 알려진 7500명의 정착민을 웨스트뱅크의 점령지역으로 이주시킬 것으로 보인다. 그곳에 이주한 이스라엘 사람들은 풍족한 땅에서 깨끗한 물을 마음껏 즐기겠지만, 100만 명의 팔레스타인 사람들은 공급되는 물조차 실질적으로는 마실 수 없는 물이어서 생존조차 힘겨운 실정이다. 가자지구는 새장이나 다름없다. 남쪽의 라파는 조직적으로 파괴되었을 뿐 아니라 그 주민들은 이집트와 접촉할 수도 없고 바다에도 갈 수 없는 지경에 있다.

　그런데 이것이 이스라엘만의 정책이라고 생각한다면 착각이다. 미국과 이스라엘이 합작한 정책이다. 미국이 군사·경제·외교적으로 이스라엘을 끊임없이 지원한 덕분에 가능한 정책이기 때문이다. 하지만 미국의 언론과 지식인들 사이에서는 이 문제와 미국은 아무런 관계가 없는 것처럼 그려진다.

미국의 지원을 등에 업고 안전보다 확장을 택한 이스라엘은 이집트의 완전한 평화제안을 거부한 1971년부터 줄곧 그래왔다. 1976년 압도적인 국제여론에 따라 '두 국가의 정착안two-state settlement'을 촉구하는 안전보장이사회의 결의안에 미국은 거부권을 행사했다. 그러나 이제 미국 국민의 다수가 두 국가의 정착안을 지지하고 있기 때문에 워싱턴이 마음만 먹는다면 두 국가의 정착안은 언제라도 구체화될 수 있다.

헤이그 청문회는 기껏해야 안보 장벽이 불법이라는 권고적인 판결로 끝날 것이다. 그리고 그런 판결로 변하는 것은 없을 것이다. 정치적 해결과 그곳 주민의 인간다운 삶을 위한 진정한 변화는 미국의 손에 달려있기 때문이다.

(2004. 2. 23)

---

*____

이스라엘의 장벽이 팔레스타인 국민에 가한 야만적 결과에 대해서는 ⟨Under the Guise of Security: Routing the Seoaration Barrier to Enable the Expansion of Israeli Settlement in the West Bank⟩(B'Tselem, 2005년 12월)를 참조할 것.
장벽의 건설과 장벽 안에서의 야만적 행위는 국제법과 국제사법재판소의 결정을 노골적으로 위반한 행위다. 하지만 이스라엘은 미국의 지원 덕분에 실질적으로 어떤 방해도 받지 않고 이런 행위를 자행해 왔다. 더구나 부시는 예전처럼 암묵적으로 동의하는 수준을 넘어 공개적으로 지지하는 모습까지 보였다.

**____

미국 국민의 압도적 다수는 이스라엘과 팔레스타인 중에서 국제 사회의 컨센서스를 기준으로 정치적 해결을 모색하기 위한 선의의 협상을 거절하는 쪽의 지원을 중단해야 한다고 생각한다. 달리 말하면 이스라엘에 대한 지원을 중단해야 한다는 뜻이다. 하지만 극소수만이 그런 사실을 알고 있을 뿐이다. 여론조사의 결과는 언급되더라도 조그맣게 다루어질 뿐이다. 중요한 문제로 다루어지지 않는 것이다.

테러리스트들의 피난처 미국

자존심이 강한 대통령들은 종종 자기 이름을 내건 정책을 만든다. 9.11사태 직후 부시 대통령이 내세운 정책의 핵심 원칙은 "미국이 세계에서 악의 무리를 척결해야 한다"는 것이다.

테러와의 전쟁이라는 특별한 책임을 갖게 된 미국은 테러리스트를 숨겨주는 국가도 같은 식으로 취급해야한다는 당연한 결론을 내렸다. 그렇다면 이쯤에서 공정하면서도 단순한 질문을 던져보자. 미국이 부시 대통령의 정책대로 테러리스트를 숨겨주는 국가를 폭격하고 침략한다면 그 결과가 어떻게 될까?

미국은 잔혹하기로 악명 높은 테러리스트들의 피신처 노릇을 오래 전부터 해왔기 때문에 부시가 내세운 이 정책은 미국의 신뢰를 떨어뜨리고 대외적으로 공언한 원칙을 복잡하게 만든다.

이런 맥락에서 2001년 간첩으로 의심받아 마이애미에서 기소된 쿠바인 5명을 예로 들어보자. 그들의 항소 재판은 2004년 3월 10일 마이애미 연방 법원에서 열릴 예정이다.*

국제적인 저항을 불러일으킨 이 사건을 올바르게 이해하려면 미국과 쿠바 간의 암울한 역사를 돌이켜봐야 한다(하지만 미국이 쿠바를 파멸시킬 목적에서 유엔 총회 결의안까지 위반하며 수십 년간 계속한 엠바고에 대해서는 여기에서 생략하기로 하자).

미국은 1959년 이후 쿠바를 상대로 크고 작은 테러 공격을 자행해왔다. 피그스만 침공, 카스트로를 암살하려던 기괴한 계획들, 쿠바 안팎에서 쿠바인을 표적으로 한 테러 공격 등이 대표적인 예다. 케네디 시절에는 로버트 케네디Robert Kennedy가 그 작전을 책임지고 지휘했다. 로버트 케네디의 전기를 쓰고 그의 보좌관을 지낸 역사학자 아서 슐레신저Arthur Schlesinger에 따르면, 로버트 케네디의 목표는 쿠바에게 지상 최대의 두려움을 안겨주는 것이었다. 미사일 위기 후에 케네디는 테러 작전을 재개했고, 린든 존슨 시대에 이르러 테러 작전이 잠정적으로 중단되긴 했지만 닉슨 시대에 다시 시작되었다. 그러나 테러 공격에 대한 미국 정부의 직접적 참여는 1970년대 후반에 끝났다. 적어도 공식적으로는 그렇다.

1989년, 부시 1세는 악명 높은 반反카스트로 테러리스트로 1976년 쿠바 민항기의 폭파를 배후에서 조종한 죄로 기소된 오를란도 보쉬Orlandoo Bosch를 사면했다. 법무부는 보쉬의 정치적 망명 요청을 거부했지만 부시는 "미국의 안보는 다른 나라들이 우리를 겨냥하는 테러리스트들에 대한 지원이나 은신처를 제공하지 못하도록 촉구할 수 있는 우리의 능력에 좌우될 수 있다"고 결론지으면서 법무부의 보쉬 망명 요청 거부 권고를 묵살했다.

미국이 반카스트로 테러리스트들에게 은신처를 제공한다는 사실을 인지한 쿠바의 요원들은 반카스트로 조직에 침투했다. 1998년, 아바나에 파견된 FBI의 고위 관리들은 플로리다의 세포들이 조직한 테러 활동과 관련된 수천 쪽의 서류와 수백 시간 분의 비디오테이프를 건네받았다. FBI는 '쿠바의 5인'을 비롯해 그런 정보를 제공한 사람들을 체포하는 작전에 돌입했다.

그리고 공개재판이 뒤따랐다. 기소된 다섯 사람은 간첩죄로 3년에서 종신형까지 선고받았다. 특히 그 조직의 리더인 헤라도 에르난데스 Gerado Hern'andez에게는 살인 공모죄까지 더해졌다.

한편 FBI와 법무부가 위험한 테러리스트로 분류한 사람들 중에는 미국에서 희희낙락하며 계속해서 범죄를 계획하고 있는 사람도 있다.** 미국에 거주하는 테러리스트 명단에는 오를란도 보쉬 이외에도 아이티의 대량학살자이며 뒤발리에 시대에 의회 지도자를 지낸 에마뉘엘 콩스탕Emmanuel Constant도 있다.

콩스탕은 아리스티드 대통령을 축출한 군사 정권 아래에서 1990년대 초 대부분의 국가 테러를 획책한 준군사조직인 아이티 진보전선 FRAPH의 창립자이기도 하다. 최근 보고서에 따르면, 콩스탕은 뉴욕 퀸스에 살고 있었다고 한다.

미국은 아이티의 거듭된 범인 인도 요청을 거부했다. 누구나 추측할 수 있듯이 콩스탕이 4, 5000명의 아이티인을 학살한 군사 정권과 워싱턴 간의 밀약을 폭로할 수도 있기 때문이다. 얼마 전, 아이티에서 쿠데타를 주도한 악당들 중에는 FRAPH의 지도자들도 적잖게 끼어 있었다.

미국에게 쿠바는 오래 전부터 주된 걱정거리였다. 최근에 기밀이 해제된 1964년 국무부 자료에서도 확인되듯이 피델 카스트로Fidel Castro는 미국에게 견디기 힘든 눈엣가시 같은 존재였다. 피델 카스트

미국은 1959년 이후 쿠바를 상대로
크고 작은 테러를 자행해 왔다.
케네디 시절에는 로버트 케네디가
그 작전을 책임지고 지휘했다.
그의 목표는 쿠바에게 지상 최대의 두려움을
안겨주는 것이었다.

로는 미국의 지배에 대한 어떤 도전도 허용되지 않는다고 선포한 먼로 독트린 이후로 거의 150년 동안 지속된 미국의 반구정책에 타격을 가하면서 미국에 도전하고 있기 때문이다.

요즘 들어서는 베네수엘라가 비슷한 문젯거리로 떠올랐다. 《월스트 리트 저널》은 최근에 다룬 기사에서 "피델 카스트로는 라틴아메리카에서 미국의 정책에 뚜렷이 반발하는 후원자이자 후계자를 찾아냈다. 베네수엘라의 우고 차베스 대통령이다"라고 말했다.

공교롭게도 2004년 2월, 베네수엘라는 현재 미국에 피신하고 있는 전직 장교 두 명의 인도를 미국 정부에 요청했다. 그 두 명은 미국의 지원을 받은 쿠데타에 참여한 장교들이었다. 쿠데타 세력은 의회와 최고재판소 및 민주주의의 흔적을 모두 해체했지만, 미국 정부는 지나치다는 비난까지 무릅쓰면서 쿠데타 세력이 민주주의의 발전에 전력을 다한다며 칭찬을 아끼지 않았다. 그러나 쿠데타 세력은 민중 봉기로 전복되고 말았다. 희한하게도 베네수엘라 정부는 쿠데타 지도자의 기소를 금지한 베네수엘라 최고재판소의 판결을 받아들였다. 그러나 두 장교는 폭탄테러에 연루되었고 마이애미로 달아났다.

미국의 역사에서 도전에 대한 응징은 일종의 전통이다. 토머스 제퍼슨Thomas Jefferson은 뉴올리언스를 차지한 프랑스의 '도발적 태도'를 신랄하게 비난했다. 뉴올리언스를 무척 탐냈던 제퍼슨은 "우리는 평화와 풍요를 사랑하지만 우리의 고결한 자세가 프랑스의 도발적 태도와 부딪히면서 그들과 영원히 마찰을 일으킬 상황에 이르렀다"고 말했다. 그리고 제퍼슨은 영국의 지배로부터 독립하는 데 프랑스가 큰 역할을 했다는 애초의 입장을 뒤집고 프랑스의 도발을 응징하기 위해서 영국 함대와 손잡아야 한다고 권고했다.

누구에게도 도움을 받지 못한 채 수많은 저항을 무릅쓰고 시작된 아이티 해방투쟁 덕분에 프랑스의 도발은 곧 끝났다. 하지만 지금까지도 친구와 적을 결정하는 미국의 기본 원칙은 변하지 않았다.

(2004. 3. 5)

---

* 복잡한 법적 다툼을 거친 후 2007년 3월에 판결이 내려질 예정이다. 하지만 어떤 판결이 내려지든 항소가 있을 것이다.

** 악명 높은 국제 테러리스트 루이스 포사다 카릴레스(많은 범죄를 저질렀지만, 쿠바 민항기 폭파 사건에서 오를란도 보쉬와 공모한 것으로 추정된다)는 2005년 미국에 불법으로 입국해서 밀입국죄로 구금당한 상태다. 베네수엘라가 폭파범이라는 이유로 그리고 쿠바는 폭파 및 그밖의 다른 범죄를 이유로 미국에 범인인도를 요청했지만 거부당했다. 멕시코를 비롯해 많은 나라가 그의 망명을 거부했지만 미국 법무부는 그를 테러리스트로 규정하길 거부하며 그의 처분을 이민국에 떠넘겼다.
2007년 2월, 강제 추방이란 결정이 내려질 때까지 보석을 요청한 카릴레스의 청원은 받아들여지지 않았다.

갈림길에 선 미국과 이라크

미국이 주도한 이라크 침략은 9.11테러 공격에 대한 보복으로 해석된다. 마드리드 동시다발 폭탄테러가 또다시 미국의 침략에 대한 보복인지는 모르겠지만 이유야 어찌 되었든 이라크 침략 1주년을 하루 앞두고 일어났다는 점에서 무척 안타까울 뿐이다. 이로써 이라크 전쟁이 시작된 이후 많은 분석가들이 내놓았던 예측이 정확했다는 것이 판명되었다. 특히 폭력이 폭력을 낳는 악순환이 반복될 것이란 예측은 모골이 섬뜩할 정도로 정확했다.

미국 주도의 이라크 전쟁은 대량살상무기와 테러의 확산으로 이어질 수 있다는 전반적인 우려에도 불구하고 시작되었다. 그러나 부시 행정부는 이라크에 대한 지배력을 확보하고, 선제공격이라는 원칙을 굳건히 고수하며, 국내 정치에 대한 장악력이 한층 강화될 수 있으리라는 효과에 비할 때 그 정도의 위험은 하찮은 것이라 생각했다.

9.11사태 이전부터 시작된 미국의 군사력 증강에 반발한 러시아도

군사력을 급격히 증강시켰다. 그뿐 아니라 미국의 잠재적 공격 대상이라 생각하는 국가들 역시 나름대로의 방식으로 대비책을 마련하고 있는 실정이다. 예를 들어, 보복이나 전쟁 억제를 위한 테러를 계획하는 국가도 있고, 이란과 북한처럼 대량살상무기를 개발하는 것으로 의심되는 국가들도 있다.

마드리드 이외에도 9.11사태 이후 바그다드, 발리, 카사블랑카, 이스탄불, 자카르타, 예루살렘, 몸바사, 모스크바, 리야드 등에서 테러가 줄지어 일어났다. 이러한 테러를 획책하는 조직들에게 대량살상무기가 들어간다면 그 결과는 그야말로 끔찍할 것이다.

신중한 분석가들은 이라크와 알카에다의 공모설을 일축했다. 실제로 공모설을 뒷받침할 만한 확실한 증거가 지금까지도 발견되지 않았다. 그러나 2003년 8월, 바그다드 유엔 사령부를 목표로 한 폭탄 테러가 있은 후 하버드대학교의 테러 전문가 제시카 스턴Jessica Stern이 《뉴욕타임스》에 기고한 것처럼 이라크가 '테러리스트의 피난처'가 된 것만은 분명하다.

'선제공격'은 미국이 제멋대로 침략하겠다는 의도를 완곡하게 표현한 말장난일 뿐이다. 이라크 침략을 반대하는 시위가 전례 없이 대규모로 벌어진 데는 침략 자체를 반대하는 이유도 있지만 '선제공격'이라는 정책을 반대하는 이유도 있다. 2004년 3월에도 범세계적인 반전시위가 예정되어 있다. 이런 반발 때문에 미국이 앞으로 선제공격 정책을 강행하기가 한층 어려워진 것이 사실이다.

데이비드 케이David Kay 조사단의 보고서에서 확인되듯이 이라크에 대량살상무기가 있다는 주장은 거짓으로 드러났고, 최근에는 사담의 권력 장악력이 무척 취약했던 것으로 밝혀졌다. 따라서 서구세계에서 이라크를 가장 잘 아는 사람들, 예컨대 유엔 인권 조정관 데니스 할러데이와 한스 폰 스포넥의 의견, 즉 이라크에 대한 경제 제재가 민간인을 표적으로 하지 않았다면 이라크 국민이 사담 정권을 전복시켰을 것이라는 의견에 한층 힘이 실린다.

2003년 4월, 미국에서 실시된 여론조사에 따르면 전쟁이 끝난 후 이라크 정치와 경제 재건에 대한 일차적인 책임은 미국이 아니라 유엔이 맡아야 한다는 여론이 압도적이었다.

미국의 막강한 군사력, 경제 제재의 종식, 폭군의 제거, 저항 세력을 지원하는 외부 세력의 결여 등을 감안할 때 미국이 이라크 점령에 실패했다는 것은 그저 놀랍기만 할 뿐이다. 이런 실패로 인해 부시 행정부는 약간 뒤로 물러서서 유엔에 도움을 청했다. 그러나 이라크가 미국의 위성국에서 벗어날 수 있느냐의 문제는 여전히 의문으로 남아 있다.

2004년 1월, 《워싱턴포스트》의 로빈 라이트Robin Wright는 워싱턴이 이라크에 거의 3000명에 달하는 세계 최대의 외교단을 파견할 계획이라고 보도했다. 이는 이라크로의 주권 이양이 제한적일 것이라는 명백한 증거다. 미국이 이라크에 군사기지와 병력을 계속 주둔할 수 있는 권리를 집요하게 요구하는 것이나, 이라크 경제를 실질적으로 외국 기업들에게 개방하려는 폴 브레머Paul Bremer 최고 행정관의 지시에서도 이런 결론은 재확인된다. 주권 국가라면 폴 브레머의 지시를 결코 수용하지 않을 것이기 때문이다. 누구나 짐작하듯이 경제권의 상실은 정치적 주권의 왜소화로 이어지게 마련이다. 건전한 경제발전을 기대하기도 어렵다. 이는 그동안의 경제사가 우리에게 명백히 가르쳐주는 교훈이다.

그러나 이라크 국민이 명목상의 주권을 넘어서 실질적인 주권과 민주주의를 강력히 요구하고 나서자 미국은 마음대로 조종할 수 있는 정부를 심으려던 목표를 포기할 수밖에 없었다. 형식적이던 헌법에도 적잖은 개선이 있었지만 갈등을 완전히 종식시키지 못하고 있는 실정이다.

2003년 12월, 국제정책태도프로그램PIPA과 지식 네트워크Knowledge Networks가 합동으로 실시한 여론조사에 따르면 미국인의 다수는 미국이 이라크에 강력한 병력과 외교단을 상주시키려는 계획을 지지하지 않는다. 또 미국인은 전쟁과 점령으로 인해 이라크에서 정의구현이 어렵지 않을까 우려하고 있다.

미국의 대통령 선거가 극적인 전환점이 될 수 있다. 물론 미국에서 정치적 선택권은 무척 좁다. 미국 선거가 돈에 크게 좌우된다는 사실을 국민 모두가 알고 있다. 따라서 존 케리John Kerry를 부시와 같은 부류라고 평가하는 말도 틀리지는 않다. 그러나 미국의 기업 정당이라 불리는 두 정당 간의 선택이 때로는 큰 차이를 낳을 수 있다. 2000년 선거에서 그랬듯이 이번 선거에서도 마찬가지다.

국제 문제뿐 아니라 국내 문제도 크게 달라질 수 있다. 지난 세기에 우리가 민중투쟁으로 거둔 성과들을 뒤집어버리려는 사람들이 부시 주변에는 널려 있다. 건강보험, 안정된 일자리, 누진세 등이 그들의 공격 목표다. 국민의 이익을 대변하는 정부라는 기대감이 무너지고 있는 실정이다.

이라크에서 전쟁이 시작된 이후로 세계는 훨씬 더 불확실하고 위험한 곳으로 변했다. 미국 선거가 중대한 갈림길이 될 것이다. 미국의 막강한 힘을 감안한다면 작은 변화가 엄청난 파급력을 보이며 큰 변화로 이어질 수도 있다.

(2004. 3. 18)

이상한 민주주의를 요구하는 미국

더글라스 젤Douglas Jehl과 데이비드 생어David E. Sanger가 2003년 9월 《뉴욕타임스》에 보도한 바에 따르면, 이라크에서 새로운 유형의 전투가 발발하기 훨씬 전에 미국의 정보기관은 "향후 수개월 내에 워싱턴이 이라크에서 직면할 가장 큰 적은 미군의 점령에 대한 이라크 국민의 반감일 것"이라고 평가했다. 미국은 신문의 1면과 텔레비전 메인 뉴스를 차지하는 무장 저항뿐 아니라 이런 적대감의 근본 원인을 제대로 파악하지 못했기 때문에 더 많은 피를 흘리면서도 궁지에 몰릴 가능성이 크다.

범죄적 침략이라는 중대한 문제는 그렇다손 치더라도 이라크를 점령한 미군과 연합군이 조금만 덜 오만하고 덜 무지했더라면, 또 그렇게 무능하지 않았더라면 팔루자를 비롯해 사방에서 끔찍한 시위가 일어나지 않았을 것이고 폭력적 갈등이 지루하게 계속되지도 않았을 것이다. 그리고 정복자들이 이라크 국민들의 요구대로 진정한 주권을 이라

부시 행정부는 이라크 침략에 대한
온갖 구실을 나열하면서 아랍 세계에서
민주주의 혁명이 일어나기를 간절히 바란다고 말하지만
사실상 "세계 최대 에너지 자원지의 심장부에
확실한 군사기지를 건설하겠다"는 것이
이라크 침략의 가장 큰 이유다.

크에 이양했더라면 이라크의 내부 사정은 지금과는 완전히 달라졌을 것이다.

부시 행정부는 이라크 침략에 대한 온갖 구실을 나열하면서 아랍 세계에서 민주주의 혁명이 일어나기를 간절히 바란다고 말하지만 사실상 "세계 최대 에너지 자원지의 심장부에 확실한 군사기지를 건설하겠다"는 것이 이라크 침략의 가장 큰 이유다.

그러나 이라크 국민들까지 이러한 중요한 쟁점을 덮어두지는 않았다. 갤럽은 2003년 10월, 바그다드에서 시민들에게 "미국이 이라크를 침략한 이유가 무엇이라고 생각하는가?"라는 질문을 던졌다. 그 결과 응답자의 1퍼센트가 민주주의를 건설하기 위해서라고 대답했고, 5퍼센트가 이라크 국민을 돕기 위한 조치였다고 대답했다. 대부분의 응답자는 이라크의 자원을 지배하고 미국의 이익에 따라 중동을 재편하려는 워싱턴의 전략 때문이라고 대답했다.

'옥스퍼드 리서치 인터내셔널'이 지난 12월에 이라크에서 실시한 여론조사도 의미심장하다. '이라크에 당장 필요한 것이 무엇이라고 생각하느냐'는 질문에 이라크 국민의 70퍼센트 이상이 '민주주의'라고 대답했고 10퍼센트만이 연합군의 과도 행정청이라 대답했다. 이라크 임시 행정위원회라고 대답한 사람은 15퍼센트였다. 이라크 국민에게 '민주주의'는 진정한 민주주의지, 부시 행정부가 의도하는 명목상의 민주주의가 아니다. 이 여론조사에 따르면 이라크 국민의 79퍼센트가 미군과 영국군을 신뢰하지 않고 있으며 연합군 과도 행정청을 신뢰하지 않는 국민도 73퍼센트에 이른다. 또 펜타곤의 지원을 받는 아흐메드 찰라비Ahmed Chalabi를 지지하지도 않는다.

이라크 침략 1주기를 맞아 주권이양을 앞둔 미국과 이라크는 첨예

한 갈등을 보이고 있다. 《보스턴 글로브》의 스티븐 글레인Stephen Glain
은 "폴 월포위츠와 그의 펜타곤 참모들은 강력한 미군을 계속 주둔시
키면서 상대적으로 약한 이라크군을 유지하는 방법이 그곳에서 민주
주의를 신장시키는 최적의 길이라 생각하는 것 같다"고 보도했다. 그
러나 이라크 국민들이 이해하는 민주주의는 그런 식의 민주주의가 아
니다. 미국인들도 외국 군대의 점령 아래 있는 민주주의를 원하지 않을
것이다.

미국은 전통적인 형태의 위성 국가에 안정된 군사기지를 구축하지
못한다면 침략할 이유가 없었다. 2004년 1월, 《파이낸셜타임스》는 유
엔이 개입할 수도 있지만 워싱턴이 명목상의 주권과 의심쩍은 정통성
만을 지닌 향후의 이라크 정부, 즉 침략군의 안정된 주둔을 보장할 정
부를 추인도록 유엔에 요구하고 있다고 보도했다.

이라크 국민들은 군사 지배라는 쟁점 이외에도 산업과 금융을 개방
하라는 일련의 명령, 즉 실질적으로 미국의 손에 이라크를 넘기라는 명
령을 비롯해 경제 주권을 위축시키는 대책들도 지적했다.

미국의 계획대로라면 이라크의 국내 산업은 완전히 파괴될 것이라
는 이라크 기업인들의 비난은 조금도 놀라운 반응이 아니다. 이라크 노
동자들도 편안하지는 않다. 노동운동가 데이비드 베이컨David Bacon의
보고에 따르면 점령군은 노동조합 사무실을 침입해서 지도자들을 체
포했을 뿐 아니라 사담 시절의 반反노동법을 강경하게 고수하며 반노
조적 성향을 보인 미국 기업들에게 특혜를 부여하고 있다.

워싱턴은 이라크 국민의 반발과 군사점령의 실패로 인해 극단적인
대책에서 약간 뒤로 물러섰다. 경제를 실질적으로 외국 기업에 넘기려
던 계획에서 석유를 제외시킨 것이다. 석유까지 포함시키면 너무 뻔뻔

스런 짓이라 생각했던 것일까? 하지만 이라크 국민은 《월스트리트 저널》을 읽지 않고도 미국 납세자들이 제시한 유리한 계약 덕분에 '결국 할리버튼이 주된 에너지 산업 개발권을 획득할 수밖에 없다'는 사실을 잘 알고 있다. 물론 다른 서방국가의 지원을 받는 다국적 기업들도 한몫을 차지하겠지만 말이다.

"점령군이 제시한 명목상의 주권을 이라크 국민들이 어쩔 수 없이 받아들이게 될 것이냐"는 중요한 문제다. 그러나 서방 국가들에게는 "이라크 국민의 강력한 반대를 무릅쓰고 소수의 권력집단을 위해 이상한 민주주의를 심으려는 미국의 행위를 이라크 국민이 과연 용납할 것인가?"라는 문제가 훨씬 더 중요하다.

(2004. 4. 13)

중동의 '문제아' 이스라엘

　　　　　이스라엘과 팔레스타인 간의 갈등이 중동에 혼란과 고통을 안기는 가장 큰 원인이다. 하지만 이런 교착상태를 끝낼 때가 이제는 눈앞에 다가온 듯하다.

　　단기적으로 현재의 갈등을 무리 없이 해결할 수 있는 유일한 방법은 두 나라가 오래 전에 결정된 국제 컨센서스를 따르는 것이다. 달리 말하면 (최소한의 상호 조절이 있어야겠지만) '그린라인'이라는 경계선에 두 국가가 정착하는 방법이다.

　　지금 미국의 지원 아래 이스라엘이 진행하고 있는 정착과 기반시설 건설 계획은 '최소한'의 의미를 크게 변색시키고 있지만 두 국가의 정착을 위한 서너 가지의 프로그램이 협상 중에 있다. 그중에서 가장 눈에 띄는 협상안은 이스라엘과 팔레스타인의 유명한 협상가들이 공식적인 채널 밖에서 접촉해 지난 12월에 제시한 제네바 협약이다.

　　제네바 협약에는 영토의 1대 1 교환을 비롯해서 안정된 정착을 위한 자세한 프로그램이 제시되어 있다. 따라서 나무랄 데가 없는 협상안으로 충분히 실현 가능하다. 미국 정부가 지원을 해준다면 언제라도 현실화될 수 있는 협상안이다. 정치적 현실을 감안했을 때 이스라엘도 미국의 명령을 받아들일 수밖에 없을 것이기 때문이다.

부시와 샤론의 '철수 계획disengagement plan'은 엄격하게 따지면 확장과 합병 계획이다. 샤론은 가자지구에서 철수하겠다고 말하지만 제임스 베네트James Bennet는 《뉴욕타임스》에서 베냐민 네타냐후Benjamin Netanyahu 이스라엘 재무장관의 말을 인용해 "이스라엘은 웨스트뱅크 정착지에 수억 달러를 투자할 것"이라고 보도했다. '분리 장벽'의 팔레스타인 쪽에서도 개발이 있을 것이란 보도도 잇달았다.

그러나 제네바 협약은 이스라엘의 '모든 정착 활동'의 중지를 요구하고 있기 때문에 이러한 로드맵과는 정면으로 배치된다.

워싱턴 중동평화재단의 조프리 애론슨Geoffrey Aronson은 "이스라엘의 가자지구 철수는 그 자체로 중대한 사건이지만 그 실효성을 살리기 위해서는 웨스트뱅크 정책에도 상응하는 변화가 필요하다"고 지적했다. 중동평화재단이 최근에 발표한 이스라엘의 웨스트뱅크 계획도를 보면 팔레스타인 사람들의 거주 지역은 벽으로 에워싸이고 서로 분리되어 고립된 섬처럼 되어 있다. 메론 벤베니스트Meron Benvenist가 《하레츠》에서 지적했듯이 이는 아파르트헤이트가 한창이던 때 남아프리카공화국의 반투스탄을 재현해놓은 듯한 지도였다.

현재 제기된 문제는 점령지역에서 이스라엘과 팔레스타인 공동체가 분할하지 못할 정도로 복잡하게 얽혀 있느냐 하는 점이다. 그러나 2003년 11월, 이스라엘 정보기관 신베트의 전임 지도자들은 "이스라엘이 가자지구에서 철수할 수 있으며 완전히 철수해야 마땅하다"고 이구

동성으로 말했다. 간단한 경제 계획이 수립되더라도 웨스트뱅크의 정착민 중 85~90퍼센트가 현재의 정착지를 떠날 것이고, 강제로 퇴거시켜야 할 정착민은 10퍼센트 남짓에 불과하기 때문에 그다지 심각한 문제는 아니라는 것이 신베트 지도자들의 공통된 의견이다.

제네바 협약도 이와 비슷한 가정에 근거하고 있어 충분히 실현가능한 듯하다. 그러나 이러한 제안들이 이스라엘과 팔레스타인 간의 군사력과 경제력의 현격한 불균형과 같은 중요한 쟁점들을 전혀 다루지 않고 있는 것은 사실이다.

장기적으로는 다른 해결 방안이 제시되어야 두 나라 간에 한층 건전한 관계가 도모될 수 있을 것이다. 오랜 역사를 가진 하나의 가능성은 '두 국가의 정착안'이다. 1967년부터 1973년까지 '두 국가의 정착안'은 실현 가능성이 높았다. 그리고 이 시기에 이스라엘과 아랍 국가들 간의 완전한 평화 조약도 이루어질 수 있었다. 실제로 1971년에 이집트와 요르단이 이스라엘에 완전한 평화 조약을 제안했다. 그러나 1973년이 되면서 그런 기회는 완전히 사라지고 말았다. 1973년에 일어났던 전쟁이 모든 것을 바꿔놓은 것이다. 그후로 팔레스타인과 아랍 세계 그리고 국제 사회의 여론은 팔레스타인의 국가 권리를 옹호하는 쪽으로 바뀌었다. 유엔 결의안 242호(1967년 11월 22일)뿐 아니라 '이스라엘은 점령지역에서 철수하고 그곳에 팔레스타인 국가를 세운다'는 조항까지 추가되었다. 그러나 미국은 지난 30년 동안이나 그 결의안의 시행을 일방적으로 방해해왔다.

그 결과는 전쟁과 파괴, 잔혹한 군사 점령, 땅과 자원의 약탈 그리고 저항으로 나타났다. 결국에는 폭력, 상호 증오, 불신이라는 악순환을 낳았다. 앞으로 이런 결과를 해소하기란 쉽지 않을 것이다.

평화의 진전을 위해서는 관련 당사자들 모두의 양보가 필요하다. 더 나은 방향으로 나아갈 수 있는 최적의 타협안이 있다면 그런 타협안을 모두가 받아들여야 한다는 것이 우리가 기대할 수 있는 일반론이다. 샤론의 '두 국가의 정착안'은 팔레스타인 사람들을 가자지구와 웨스트 뱅크의 절반에 가둬놓는 결과를 초래하기 때문에 그 기준에 현격하게 미달된다. 제네바 협약이 기준에 가장 근접하기 때문에 이스라엘과 팔레스타인은 이 협약을 협상의 출발점으로 받아들여야 마땅하다. 적어도 내 생각에는 그렇다.

가장 첨예한 쟁점의 하나는 팔레스타인 사람들의 귀향 권리다. 팔레스타인 난민들이 그 권리를 자발적으로 포기할 가능성은 거의 없다. 물론 우리가 세미나에서 논의하는 상상의 세계에서는 그런 권리의 행사가 가능할지 모르지만, 현실 세계에서는 제한된 방법으로도 허용되지 않을 것이다. 특히 이스라엘 땅에서는 기대조차 할 수 없는 일이다. 어쨌든 실현되지도 않을 희망을 빈곤과 억압으로 고통 받는 사람들 앞에서 왈가왈부하는 것은 몹쓸 짓이다. 오히려 현실 세계에서 그들의 고통을 덜어주고 그들의 문제를 해결하는 건설적인 노력을 꾸준히 추진할 수 있어야 한다.

이스라엘의 국민 여론도 국제 컨센서스에 따른 '두 국가의 정착안'을 수용하는 분위기다. '인구 문제', 즉 유대인 국가에 비유대인이 너무 많다는 문제를 우려하는 극단적 매파들까지 불법이긴 하지만 이스라엘 내의 아랍인 밀집지역을 새로운 팔레스타인 국가로 이전시키자고 제안하는 실정이다.

미국인의 대다수도 '두 국가의 정착안'을 지지한다. 따라서 행동주의자들이 조직적으로 미국 정부에 압력을 가해서 국제 컨센서스를 따르도록 하는 방법이 전혀 불가능한 것만은 아니다. 그렇게 된다면 이스라엘도 국제 컨센서스에 따를 가능성이 무척 높다.

미국의 압력이 없더라도 대다수의 이스라엘 국민들은 이런 방향의 타협안을 수용할 것이다. 이는 여론조사에서도 확인되는 사실이다. 결국 워싱턴만 입장을 바꾼다면 큰 변화가 있을 것이란 얘기다. 신베트의 전임 지도자들뿐 아니라 구쉬 샬롬Gush Shalom을 비롯한 평화운동단체들도 이스라엘 국민이 그런 결과를 받아들일 것이라고 믿고 있다.

그러나 이에 대한 고민이 우리의 진짜 근심거리는 아니다. 진정한 고민거리는 미국 정부의 정책을 세계 여론, 또 미국인 대다수의 의견에 일치시키는 데 있다.

(2004. 5. 10)

PART
02

누가 어떻게
세계를 지배하는가

・・・・

미국 정부의 정책 입안자들에게 가장 중요한 목표는 테러의 억제가 아니다. 그들

의 실질적인 목표는 세계 최대의 에너지 자원을 가지고 있는 지역의 심장부에 미

국의 군사기지를 세워서 경쟁국들보다 우월한 입장을 확보하는 것이다. 즈비그뉴

브레진스키는 《내셔널 인터레스트》에서 "중동 지역에서 미국의 역할은 이 지역

에서 생산되는 에너지에 의존하고 있는 유럽과 아시아 경제에 간접적이지만 정치

적으로 중대한 영향력을 행사하는 것"이라고 말했다.

누가 어떻게 세계를 지배하는가

2004년 5월, 부시 대통령이 이라크 전쟁의 승리로 소명을 완수했다고 선포한지 1년이 지났다. 이라크 침략은 이른바 부시 독트린의 일환으로 시작되었다. 《포린 어페어스》는 미국이 영원히 세계를 지배할 것이고 그 지배에 도전하는 세력을 가차 없이 응징하겠다고 선언한 부시 독트린을 '새로운 제국 건설을 위한 원대한 전략'이라고 정의했다.

현재 이라크에서 벌어지고 있는 상황을 제외하더라도, 이라크 침략과 점령에 관련된 정책들로 인해 생겨난 테러와 그밖의 위협 때문에 세계가 얼마나 위험한 곳으로 변해버렸는지를 집중적으로 살펴볼 필요가 있다.

미국 국무부도 최근에 인정했듯이 부시가 대통령 선거 유세에서 가장 중요한 항목으로 내세운 "테러가 줄어들었다"는 2004년 4월의 주장은 완전히 거짓말이었다. 수정된 보고서에 따르면 "분쟁의 수와 희생

미국의 이라크 침략 목적이 이라크에 민주주의를
건설하려는 '부시 대통령의 비전'때문이었다는
주장을 믿는 사람은 거의 없다.
대부분의 이라크 국민들은 미국의 침략 동기가
이라크의 자원을 지배하고
미국에 이익에 따라
중동을 재편하기 위해서였다고 믿고 있다.

자의 수는 현격하게 늘었다"고 한다.

미국 정부의 정책 입안자들에게 가장 중요한 목표는 테러의 억제가 아니다. 그들의 실질적인 목표는 세계 최대의 에너지 자원을 가지고 있는 지역의 심장부에 미국의 군사기지를 세워서 경쟁국들보다 우월한 입장을 확보하는 것이다. 즈비그뉴 브레진스키Zbigniew Brezinski는《내셔널 인터레스트The National Interest》(2003~2004 겨울)에서 "중동 지역에서 미국의 역할(쉽게 말하면 미국의 군사 지배)은 이 지역에서 생산되는 에너지에 의존하고 있는 유럽과 아시아 경제에 간접적이지만 정치적으로 중대한 영향력을 행사하는 것"이라고 말했다.

브레진스키가 지적하는 것처럼 유럽과 아시아, 특히 역동적인 동북아시아 지역이 독자적인 길을 추구한다면 미국의 세계 지배에 걸림돌이 되는 핵심적인 문제로 부각될 수 있다. 걸프만과 중앙아시아에 대한 지배도 예전에 비하면 훨씬 중요해졌다. 특히 세계 에너지 생산에서 걸프만의 역할은 앞으로 더욱 커질 것이라는 분석이 전문가들의 일치된 의견이다. 미국과 영국은 중앙아시아에서 투르크메니스탄, 우즈베키스탄 등 독재국가들을 지원하고 있다. 파이프라인이 지나가는 지역에서 우위를 선점하는 것이 새로운 '큰 도박great game'에서 유리하기 때문이다.

한편 서구 언론의 논평은 미국의 이라크 침략 목적이 이라크에 민주주의를 건설하려는 '부시 대통령의 비전' 때문이었다는 전제에서 출발한다. 그러나 서구의 여론조사기관이 바그다드에서 실시한 조사에 따르면 이러한 침략 명분이 거짓으로 밝혀진 후 부시가 2003년 11월에 '자유를 위한 의제freedom agenda'로 새로 내세운 '비전'을 믿는 사람은 거의 없다. 또 워싱턴의 침략 동기가 이라크의 자원을 지배하고 미국의 이익에 따라 중동을 재편하려는 것이라고 생각하는 이라크인이 압도적 다수였다. 침략당한 사람들은 누구보다도 정확하게 그들에게 강요된 세계가 무엇인지 알고 있다. 이는 조금도 이상한 일이 아니다.

워싱턴이 중동의 지배권을 확보하는 문제에 비해 테러 문제를 사소하게 여긴다는 증거는 얼마든지 있다. 부시 행정부는 지난 달(2004년 5월), 2003년 12월에 의회를 통과한 '시리아 책임법Syria Accountability Act'을 시행하여 시리아에 경제 제재를 가했다. 이는 시리아가 미국의 명령을 따르지 않으면 실질적으로 전쟁을 선포하겠다는 뜻이나 마찬가지다.

시리아는 오랫동안 테러 단체를 지원하지 않았다. 오히려 스티븐 주니스Stephen Zunes가 《중동정책》 봄호에서 밝힌 것처럼 시리아는 알 카에다를 비롯한 이슬람 급진조직들에 대한 중요한 정보를 워싱턴에 제공해왔다. 그리고 이것은 미국 정부도 공식적으로 인정한 사실이다. 그러나 미국은 여전히 시리아를 공식적인 테러지원국 명단에서 제외시키지 않고 있다. 이것은 미국이 더 큰 목적을 성취하기 위해서, 즉 미국과 이스라엘의 요구를 수용하는 정권을 중동에 심기 위해서 중요한 정보원을 내친 것이라고 볼 수 있다.

미국 정부의 정책 우선순위를 분명히 보여주는, 그렇지만 눈에 띄지 않는 예를 하나 더 들어보겠다. 미국 재무부는 외국자산관리국 OFAC을 운용하고 있다. 외국자산관리국은 테러와의 전쟁에서 중요한 부분인 의심스런 자금의 이동을 조사하는 일을 맡고 있다. 이 부서에 소속된 직원만 해도 무려 120명이다. 몇 주 전(2004년 3월), 외국자산관리국은 2003년 말에 겨우 네 명의 직원이 오사마 빈 라덴과 사담 후세인의 자금을 추적하는 데 투입된 반면, 쿠바에 대한 엠바고를 집행하는 데는 거의 20명의 직원이 매달렸다고 의회에 보고했다.

재무부가 테러와의 전쟁보다 쿠바의 목을 죄는 데 훨씬 더 많은 에너지를 투자해야 할 이유가 어디에 있는가? 이는 미국이 자신들에게 도전해서 성공한 나라를 용납할 수 없다는 뜻이다. 그런 나라의 목을 죄는 것이 테러와 싸우는 것보다 우선순위가 높다는 뜻이기도 하다.

폭력을 사용하면 엄청난 대가를 치르긴 하지만 상대방을 지배할 수 있다. 하지만 폭력은 더 큰 폭력을 불러오게 마련이다. 즉, 테러의 유발이 가장 불길한 조짐이 아닐 수 있다는 것이다.

2004년 2월, 러시아는 20년 만에 최대 규모의 군사훈련을 실시했다. 이 훈련에서 러시아는 새롭게 개발한 최신 대량살상무기까지 선보였다. 러시아의 정치 지도자들과 군사 지도자들은 이런 군사 훈련이 부시 행정부의 조치와 계획에 대한 직접적 대응이라는 점을 감추지 않았다. 특히 러시아는 미국이 개발하는 저용량 핵무기, 즉 벙커 버스터를 지목했다. 양측의 전략 분석가들은 이미 알고 있겠지만 벙커 버스터는 러시아의 핵무기가 숨겨져 있는 산속 벙커를 목표로 삼을 수 있다.

핵개발은 파급효과를 일으키게 마련이다. 러시아와 중국이 미국의 핵개발에 반발하며 전략적 핵무기를 건조하면 인도 역시 중국의 핵개발에 반발하며 핵무기를 건조할 것이다. 그렇게 되면 파키스탄도 가만히 있지 않을 것이다. 결국 핵개발은 전 세계로 확대될 것이다.

한편, 이라크는 이른바 주권국가를 향해서 한 걸음씩 전진해가고 있다. 런던에서 발행되는 《데일리 텔레그라프》의 외교 담당 편집자 앤톤 라 과르디아Anton La Guardia는 〈정권 이양은 지금도 진행 중〉이라는 제목의 기사를 실었다. 그는 이 기사의 결론 부분에서 영국의 한 고위 관리의 말을 인용해 "이라크 정부는 완전한 주권을 이양받겠지만 실제로 주권을 완전히 행사하지는 못할 것"이라고 말했다. 커즌 경이 지금도 살아있다면 당연하다는 듯이 고개를 끄덕였을 것이다.

　그러나 이라크인들이 세계 여론에 힘입어 전통적인 '헌법에 준거한 의제constitutional fiction'의 수용을 완강히 거부한 까닭에 워싱턴은 조금씩 양보할 수밖에 없었다. 2003년 2월 중순에 이라크에서 대규모 시위가 있은 후 《뉴욕타임스》의 패트릭 타일러Patrick E. Tyler는 세계 여론을 '제2의 초강대국'이라 칭했다. 여하튼 전쟁이 공식적으로 발발한 후에 그와 같은 대규모 시위는 처음 있는 일이었고, 그로 인해 엄청난 변화가 있었다. 만약 1960년대에 팔루자에서 동일한 시위가 일어났더라면 B-52가 동원되어 대량학살로 그 문제를 해결하려 했을 것이다. 그러나 오늘날 한층 문명화된 사회는 피해자들에게 진정한 독립을 쟁취하기 위해 행동할 수 있는 여유를 제공하며 그런 야만적 대책을 용납하지 않을 것이다. 이라크 국민들의 이런 저항이 계속된다면 부시 행정부도 이라크를 지배하려는 제국주의적 야망을 포기할 수밖에 없을 것이다.

(2004. 6. 17)

이라크로 부임한 존 네그로폰테 '총독'

          결코 논란거리가 되지 말아야 할 도덕적 원칙 중 하나를 꼽는다면 바로 '보편성 원칙'이다. 즉, 우리가 타인에게 적용하는 기준을 우리에게도 똑같이 적용해야 한다는 뜻이다. 어떤 의미에서는 더욱 엄격하게 적용해야 한다.

    일반적으로 어떤 일을 마음대로 할 수 있는 힘을 가진 나라는 도덕적 원칙을 업신여기는 경향이 있다. 그런 나라가 법칙을 정하기 때문이다. 미국은 보편성 원칙에서 자신들만 유일하게 예외를 인정받는다고 선포하며 그런 예외를 자신들의 권리라고 주장한다. 실제로 미국은 끊임없이 그렇게 해왔고 지금도 하루가 멀다 하고 새로운 사례를 만들어내고 있다.

    예를 들어보자. 지난 달(2004년 6월), 존 네그로폰테John Negroponte는 세계 최대의 외교단을 이끌고 이라크 주재대사로 바그다드에 부임했다. 중동과 주변 세계에 민주주의를 심겠다는 부시의 '메시아적 소명'

미국은 보편성 원칙에서
자신들만 유일하게 예외를 인정받는다고
선포하며 그런 예외를 자신들의 권리라고 주장한다.
실제로 미국은 끊임없이 그렇게 해왔고
지금도 하루가 멀다 하고
새로운 사례를 만들어내고 있다.

을 완수하기 위해서 이라크 국민에게 주권을 이양하라는 임무가 그에게 주어졌다. 어쨌든 우리에게는 그렇게 알려졌다.

네그로폰테는 1980년대에 온두라스 주재대사로 있으면서 찬란한 경력을 쌓았다. 하기야 현재 워싱턴을 장악하고 있는 많은 인물들도 레이건 시대, 즉 1차 테러와의 전쟁이 중앙아메리카와 중동에서 선포되었을 때 그곳에서 활약했던 잔뼈가 굵은 사람들이다.

2004년 4월, 네그로폰테가 이라크 주재대사로 임명되자 《월스트리트 저널》의 칼라 앤 로빈스Carla Anne Robbins는 〈현대판 식민지 총독〉이란 제목의 기사를 실었다. 온두라스에 있을 당시 네그로폰테는 식민지 시대에 강력한 힘을 가진 행정관료의 수장을 이르는 말인 '총독'으로 불렸다. 온두라스에서 네그로폰테는 라틴아메리카에서 두 번째로 규모가 큰 대사관과 당시 세계 최대 규모의 CIA지국을 운영했다. 물론 온두라스가 세계 권력의 중심지였기 때문은 아니었다.

로빈스의 보도에 따르면 네그로폰테는 "니카라과의 산디니스타 정부를 전복시키려는 레이건 대통령의 비밀스런 전쟁을 위한 전진기지"였던 온두라스에 원활한 원조를 하기 위해서 "온두라스 군부의 학대를 은폐"했다. 그리고 이런 이유로 인권운동가들에게 거센 비난을 받았다. 산디니스타 혁명정부가 니카라과의 정권을 쟁취하자 그들은 은밀한 전쟁을 시작했다. 온두라스가 제2의 쿠바로 변해갈 수도 있다는 두려움이 워싱턴에 감돌았던 것이다. 온두라스에서 네그로폰테 '총독'은 이른바 '콘트라'로 불리는 테러전문 용병부대를 훈련시켜서 산디니스타 정부를 전복하기 위해 파견하는 기지들을 감독하는 역할을 맡았다.

1984년, 니카라과는 준법국가에 걸맞게 미국의 만행을 헤이그의 국제사법재판소에 기소하는 식으로 대응했다. 국제사법재판소는 미국에게 '불법적인 무력 사용'을 당장 중단하고 상당한 액수의 배상금을 지불하라는 명령을 내렸다. 쉽게 말하면 니카라과를 상대로 하는 국제 테러를 중단하라는 뜻이었다. 그러나 워싱턴은 국제사법재판소의 판결을 무시했을 뿐 아니라 모든 국가에게 국제법을 준수할 것을 촉구한 유엔 안전보장이사회의 두 결의안까지 거부했다.

미국 국무부의 법률고문인 에이브러햄 소페어Abraham Sofaer는 이 사건을 변명하고 나섰다. 그는 대부분의 나라가 미국의 생각에 동조할 것이라고 기대하지 않기 때문에 우리의 행동과 판단에 대해서는 스스로 결정할 수 있는 힘이 있어야 한다는 주장을 폈다. 이는 국제사법재판소가 비난한 니카라과에서의 행위 역시 다를 바가 없다는 뜻이기도 하다.

미국은 니카라과에서 벌인 비밀 전쟁 덕분에 의존적인 민주주의를 그곳에 심을 수 있었다. 대신 혹독한 대가를 치러야 했다. 수만 명의 민간인이 목숨을 잃은 것이다. 라틴아메리카 민주화 역사의 권위자인 역사학자 토머스 캐로서스Thomas Carothers는 "남북전쟁과 20세기에 치렀던 전쟁에서 사망한 미국인의 수보다 훨씬 많은 사람들이 그 비밀 전쟁으로 사망했다"고 결론지었다.

캐로서스는 레이건이 라틴아메리카에 민주주의를 수출하려는 프로그램을 진행하는 동안 국무부에서 근무했기 때문에 단순히 학자의 입장이 아니라 내부자적 관점에서 그런 결론을 내린 것이다. 캐로서스에 따르면 레이건 시대의 프로그램은 나름대로 '순수'했지만 '실패'했다고 한다. 워싱턴이 "미국과 오랫동안 제휴관계에 있던 전통적인 권력구조를 뒤엎지 않는 범위 내에서 제한적이고 상의하달식의 민주적 변화"만을 용납했기 때문이다.

이런 식의 민주주의를 수출하려는 미국의 태도는 역사적으로 반복되었기 때문에 그다지 낯설지는 않다. 미국은 이런 진실을 애써 외면하려 하지만 이라크 국민들은 미국의 속내를 제대로 파악하고 있는 것 같다.

현재 니카라과는 지구에서 두 번째로 가난한 나라다. 20세기 내내 미국으로부터 끊임없이 간섭을 받았던 아이티의 수준을 겨우 넘어선 정도다. 니카라과에서는 2세 이하의 아동 중 60퍼센트가 심각한 영양실조와 빈혈에 시달리고 있다. 이는 미국에서 말하는 민주주의의 승리가 거둔 암울한 결과다.

부시 행정부는 이라크에 민주주의를 건설하겠다며 중앙아메리카에서 똑같은 역할을 수행했던 노쇠한 관리를 파견했다. 네그로폰테의 승인 청문회에서는 니카라과에서 벌인 국제테러가 잠깐 언급되긴 했지만 특별히 중요하게 다뤄지지는 않았다. 보편성 원칙에서 미국은 언제나 예외이기 때문이다.

네그로폰테가 이라크 주재대사로 임명되고 며칠 후, 온두라스는 이라크에서 소규모 파견부대를 철수시켰다. 우연의 일치라 생각하며 가볍게 넘길 수도 있을 것이다. 그러나 네그로폰테가 온두라스에 근무했을 때부터 자행한 짓, 즉 미국이 잊고 싶어 하는 것을 온두라스 국민들은 기억하고 있을지도 모른다.*

(2004. 7. 28)

---

*
2005년 2월, 부시 대통령은 네그로폰테를 국가정보국 초대 국장으로 임명했다. 테러지휘관을 대테러기관의 수장에 임명했지만 이에 대한 반발은 거의 없었다. '테러'와 '대테러'의 의미가 유사하다는 점에 비추어보면 이해되지 않는 것도 아니다.

민주주의는 미국에서 먼저 시작되어야 한다

미국의 대통령 선거 유세는 세계에서 가장 강력한 나라의 심각한 '민주성의 결핍'을 적나라하게 보여준다. 미국인은 주요 정당의 후보자들 중에서 대통령을 선택할 수 있다. 하지만 그 후보자들은 거의 대부분 부와 정치권력을 가지고 태어나서 똑같이 일류 대학을 졸업하고 지배자에게 필요한 처세술을 가르치는 비밀 사교단체에 가입해 활동한 사람들이다. 그리고 똑같은 기업으로부터 지원을 받아 출마한다. 세계 전역에 민주주의를 건설하는 작업에 오랫동안 관여한 미국이 정작 자국 내에서는 민주적 과정을 부활시켜야 할 처지라는 사실을 증명해주는 사례라고 할 수 있다.

미국의 가장 큰 문제 중 하나인 건강보험을 예로 들어보자. 미국은 의료기관이 대부분 민영화되었기 때문에 의료비용이 폭발적으로 증가하고 있다. 비슷한 수준의 국가보다 비용은 턱없이 높으면서도 성과는 상대적으로 낮다. 여론조사에서도 증명되듯이 대다수의 미국인들은 전국민 건강보험을 선호하는 편이다. 하지만 그런 바람은 정치적인 이유로 이루어지기가 어려울 것 같다. 건강에 관련된 보험회사와 제약 산업이 반대하고 있기 때문이다. 민주주의 문화가 크게 퇴색되면서 국민이 진정으로 원하는 것은 중요한 문제로 취급받지 못하고 있는 것이다.

이라크 문제는 미국에서 중요한 국제 문제다. 스페인 국민들이 미국의 압력에 반발하며 자국 군대의 철수를 요구하자 미국은 '테러에 굴복하는 짓'이라며 그들에게 비난을 퍼부었다. 이라크 침략 직후에는 대다수 미국인들도 기본적으로 이러한 입장을 취했다. 다른 점이 있다면 스페인 국민들은 여론의 흐름을 알고 있어서 그 쟁점을 기준으로 투표할 수 있다는 점이다.

존 F. 케네디 행정학교에서 주관하는 '사라져가는 유권자 프로젝트'에 따르면 미국의 유권자들은 참정의 권리에 매력을 느끼지 않는다. 2000년 선거 유세에서 이 프로젝트를 담당한 토머스 패터슨Thomas Patterson은 "미국인들의 무력감이 위험한 수준에 이르렀다"면서 미국 국민들에게 "당신과 같은 국민이 정부의 정책에 얼마나 영향을 미친다고 생각하는가?"라는 질문을 던졌다. 그 결과 미국 국민의 53퍼센트가 '아주 조금' 혹은 '전혀 영향을 미치지 못한다'고 대답했다고 지적했다. 과거의 최고치는 30년 전으로 41퍼센트였다. 이 여론조사에서 확인할 수 있듯이 유권자들은 정치인들이 일단 당선되고 보자는 생각에 어떤 말이나 해댄다고 생각한다. 그리고 거액 기부자들은 지나치게 막강한 영향력을 갖고 있다고 여긴다. 왜 민심이 이탈하는지를 이해할 만하다.

2004년에 발표된 '유권자 프로젝트' 보고서에 따르면 이러한 문제의 골이 깊어지면서 유권자들의 관심이 차츰 높아지고 있다고 한다. 그러나 가난한 사람들과 노동자들은 누구도 그들의 이익을 대변하지 않

미국은 의료기관이 대부분
민영화되었기 때문에 의료비용이
폭발적으로 증가하고 있다.
대다수의 미국인들은 전국민 건강보험을 선호하고 있다.
하지만 그런 바람은 정치적인 이유로
이루어지기 어려울 것 같다.
보험회사와 제약 산업이 반대하고 있기 때문이다.

는다는 생각이 깊게 뿌리내리고 있어서 여전히 정치에 무관심했다. 패터슨은 "미국은 최상위 집단과 최하위 집단 간의 소득 격차가 서구 민주주의 국가 중에서 가장 크며, 그마저도 점점 확대일로에 있다"고 지적했다.

현재 미국 정치시스템의 특징은 홍보를 통해 '쟁점'보다는 후보자의 품위와 개성 등 정치와 무관한 부분을 집중으로 다룬다는 것이다. 당연히 정책 경쟁은 뒷전이다. 정당은 후보를 판매하는 데만 급급한 기계로 전락해버렸다. 반면, 지구에서 두 번째로 큰 나라인 브라질은 2002년에 진정한 민주선거가 무엇인지 보여주었다. 조직화된 유권자들은 루이스 이나시우 룰라 다 시우바Luiz Inácio Lula da Silva를 대통령으로 선택했다. 노동자 계급과 가난한 사람을 대변한 룰라가 국민의 압도적 지지를 얻어 대통령으로 당선된 것이다. 그는 미국보다 훨씬 높은 장벽을 훌쩍 뛰어 넘었다. 즉 억압적인 국가, 지독한 불평등, 부자와 언론에 집중된 권력, 국제 자본과 국제기구에 대한 극단적인 적대감 등을 이겨낸 것이다. 선거를 승리로 이끈 브라질의 민중 조직은 4년에 한 번 힘을 보여주는 데 그치지 않고 풀뿌리적 차원에서 지방정부의 주된 정책 쟁점 등에 관여하고 있다.

미국의 녹색당은 미국보다 더 기능적인 민주주의를 운영하는 나라들이 성공했던 대안적 선거방식을 도입해 장기적으로 발전시키려고 노력하고 있다. 그러나 미국 내에 있는 작은 자동차 회사가 제너럴 모터스와 경쟁이 안 되듯이, 녹색당 역시 미국의 선거에서는 경쟁력이 없다. 경쟁에 필수적인 기업의 지원을 거의 받지 못하고 있기 때문이다.

랠프 네이더Ralph Nader는 두 주요 정당의 기업중심적 쟁점에 쏠린 유권자들의 눈을 다른 중요한 쟁점으로 돌리기 위해서 약간 과장되기는 했지만 색다른 선거 전략을 구사했다. 하지만 그는 오히려 선거 방해꾼이란 오해를 받았다. 게다가 부시가 그를 혹평하고 그가 창설한 조직들까지 싸잡아 비난하자 그의 의도는 부시를 도와주는 꼴이 되고 말았다.

'부시 대 케리'라는 뜨거운 쟁점 때문에 그밖의 후보들은 눈에 띄지도 않았다. 부시가 케리보다 선거자금이 압도적으로 많았다는 사실에 놀랄 필요는 없다. 부자들과 기업들에게 아낌없이 나눠준 혜택, 오랫동안 치열한 민중 투쟁으로 얻어낸 진보적 법들을 파괴해버린 화려한 기록 덕분이니까 말이다. 강력한 민중 운동이 전개되어 이런 편파적 이점을 분쇄하지 못한다면 이번 선거에서도 부시가 승리할 가능성이 무척 높다.

부시의 주변 인물들이 정부에서 다시 요직을 맡는다면 아주 심각하고 돌이킬 수 없는 타격을 미국에 안길 것이다. 국민의 이익을 대변하는 정부라는 기대감이 산산조각날 테니까 말이다.

부시의 재선을 위해 발벗고 뛰어다니는 사람들이 국민들에게 하는 말을 꼼꼼히 분석해보면 이런 식으로 해석된다. "당신이 건강관리를 제대로 하든 말든, 늙은 부모를 부양하든 말든, 우리는 관심 없다. 당신 자식들이 안락한 삶을 살 수 있는 물리적 환경을 만드는 데 우리는 신경 쓰고 싶지 않다. 부시, 체니, 럼스펠드, 월포위츠 등이 획책한 폭력적 정책으로 세계가 위험에 빠지든 말든 우리가 상관할 바 아니다."

미국에서 제대로 기능하는 민주 문화를 되살리는 일이 양식 있는 사람들에게는 무엇보다 중요한 과업이다. 특히 국내외의 잠재적 피해자들에게는 더더욱 절실하다. 앞으로 3개월 후인 2004년 11월, 기표소에서 맞이할 한층 구체적인 문제도 마찬가지다.

(2004. 8. 30)

참정권 없는 민주주의

미국 대통령 선거전은 이제 막바지를 향해 치닫고 있지만 건강한 민주주의의 모습을 전혀 보여주지 못하고 있다. 미국인들에게 투표에 참여하라고 독려하는 목소리는 들리지만 정치의 장에 한층 의미 있게 참여하라는 자극제는 없다. 기본적으로 선거는 국민을 소외시키는 한 방법이다. 선거는 프로파간다가 대대적으로 전개되면서 4년을 주기로 열리는 호화판 쇼에 불과하다. 그리고 그 쇼로 국민들의 이목을 집중시키며 "이런 게 정치야"라고 생각하게 만든다. 하지만 정치는 그런 것이 아니다. 선거는 정치에서 아주 작은 부분일 뿐이다.

미국 국민들은 정치 활동에서 은밀하게 배제되었다. 우연히 그렇게 된 것은 아니다. 그동안 국민들의 참정권을 박탈하려는 엄청난 공작이 진행되었다. 1960년대 민중의 참여가 봇물처럼 터지면서 권력집단의 간담을 서늘하게 만들자, 그들은 다양한 형태로 거센 반격을 가하기 시

선거철만 되면 후보자를 팔아야 하는
산업체로 변해버렸던 정당의 소명이
이제는 상품을 멋지게 포장해서
파는 것으로 전락해버렸다.
국민들의 마음에 가장 큰 자리를 차지하는 쟁점은
토론의 장에 끼어들 여지가 없다.

작했고 지금까지도 공격의 고삐를 늦추지 않고 있다.

부시와 케리는 기본적으로 민간 기업으로부터 자금 지원을 받기 때문에 출마할 수 있었다. 따라서 근본적인 쟁점을 거론하지 않아야 한다는 사실을 두 후보자 모두 잘 알고 있다. 한 마디로 그들은 국민을 선거로부터 멀리 떼어놓는 홍보산업이 만들어낸 피조물일 뿐이다. 따라서 정책이 아닌 후보자의 '자질'에 관심이 집중되는 것이다. '리더십이 있는가?' '좋은 사람인가?' 등등 말이다. 결국 유권자는 후보자의 이미지에 투표하는 것이다. 정강政綱은 뒷전이다.

선거철만 되면 후보자를 팔아야 하는 산업체로 변해버렸던 정당의 소명이 이제는 상품을 멋지게 포장해서 파는 것으로 전락했다. 텔레비전을 제대로 보는 사람이라면 누구나 눈치 챘겠지만 기업은 소비자에게 합리적 선택을 하라고 말하는 추상적 이론의 시장을 허물어뜨리려고 엄청난 노력을 기울인다. 광고는 시장 시스템에 편입되면서 정보의 전달이란 역할을 포기했다. 속임수와 환상을 통해 올바른 정보를 차단시키고 소비자에게 불합리한 선택을 강요한다. 이와 똑같은 방법이 정치에도 적용되어 유권자들에게 올바른 정보를 제공하는 대신 그들을 미망迷妄의 늪에 빠뜨려 민주주의를 위협한다.

2004년 9월, 갤럽은 미국인들에게 부시나 케리에게 표를 던지려는 이유가 무엇인지 물었다. 그 결과 부시 지지자 중에서는 6퍼센트, 케리 지지자 중에서는 13퍼센트만이 '정책, 신념, 정강, 목표'를 이유로 후보자를 선택했다고 대답했다. 이는 미국 정치의 현주소를 극명하게 보여주는 증거다. 국민의 마음에서 가장 큰 자리를 차지하는 쟁점은 토론의 장에 끼어들 여지가 없다.

국제 문제와 관련해서 미국의 여론을 정기적으로 조사하는 시카고 외교관계위원회가 최근에 발표한 보고서에서도 이런 난맥상이 잘 나타나 있다.

미국인의 압도적 다수는 "유엔이 미국의 뜻에 반하는 정책을 채택하더라도 미국이 유엔 내에서 활동하기를 바라고" 있다. 또 대부분의 미국인이 "어떤 나라든 공격받을만한 절박한 위험에 처했다는 분명한 증거가 있어야 전쟁을 선포할 권리를 갖는다"고 생각한다. 따라서 초당적으로 합의한 '선제공격'을 미국인들은 강력히 거부하는 셈이다.

국제정책태도프로그램PIPA이 이라크 문제를 두고 실시한 여론조사 결과에서도 확인할 수 있지만 과반수의 미국인들은 이라크의 안전과 재건 그리고 정권이양 문제의 주도권을 유엔에게 넘겨야 한다고 대답했다.

미국인들은 실질적으로 고립된 상태에 있으면서도 이라크 문제뿐 아니라 국제형사재판소나 교토 의정서에 대한 국제 사회의 목소리와 똑같거나 비슷한 생각을 갖고 있다. 그러나 미국인들은 선거유세에서 이와 관련된 발언을 거의 듣지 못한다. 듣는다 해도 대부분 이상하다고 생각할 뿐이다. 또 미국에서는 사회를 변화시키기 위한 행동주의의 열기가 그 어느 때보다 뜨겁지만 조직화되지 못했다. 같은 도시의 반대편에서 무슨 일이 벌어지고 있는지 누구도 모르는 형편이다.

그렇다면 기독교 근본주의자들은 어떨까? 2004년 10월 초 예루살렘에서 패트 로버트슨Pat Robertson은 부시와 공화당이 이스라엘의 지원을 망설인다면 제3당을 창당하겠다고 선언했다. 로버스튼은 수천만 명에 달하는 복음주의 기독교인들을 동원할 능력을 갖추고 있기 때문에 그 발언은 심각한 위협이 아닐 수 없었다. 실제로 복음주의 기독교인들은 지난 수십 년 동안 많은 쟁점에서 엄청난 입김을 행사했고, 지방 교육청에서부터 대통령에 이르기까지 다양한 후보자를 배출했다. 이미 중대한 정치 세력으로 자리매김한 상태다.

대통령 선거전에서 사회적 '쟁점'을 중심으로 한 행동주의가 전혀 없는 것은 아니다. 주요 행사가 본격적으로 시작되기 전, 즉 정당의 예비선거 기간에는 후보자들이 쟁점을 제기하고 그 쟁점을 지지하는 민중 세력을 조직화하는 데 도움을 준다. 그리고 이는 선거전에 어느 정도 영향력을 행사한다. 그런데 예비선거가 끝난 후에는 이를 뒷받침해줄 조직이 없기 때문에 별다른 영향력을 갖지 못한다. 따라서 진보적인 민중 조직이 하루 빨리 성장해서 권력의 핵심부가 무시할 수 없을 정도로 강력해질 필요가 있다.

풀뿌리로부터 자생한, 사회의 근간을 뒤흔들어버릴 수 있는 변화를 위해 노력하는 세력이 있다. 이들 세력은 노동운동, 시민운동, 반전운동, 여성운동 등을 활발히 전개하고 있다. 그리고 모든 부분에서 끊임없이 노력한 결과 성과를 내기 시작했다. 이 성과는 4년을 주기로 한 번씩 권리를 행사하는 것으로 얻어낸 성과가 아니다. 그러나 선거 자체를 무시할 수는 없다. 현재 권력을 두고 다투는 두 정당 중 하나는 극단주의에 빠져 지금보다 더 위험해질 가능성이 있다. 그들은 이미 많은 골칫거리를 야기했다. 그러나 앞으로 더 많은 문젯거리를 양산할 것이다. 우리는 이점을 인식해야 한다.

개인적으로 내 입장은 2000년 당시와 달라진 것이 없다. 당신이 누구를 선택할지 아직 마음의 결정을 내리지 못했다면 최악의 후보에게는 투표하지 않기를 바란다. 결정을 내린 상태라면 당신 생각에 최선인 선택을 하라. 이때 고려해야 할 것이 많다.

부시와 그의 행정부는 지난 세계민중투쟁으로 얻어낸 진보적인 법률과 사회복지 정책을 해체하고 파괴하겠다고 공공연히 약속했다. 대외적으로 그들은 무력을 사용해서 세계를 지배하겠다고 큰소리쳤고, 감시 능력과 선제공격 능력을 확대하기 위해서 '우주의 소유권'까지 주장하고 나섰다. 따라서 이번 선거에는 현명한 선택이 요구된다. 하지만 현명한 선택보다 더 중요한 것은 진지한 정치 행위다. 결국, 국민의 뜻에 진정으로 부합하는 민주 문화를 창조하는 것이 우리에게 주어진 의무다. 그런 문화를 만들어가기 위한 노력은 선거 결과에 너무 연연할 필요 없이 호화로운 쇼에 불과한 선거 전후로 계속되어야 한다.

(2004. 10. 27)

미국은 숭고한 평화의 나라

미국이 국제 관계에서 내세우는 기본 원칙은 바로 "우리는 좋은 나라"라는 것이다. 즉, 미국은 국가와 국민이 하나라는 전체주의적 관점을 받아들이는 나라고, 실천하는 과정에서 가끔 실수도 하지만 평화와 정의를 추구하는 인자한 나라라는 것이다. 그리고 자기들처럼 숭고한 수준에 이르지 못한 악당들에게 종종 괴롭힘을 당하는 나라이기도 하다.

미국의 대통령 선거, 팔루자의 공격, 야세르 아라파트의 사망, 부시 내각의 교체 등 최근에 일어난 사건들은 이 원칙을 극명하게 보여주었고 인간적 차원에서 전쟁과 테러의 위험을 더욱 가중시켰다.

전략 분석가 존 스타인브루너John D. Steinbruner와 낸시 갤러허Nancy Gallagher는 《디덜러스Daedalus》 2004년 여름호에서 워싱턴의 군사 정책은 '확실한 파멸의 위험'을 가지고 있다고 평가했다. 두 저자는 중국을 필두로 평화를 사랑하는 국가들이 똘똘 뭉쳐 이런 위험을 저지해주기를 바라고 있다. 정보에 밝은 두 평론가들의 결론대로 세계 평화를 중국에 의지해야 할 정도라면 문제가 심각한 수준에까지 이르렀다는 뜻이 된다. 이는 미국식 민주주의에 대한 신랄하고 매서운 암묵적 비판이기도 하다.

인류의 생존이 중대한 위협에 처했다는 점은 말할 것도 없지만 절박한 문제인 것은 분명하다. 존스홉킨스대학교 조사팀이 《란세트》에 기고한 연구에 따르면 미국 주도의 이라크 침략이 있은 이후 10만 명가량의 민간인이 직간접적인 이유로 죽었다.* 물론 워싱턴과 런던은 이 연구 보고서의 고발을 부인했다. 오히려 조그만 활자로 '문제가 많은 연구'라고 인용하는 친절한 설명까지 덧붙였다.

이 사망 숫자에는 최근 팔루자 공격으로 인한 사망자는 포함되지 않았다. 팔루자 공격은 미군과 이라크군이 팔루자 종합병원을 포위하면서 시작되었다. 《뉴욕타임스》의 보도에 따르면 미군과 이라크군 장교들은 팔루자 종합병원을 "민간인 사상자에 대해 폭로하는 …… 폭도들의 프로파간다 무기"로 지목했다. 같은 신문의 다른 기사는 "환자들과 병원 직원들은 병실에서 쫓겨나 바닥에 앉거나 엎드리라는 명령을 받았다. 그리고 군인들은 그들의 두 손을 등 뒤로 묶었다"고 보도했다.

병원 공격은 명백히 제네바 협정의 위반이다. 제네바 협정은 '지상 최고의 법'이며 현대 인권 관련 법의 모태다. 공화당이 다수당이던 1996년에 통과된 '전쟁범죄법'에 따르면 제네바 협정을 위반한 지휘관은 사형에 처할 수도 있다.

부시가 알베르토 곤잘레스Alberto Gonales 백악관 고문을 법무장관으로 임명했을 때 전쟁범죄법도 덩달아 화제가 되었다. 2002년 1월, 곤잘레스는 테러와의 전쟁을 위한 새로운 대책이라며 대통령에게 건넨

메모에서 제네바 협약을 무력화시키면 "전쟁범죄법으로 국내에서 형사소추를 당할 위험이 대폭 줄어든다"고 부시에게 조언했다.**

국제법 무시는 부시 사람들에게 자랑거리인 듯하다. 국무장관으로 내정된 콘돌리자 라이스Condoleezza Rice는 2000년 1월 《포린 어페어스》에 기고한 글에서 자신의 관점을 분명히 밝혔다. 여기에서 라이스는 "국제법과 국제규범에 습관적으로 호소하는 것 그리고 많은 국가, 예를 들어 유엔과 같은 국제기구의 지원을 받아야 힘을 정당하게 사용할 수 있다는 믿음"을 비난했다.

부시의 정책 입안자들이 원하는 게 무엇인지 분명히 밝혀진 것이다. 하지만 우리가 기대하는 것들은 상황에 따라 이루어질 수도 그렇지 않을 수도 있다. 그리고 그 상황은 우리가 만들어갈 수 있다. 무엇보다 국민들이 정책을 입안하는 데 의미 있게 참여해야 하고, 우리가 다른 나라에 적용하는 기준을 우리에게도 똑같이 적용해야 한다. 즉, 기본적인 도덕률을 받아들이는 기능적인 민주 문화를 부분적으로라도 재건해야 한다. 이것이 우리가 풀어야 할 최우선 과제다.

(2004. 11. 24)

---

* \
더 자세한 내용은 〈명분과 실리도 없는 이상한 전쟁〉의 주(**)를 참조할 것.

** \
2006년에 제정된 군사법정법에 따라 부시 행정부의 관리들은 전쟁범죄법의 적용을 받지 않는다. 이런 점에서 군사법정법은 미국 역사상 가장 낯뜨거운 법이라 할 수 있다.

제왕적 대통령 부시

이제는 미국에서 일어나는 일이 전 세계에 중대한 영향을 미치고 있다. 물론 그 반대도 마찬가지다. 국제적 사건이 세계에서 유일한 초강대국인 미국의 행동에 영향을 미치는 것이다. 예를 들어 《뉴욕타임스》가 이라크 침략을 반대하며 대대적으로 시위를 벌인 세계 여론을 언급한 것처럼 국제적 사건이 일으킨 여론은 '제2의 초강세력'이 되어 미국 정부에 압력을 가하고 있다.

그러나 1962년에 시작된 야만적이고 잔혹한 베트남전을 반대하는 본격적인 시위가 미국에서 일어나기까지는 상당한 시간이 걸렸다. 그 이후로 세계는 변했다. 물론 언제나 그랬던 것처럼 '자애로운 지도자' 때문에 변한 것은 아니었다. 헌신적인 민중 투쟁을 통해서 변해왔다. 민중 투쟁은 뒤늦게 발현되었지만 효과적이었다.

오늘날 세계는 여전히 처참한 상황이지만 과거보다는 훨씬 나아졌다. 침략을 용납하지 않으려는 점이나 우리가 당연하다고 생각하는 많은 부분에서 그 증거를 찾을 수 있다. 이런 현상을 통해 얻는 교훈을 우리는 마음속 깊이 새겨야 할 것이다.

국민들이 과거에 비해 훨씬 문명화되었기 때문에 지배집단이 '거대한 야수'(알렉산더 해밀턴이 국민을 지칭한 표현)를 통제하려는 노력도 한층 복잡해졌다. 거대한 야수가 정말로 지배집단을 두렵게 만들고 있기 때문이다.

부시 행정부가 생각하는 '대통령의 통치권'은 너무나 극단적이어서 견실하고 존경받는 언론으로부터 전례 없는 비판을 받아왔다. 텍사스 대학교의 법과교수 샌퍼드 레빈슨Sanford Levinson이 《디덜러스》 여름호에서 지적했듯이 9.11테러 이후 부시 행정부는 헌법을 비롯한 여타 법률의 적용이 일시적으로 유예된 것처럼 처신해왔다. 부시는 전시에는 무엇이든 할 수 있다는 이론적 근거를 "혼돈기에 적용할 수 있는 규범은 없다"라는 구절에서 찾는 것 같다.

레빈슨의 지적처럼 이 구절은 카를 슈미트Carl Schmitt의 말을 인용한 것이다. 레빈슨은 나치 시절에 독일을 대표한 법철학자이던 슈미트를 '(부시) 행정부의 진정한 배후 인물'로 규정하고 있다. 레빈슨은 부시 행정부가 법무장관으로 지명된 알베르토 곤잘레스 백악관 법률고문의 조언에 따라 "슈미트가 히틀러에게 부여한 권한에 거의 근접하는 대통령의 권한"을 주장한다고 지적했다.

그러나 현 정부 내에서 이런 지적에 귀를 기울이는 사람은 없다. 그러나 '제왕적 대통령의 권한'이라는 개념은 현 정부의 정책과 밀접한 상관관계를 갖는다. 이라크 침략은 처음에 '예방적 자위권anticipatory self-defense'의 행사로 정당화되었다. 그러나 이라크 침략은 뉘른베르크 제원칙을 위반했다. 유엔 헌장에 기초를 두었던 뉘른베르크 제원칙은

9.11테러 이후 부시 행정부는 헌법을 비롯한
여타 법률의 적용이 일시적으로
유예된 것처럼 처신해왔다.
전시에는 무엇이든 할 수 있다는 이론적 근거를
"혼돈기에 적용할 수 있는 규범은 없다"라는
구절에서 찾는 것 같다.

"침략전쟁은 전체를 상대로 악행을 저지른다는 점에서 다른 유형의 전쟁 범죄와는 차원이 다른 최악의 국제 범죄"라고 선포했다. 팔루자와 아부 그라이브에서 저지른 미국의 만행은 전쟁범죄가 아닐 수 없다. 침략 이후 자행한 온갖 잔혹행위는 그렇다손 치더라도 이라크 아동들의 심각한 영양실조를 유발한 책임은 간과해서는 안 된다. 현재 이라크 아동의 영양실조 상태는 아이티나 우간다보다도 훨씬 심하다.

2004년 봄, 미국 법무부 법률가들이 대통령에게 고문을 정당화하는 논리를 개발할 것을 제안했다는 보도가 있은 후, 예일대학교 로스쿨의 해럴드 고Harold Koh(한국명 고홍주_옮긴이) 학장은 《파이낸셜타임스》와의 인터뷰에서 "대통령이 고문을 허용하는 헌법적 권한을 갖는다는 것은 대통령이 대량학살을 범할 수 있는 헌법적 권한을 갖는 것과 같다"고 말했다.

대통령의 법률고문이며 신임 법무장관인 알베르토 곤잘레스라면 대통령이 정말로 그런 권한을 가질 수 있다고 어렵지 않게 말할 것이다. 그뿐 아니라 그는 오히려 제2의 '강력한 세력'이 대통령에게 그러한 권리의 행사를 허락한다면 대통령이 그런 권리를 갖지 못할 이유가 무엇이냐고 반박할 것이다.*

부시 행정부는 고위 관리들의 책임을 면제해주기 위한 방법을 모색하려고 하는 것 같다. 이러한 '자기면제'라는 성스런 원칙은 사담 후세인의 재판에서도 여지없이 적용된다(이 글을 쓰는 현재, 이라크에서는 사담 정권의 고위 관리들과 사담에 대한 고소장이 다음 주에 제출될 예정이다). 부시와 토니 블레어 총리를 비롯해 정계와 평론계의 훌륭한 양반들은 사담의 극악한 범죄 행위를 비난하면서 뻔뻔스럽게도 "우리가 부주의한 탓에, 우리 도움으로"라는 말을 빼놓는다.

드폴대학교 법과교수이며 이라크의 법체계 전문가인 셰리프 바시우니Cherif Bassiouni는 《르몽드 디플로마티크》에서 "미국은 과거에 사담 정권을 지원한 미국과 서구 강대국의 행동이 논란이 되지 않도록 하기 위해서 재판에 엄청난 압력을 가하고 있다. 하지만 미국은 재판이 아무에게도 구속받지 않는 것처럼 꾸미기 위해 온갖 노력을 경주하고 있다"고 말했다. 따라서 이번 재판이 승자의 복수처럼 진행될 것은 뻔하다.

이러한 상황에는 어떻게 대처하는 것이 최선일까? 미국에서 우리는 역사적으로 보나 상대적으로 보나 남다른 특권과 자유를 누리고 있다. 우리는 이러한 유산을 포기한 채 "이제 희망은 없어, 모든 걸 그만 두겠어!"라고 비관하며 쉬운 길을 택할 수도 있고, 이러한 유산을 적극적으로 활용해서 정치 문제뿐 아니라 경제 문제에 있어서도 국민들이 일정한 역할을 할 수 있는 민주 문화를 만들어가는 길을 택할 수도 있다.

이런 선택은 결코 급진적인 이상이 아니다. 이를테면, 20세기 미국을 대표하는 사회 철학자 존 듀이John Dewey가 "산업 봉건주의industrial feudalism가 산업 민주주의로 대체될 때까지 대기업이 사회에 드리운 그림자에서 정치는 벗어나지 못할 것이다"라고 말하면서 분명히 천명한 사상이다.

존 듀이는 미국 산업혁명의 근원지인 보스턴 인근에서 노동계급이 독자적으로 발전시켜온 사상과 행동의 긴 전통을 근거로 그렇게 말했다. 이런 사상은 이제 수면 바로 밑에서 꿈틀대고 있다. 언제라도 우리 사회와 문화 그리고 제도를 실질적으로 이끌어가는 한 부분이 될 수 있다. 그러나 정의와 자유를 위한 역사적 승리가 그랬듯이 어떤 승리도 저절로 얻어지지는 않는다. 그동안의 역사가 우리에게 가르쳐준 가장 명백한 교훈 중 하나는 "권리는 그냥 주어지는 것이 아니라 쟁취하는 것"이라는 사실이다.

(2004. 12. 22)

* ———

클린턴 정부는 그런 권리를 실질적으로 주장하며, 유고슬라비아가 국제사법재판소에 제기한 나토에 대한 소송을 인정하지 않았다. 유고슬라비아는 '집단살해죄의 방지와 처벌에 관한 조약Genocide Convention'을 거론했지만 클린턴 정부는 법정 앞에서 (유엔 총회에서 채택된 지 40년이 지난 후에야) 그 조약을 비준하기는 했지만 미국에 적용할 것인지의 여부는 미국 의회의 판단에 따른다는 조건을 덧붙여야 한다고 주장했다.

국제사법재판소는 이러한 미국의 주장을 받아들이면서 미국 측이 소송에서 제외되는 것을 허락했다. 미국이 이런 식으로 국제범죄에서 예외적 조치를 인정받은 사례는 한두 건이 아니다. 미국은 인권 및 기타 관련 조약을 좀처럼 비준하지도 않지만, 설령 비준하더라도 미국을 예외로 인정하는 조건을 습관처럼 덧붙인다. 레빈슨이 지적했듯이 '고문 방지 조약Torture Convention'의 경우만 해도 상원에서 '우호적인 심문'이란 애매한 단어를 덧붙여 개정한 뒤에야 미국은 그 조약을 비준했다. 그밖에도 미국이 국제법에서 예외적 지위를 인정받으려고 획책한 사례는 이루 헤아릴 수 없이 많다.

국제 질서를 비웃는 워싱턴

오늘날, 무력 사용의 타당성을 검증하는 과제보다 중요한 문제가 몇이나 될까? 이라크에서 날아온 처참한 장면들이 너무도 극명하게 보여주고 있지 않은가. 미국이 주도한 이라크 침략과 점령은 인간을 죽음의 골로 몰아넣었을 뿐 아니라 2차대전과 같은 참사를 방지하기 위해 국제문제를 무력으로 해결하려는 시도를 금지한 국제계약마저 무용지물로 만들었다. 이런 위반으로 테러가 급증하자 유엔은 무력 사용이 정당화되는 때에 대해 다시 한 번 토론을 해야 했다. 나날이 악화되는 이라크 상황이 이 토론의 배경인 셈이다.

어떤 정부든 무력을 사용할 때는 그럴 듯한 명분을 내세운다. 이라크에서도 마찬가지였다. 미국은 처음에 내세운 구실이 모조리 거짓으로 밝혀지자, 이제는 이라크와 그 지역에 민주주의를 심어 개혁하겠다는 소명이 자신들에게 있다고 주장한다. 그러나 그들에게 정말로 그럴 의도가 있는지 의심스럽다. 권력집단의 말을 어떻게 곧이곧대로 믿을 수 있겠는가.

이라크 선거가 증명하듯이 미국은 민주주의에 필요한 형식적 절차의 일부를 마지못해 양보했다. 그것만으로도 다행스런 일이지만 앞으로 미국 국민과 이라크 국민이 부시 행정부에 대대적인 압력을 가하지 않는다면 부시 행정부가 이라크에 진정한 민주주의를 심고 주권을 양도하는 것은 생각조차 할 수 없을 것이다.

이라크가 진정으로 독립된 주권국이 된다면 어떤 정책을 취할지 생각해보자. 이라크 국민 다수가 시아파기 때문에 이라크는 이란과 상대적으로 우호적인 관계를 회복하기 위해서 과거의 정책을 되살릴 가능성이 크다. 그렇게 되면 이라크는 사우디아라비아에서 시아파가 다수를 차지하고 있는 국경 지역까지를 포함하는(아직 공식적인 기구로 발전하지는 않았지만) 시아파 연대지역에 가담하려는 움직임을 보일 것이다. 그 지역은 세계 석유 매장량의 3분의 2를 차지하는 지역이다.

이 지역의 지배권 확보가 2차대전 이후로 줄곧 미국의 중요한 정책이었다. 더구나 오늘날처럼 '삼극 체제'로 변해가는 상황에서는 이 지역에 대한 지배권 확보가 더욱 절실하다. 유럽과 아시아가 미국에서 독립하는 방향으로 나아가고, 심지어 연대까지 모색한다면 미국에게는 중대한 위협이 아닐 수 없기 때문이다. 즈비그뉴 브레진스키Zbigniew Brezinski가 《내셔널 인터레스트》(2003~4년 겨울호)에 기고했듯이 이 지역의 지배권을 확실한 확보한다면 아시아와 유럽 경제에 막강한 영향력을 행사할 수 있다. 그런데 이라크가 완전히 독립한다면 미국이 지원하는 숙적 이스라엘과 맞서기 위해서라도 재무장하려 할 것이고 심지어 대량살상무기까지 개발할 것이다.

미국이 이런 식의 변화를 수수방관할 가능성은 거의 없다. 2차대전 이후에 합의된 무력 사용의 기준을 무시한 지금까지의 정책으로 미루어본다면, 미국이 어떤 반응을 보일지 추측하기란 그다지 어렵지 않다.

유엔 헌장은 "우리 시대에 두 번씩이나 인류에게 말로 표현할 수 없는 슬픔을 안겨준 전쟁의 참화에서 다음 세대를 구하겠다"는 서명국들의 의지 표명으로 시작된다. '전쟁의 참화'는 '말로 표현할 수 없는 슬픔'일 뿐 아니라 '완전한 파괴'였다. 서명국 모두가 이러한 사실을 알았지만 차마 유엔 헌장에서 그렇게까지는 쓰지 못했다. '원자'와 '핵'이란 단어도 유엔 헌장에는 쓰이지 않았다.

침략 전쟁은 최고의 국제 범죄다. 공식적으로 이런 컨센서스는 여전히 존재한다. 노골적으로 거부된 경우는 거의 없다. 그저 무시될 뿐이다. 그러나 이런 컨센서스는 1990년대에 무너지기 시작했다. 다시 말하자면 미국이 상대방의 공격 여부와 상관없이 무력을 사용할 수 있는 자유를 스스로에게 부여한 때부터다. 이른바 클린턴 독트린에 따르면 미국은 필요할 때 일방적으로 무력을 사용할 권리를 갖는다. 1997년 펜타곤이 의회에 제출한 보고서에는 이러한 권리가 "중요한 시장, 에너지 공급원, 전략적 자원에 아무런 방해도 받지 않고 접근할 수 있는 권리"와 같은 중요한 국익을 지키려는 의도라고 나와 있다. 부시 행정부에 들어서는 원하면 언제라도 무력을 사용할 권리를 갖는다는 입장이 더욱 공고해졌고 확대되었다.

이런 제국주의적 입장의 논리적 근거는 미국의 역사만큼이나 뿌리가 깊다. 역사학자 윌리엄 얼 위크스William Earl Weeks가 《존 퀸시 애덤스와 미국의 제국주의John Quincy Adams and American Global Empire》에서 밝혔듯이 이런 세계관은 "미국의 독특한 도덕관, 미국식 삶의 방식, 신에게 부여받은 운명에 대한 믿음을 널리 알리면서 세계를 구원해야 한다는 소명의 확언"에 근거한다고 한다. 이런 신학적 틀에 얽매인 미국의 정책적 쟁점은 선과 악의 양자택일로 왜소화되어, 합리적인 토론을 배척하고 민주주의의 위협에 저항하고 있다.

2004년 11월, 코피 아난Kofi Annan 유엔 사무총장이 주관한 유엔 고위급 회담에서 '간섭의 정당성'이라는 문제가 다루어졌다. 이 회담에서는 "안전보장이사회의 허락이 없다면 무력 사용은 무장 공격에 대한 자위권 행사로만 제한된다"는 유엔 헌장을 재확인했다. 더불어 "인식된 잠재적 위협으로 가득한 세계에서 세계질서와 불간섭원칙에 대한 위협이 너무 심각한 까닭에, 공동으로 인정한 행위가 아닌 일방적 예방 행위는 합법성을 인정받을 수 없다. 한 나라가 그렇게 행동하도록 허용하는 것은 모든 나라에게 허용하는 것이나 마찬가지다"라고 분명히 밝혔다.

미국도 이런 기준을 준수해야 한다는 요구에 워싱턴은 십중팔구 반발할 것이다. 그러나 미국은 특권과 자유를 향유하는 대신 그에 따른 책임을 당연히 떠안아야 하지 않겠는가.

국제법 학자 마이클 바이어스Michael Byers는 《전쟁법: 국제법의 이해와 무력 충돌War Law: Understanding International Law and Armed Conflict》에서 "지속가능한 법체계를 원하는 세계와 그런 것에는 안중에도 없는 초강대국 간의 갈등에서 우리가 어떻게 해야 살아남을 수 있을까"라는 질문을 던졌다. 이는 결코 가볍게 넘겨버릴 수 없는 문제다.

(2005. 2. 1)

중동에 민주주의를 수출하라

이른바 '민주주의의 판촉democracy promotion'은 이제 미국의 대중동정책에서 최고의 과제가 되었다. 민주주의의 판촉이라는 프로젝트에는 배경이 있다. 카네기 국제평화재단의 '민주주의와 법치를 위한 프로젝트' 회장인 토머스 캐로서스Thomas Carothers는 최근에 발표한 《중대한 소명: 민주주의의 진흥에 대한 시론Critical Mission: Essays on Democracy Promotion》(2004)에서 냉전시대 이후의 '끈끈한 연속성'을 언급했다.

캐로서스는 "민주주의가 미국의 안보 및 경제적 이익과 맞아떨어지는 곳에서 미국은 민주주의를 판촉하고 진작시켰다. 반면 민주주의가 미국의 중대한 이익과 충돌하는 곳에서는 민주주의의 판촉이 경시되거나 아예 무시되었다"고 결론지었다.

캐로서스는 1980년대 레이건 정부의 국무부에서 라틴아메리카의 '민주주의의 증진democracy enhancement'이라는 프로그램에 관여했다.

그는 이에 대한 역사를 쓰면서 똑같은 결론을 내렸다. 지금과 유사한 행위와 주장이 과거에도 있었던 것이다. 이는 강대국들의 특징이기도 하다.

'끈끈한 연속성'과 그 연속성을 지탱하는 권력욕은 최근 중동에서 일어난 사건들에 영향을 미치고 있고, 민주주의를 증진시키겠다는 주장 뒤에 감추어진 진의가 무엇인지 고스란히 보여준다.

'끈끈한 연속성'은 존 네그로폰테를 국가 정보기관의 수장으로 임명한 데서도 드러난다. 네그로폰테의 화려한 이력은 그가 레이건 정부에서 온두라스 대사로 있으면서 니카라과와 전쟁을 벌인 콘트라 테러 집단을 지휘한 때부터 시작한다. 그리고 부시 행정부에서 잠깐 동안 이라크 대사로 근무하면서 그곳에서 다시 민주주의의 진작을 총괄한 데까지 이어진다. 테러와 싸우고 자유를 진척시켜야 하는 새로운 임무를 맡기엔 안성맞춤인 '경력'인 것이다. 조지 오웰이 지금까지 살았다면 이런 작태를 두고 웃어야 할지 울어야 할지 몰랐을 것이다.

2005년 1월에 실시된 이라크의 선거는 성공적이었고 박수를 보낼 만했다. 그러나 진정으로 주목해야 할 성과, 즉 미국이 어쩔 수 없이 선거를 인정했다는 사실은 미국 언론에서 주변적으로만 다루어졌다. 1월의 선거는 진정한 승리였다. 폭탄 테러의 승리가 아니었다. 민중과 아야톨라 시스타니Ayatollah sistani를 비롯한 이슬람주의자와 비폭력 저항이 거둔 승리였다.

미국과 영국은 어떤 수를 써서라도 선거를 연기시키려고 했지만 시스타니는 자유와 독립 및 민주적 권리를 염원하는 민중의 결의를 받아들여 신속한 선거를 요구했다. 미국이 선거를 허용하는 것 외에 다른 도리가 없을 때까지 비폭력 저항은 계속됐다. 그러자 미국 정부는 선거

캐로서스는 "민주주의가 미국의 안보 및
경제적 이익과 맞아떨어지는 곳에서
미국은 민주주의를 판촉하고 진작시켰다.
반면 민주주의가 미국의 중대한 이익과
충돌하는 곳에서는 민주주의의 판촉이 경시되거나
아예 무시되었다"고 결론지었다.

가 미국의 발의로 이루어진 것처럼 잽싸게 꾸미기 시작했다.

끈끈한 연속성과 그 제도적 뿌리를 감안했을 때 워싱턴이 그들의 뜻에 반하는 정치적 결과를 선뜻 용납하지 않으리란 추측은 어렵지 않게 할 수 있다. 더구나 이라크처럼 중요한 지역에서는 더욱 그렇다.

이라크 국민들은 점령의 종식을 바라는 심정으로 투표했다. 브루킹스 연구소의 분석가들은 《뉴욕타임스》의 특집기사에서 2005년 1월의 선거가 있기 전에 실시된 여론조사를 인용해 "시아파의 69퍼센트, 수니파의 82퍼센트가 조속할 시일 내에 미국이 철수하기를 바란다"고 말했다. 그러나 블레어와 라이스 등은 아직 철수 계획이 없다는 사실을 분명히 밝혔다. 달리 말하면 점령군이 '소명'을 완수할 때까지, 더 구체적으로는 선거로 선출된 정부에 압력을 가해서 미국의 요구에 순응하도록 하는 '민주주의'를 이라크에 건설할 때까지 철수를 무기한 연기하겠다는 뜻이다. 끈끈한 연속성의 끈을 놓치지 않겠다는 뜻이기도 하다.

미·영 연합군의 철수 시기는 이라크 국민뿐 아니라 미국인과 영국인의 의지에도 달려 있다. 그들이 각자의 정부에 이라크의 주권을 인정하도록 압력을 가해야 한다.

불미스런 사건이 이라크에서 연이어 벌어지고 있지만 미국은 이란에 대한 호전적 입장을 그대로 유지하고 있는 실정이다. 이란에 미국 특수부대를 투입했다는 소문이 사실이든 아니든 간에 그런 소문은 상황을 더욱 악화시킬 뿐이다.

최근에 미국은 이스라엘에 100여 대의 첨단 전폭기를 파견하면서 이란을 폭격할 수도 있다고 떠들어댔다. 그 전폭기들이 1981년 핵원자로를 폭격하는 데 사용된 전폭기에서 기능만 향상시킨 것이란 사실을 감안한다면 실로 중대한 위협이 아닐 수 없다. 더구나 여러 증거가 말해주듯이 그로 인해 사담 후세인이 핵개발을 시작하지 않았던가.

물론 아직은 추측에 불과하지만 이런 무력시위는 두 가지 목적을 띤다고 할 수 있다. 하나는 이란 지도부가 억압정책을 취하도록 자극해서 민중의 저항을 끌어내겠다는 것이고, 다른 하나는 이란과 외교·경제적 관계를 추진하는 유럽과 아시아의 경쟁국들을 위협하려는 것이다. 이런 강경 노선에 겁먹은 일부 유럽 기업은 이란에 대한 투자 계획을 포기하기도 했다.《월스트리트 저널》의 매튜 카니트슈니그Matthew Karnitschnig가 표현한 대로 미국의 보복을 염려한 것이다.

샤론·압바스 간의 휴전 협정도 민주주의의 진작 정책이 거둔 성과로 포장됐다. 휴전 협정 소식은 반갑기 그지없다. 죽이는 것보다 죽이지 않는 것이 훨씬 낫기 때문이다. 하지만 협정 조항을 면밀히 들여다보면 팔레스타인 사람들은 점령군의 어떠한 폭압에도 저항하지 않아야만 한다.

이처럼 '완전한 평화'보다 미국과 이스라엘의 강경파에게 반가운 소식은 없을 것이다. 완전한 평화가 보장되면 그들이 웨스트뱅크에서 그런 것처럼 가치 있는 땅과 자원을 약탈하는 정책과, 팔레스타인에게 남겨진 영토를 그들이 생존하기 힘든 지역으로 고립시키는 거대한 기반시설의 건설 계획을 방해받지 않고 추진할 수 있을 것이기 때문이다.

미국의 지원을 등에 업고 이스라엘이 점령지역에서 자행한 약탈은 오래 전부터 갈등의 주된 원인이었다. 그러나 휴전 협정에는 이와 관련된 말이 한 마디도 없다. 그런데도 압바스 정부는 휴전 협정을 받아들였다. 일부에서 주장하는 것처럼 이스라엘과 미국이 정치적 해결 방법을 거부하는 한 그들에게는 그런 휴전이라도 받아들이는 것이 최선책이기 때문이다. 미국 국민이 묵인하는 한 미국의 비타협적 태도는 앞으로도 계속될 것이다.

나는 휴전 협정의 미래를 낙관적으로 생각하고 싶다. 그러나 눈곱만한 변화라도 찾아내려고 눈을 부릅뜨고 살펴봤지만 아직까지 실질적인 변화는 전혀 눈에 띄지 않았다.

민주주의와 법치法治가 미국의 전략적이고 경제적인 목표에 부합할 때만 좋은 것이라는 원칙은 워싱턴의 일관된 입장이다. 그러나 이라크와 이스라엘 그리고 팔레스타인에 대한 미국의 여론은 정부 정책과는 완전히 다르다. 이는 여론조사에서도 확인된 사실이다. 따라서 진정한 민주주의의 진작은 미국에서 먼저 시작되어야 하는 것이 아닌가라는 의문이 든다.

(2005. 3. 2)

인권을 유린하는 '인권 국가' 미국

최근 들어 윤리학과 인지과학은 뿌리 깊은 윤리적 직관으로 여겨지는 것들을 심층적으로 연구하기 시작했다. 달리 말하면 도덕적 판단의 근원이 무엇인지를 추적하기 시작한 것이다. 이 연구는 인위적이긴 하지만 문화권을 초월해서 어른과 어린아이들에게서 놀라울 정도로 동일한 반응을 보이는 사례들을 집중적으로 다룬다. 하지만 나는 여기에서 실제 사례를 근거로 인권의 보편성 문제를 다뤄보려고 한다.

클린턴 정부에서 재무장관을 지내고 현재(2005년) 하버드대학교 총장인 로렌스 서머스Lawrence Summers는 1991년에 세계은행 수석 경제학자였다. 한 내부 문서에 따르면 서머스는 세계은행에 공해유발산업을 최빈국으로 이전하는 데 앞장서야 한다고 말했다고 한다.

서머스는 "건강을 해치는 공해로 인한 질병률과 사망률의 증가는 과거의 소득에 비례한다. 이런 관점에서 볼 때 건강을 해치는 공해산업의 상당 부분을 저비용 구조를 지닌 나라, 즉 저임금 노동력을 지닌 나라로 옮겨야 한다. 따라서 유독성 폐기물을 저임금 국가에서 헐값으로 처분하는 경제논리는 나무랄 수 없는 것이며 우리가 인정해야 하는 현실"이라며 공해유발산업 이전에 대한 이유를 밝혔다.

서머스는 "이러한 이전에 대한 윤리적 이유나 사회적 우려가 자유화를 위한 세계은행의 계획을 적대시하며 반대하는 근거로 제시될 수 있다"는 점도 지적했다.

이 문서가 유출되자 대대적인 반발이 있었다. 특히 브라질의 환경부 장관인 주제 루첸베르거Jose Lutzenburger는 서머스에게 "당신의 추론은 더할 나위 없이 논리적이지만 몰상식하기 이를 데 없다"는 내용의 편지를 보냈다. 루첸베르거의 편지 내용에 동의한다면 의당 짚고 넘어갈 수밖에 없는 문제에 직면한다. 즉, 어떤 주장이 논리적으론 완벽하지만 결론적으로 철저하게 비상식적이라면 그 주장에 문제가 있는 것이다. 다시 말해 서머즈가 내세운 주장의 문제는 그 주장에 대한 전제로 '윤리적인 이유', 즉 '사회적으로 우려되는 상황'을 별도로 고려하지 않았다는 데 있다. 제기될 수 있는 또다른 문제는 서머스의 주장이 옳다면 그 내용은 세계은행이 워싱턴 협약을 적용해서 '자유(무역)주의'를 제안한 것에 대한 반대 근거로 사용될 수 있다는 것이다. 이 문제가 어떻게 결론이 났는지는 설명하지 않아도 뻔하지만, 기초적인 논리에 불과한 이와 같은 추론이 주류 층에서는 부정도 긍정도 없이 무시되었다는 점은 무척 흥미로운 일이다.

이런 문제의 현대적 기준은 1948년 유엔 총회가 채택한 세계인권선언Universal Declaration of Human Rights이다. 세계인권선언 25조에 따르면 "모든 사람은 의식주와 의료 그리고 필요한 사회복지를 포함한 자신과 가족의 건강과 안녕에 적합한 생활수준을 누릴 권리와 실업, 질병, 장애, 배우자의 사망, 노령 또는 기타 불가항력의 상황으로 인한 생계 결핍의 경우에 보장을 받을 권리를 갖는다"고 나와 있다.

유엔 총회가 인준한 협정이나 '개발을 위한 권리right to development'와 관련한 국제 조약에서도 이 조항은 거의 비슷한 말로 재확인된다. 따라서 보편적 인권에 대한 이 선언에 비추어볼 때 세계은행의 수석 경제학자의 나무랄 데 없는 논리는 몰상식하지는 않더라도 무척 비도덕적이다. 그런데 몰상식하다는 표현이 실질적으로 나오는 보편적 판단이다. 나는 여기에서 '실질적'이란 단어를 강조하고 싶다. 세계인권선언을 자신의 입맛에 맞게 해석해서 '상대주의자'라고 비난받는 일부 국가가 있기 때문이다. 더구나 그런 상대주의자 중 하나가 우연찮게도 세계 최강국이다. 그리고 이른바 '계몽된 국가'를 자처하는 국가들의 리더이기도 하다.

한 달 전, 즉 2005년 3월에 미국 국무부는 인권에 관한 연례보고서를 발표했다. 폴라 도브리안스키Paula Dobriansky 차관은 "인권의 진작은 우리 외교정책의 한 축일 뿐 아니라 우리 정책의 근간이며 우리가 가장 관심을 두는 분야다"라고 역설했다. 레이건과 부시 1세 행정부에서 도브리안스키는 국무부 부차관보를 지냈고 인권과 인도주의에 관련된 사건을 담당했다. 이러한 경험을 바탕으로 그는 인권에 관한 '신화', 즉 "경제·사회적 권리가 곧 인권이다"라는 신화를 척결하는 데 앞장섰다. 이런 입장은 그 후에도 걸핏하면 거론되면서 워싱턴이 '개발을 위한 권리'와 관련한 조약들을 집요하게 거부하는 근거로 이용되고 있다.

미국 정부는 자신들이 세계인권선언의 조항들을 거부하고 있다는 사실을 모르고 있는 것 같지만 미국 국민들의 생각은 다르다. 메릴랜드

대학교의 국제정책태도프로그램PIPA이 조사한 최근에 제안된 연방예산안에 대한 미국인의 반응이 그 대표적인 예다.

미국 국민들은 군사비 지출을 대폭 줄이고 대신 교육, 의학연구, 직업 훈련, 환경 보존과 재생 에너지 개발 등에 관련된 예산을 대폭 증액하기를 바라고 있다. 또 유엔과 경제부문 그리고 인도주의적 부분에 대한 지원을 아끼지 말고, 부자들에 대한 감세정책을 취소할 것을 요구하고 있다. 한 마디로 국민의 요구가 정부 예산에 거의 반영되지 않는다는 뜻이다.

미국의 무역과 예산의 적자가 눈덩이처럼 불어나는 현상을 두고 국제사회가 우려하는 것은 당연하다. 이런 쌍둥이 적자는 민주성의 결핍과 밀접한 관계를 갖는다. 안타깝게도 민주성의 결핍은 미국만의 현상이 아니다. 서구사회 전체에 만연된 현상이다.

부자와 권력층이 정책의 선택권과 시행권을 국민에게서 떼어놓으려는 이유는 얼마든지 있다. 이는 꼭 인권의 보편성을 거론하지 않더라도 우려하지 않을 수 없는 문제다. 며칠 전 '목소리 없는 사람들을 위한 목소리'로 알려졌던 엘살바도르의 오스카 로메로Oscar Romero 대주교를 위한 25주년 추념식이 열렸다. 또 예수회 신부로 활동하다가 살해당한 6명의 라틴아메리카 지식인을 위한 15주년 추념식도 엘살바도르에서 열렸다. 로메로 대주교와 예수회 지식인들은 워싱턴이 훈련시킨 보안군에게 살해당했다. 이 두 사건은 중앙아메리카를 짓누른 1980년대의 참혹상을 대변하고 있다. 그 주모자들, 혹은 그들의 최측근들에게 멘토 노릇을 했던 사람들은 지금 워싱턴에서 고위층이 되었다.

로메로 대주교는 카터 대통령에게 "기본적인 인권을 보장받기 위해 투쟁하는 시민단체들을 무차별적으로 탄압하는" 엘살바로드 군사정권에 대한 지원을 중단하라는 탄원서를 보낸 직후 암살당했다. 언제나 그랬듯이 미국의 지원과 워싱턴의 침묵으로 엘살바도르에서 국가테러는 더욱 악화되었다.

　워싱턴이 훈련시키고 무장시킨 군사조직은 서구 세계의 지원까지 받으면서 이와 비슷한 잔혹행위를 지금도 계속하고 있다. 대표적인 예가 최악의 인권탄압국이면서 미국으로부터 대대적인 군사원조를 받고 있는 콜롬비아다. '끈끈한 연속성'을 보여주는 또 하나의 사례가 아닐 수 없다. 2004년에 콜롬비아는 그동안 세계 전역에서 살해된 노동 운동가들의 숫자보다 더 많은 노동 운동가를 살해하는 기록을 세웠다. 2005년 2월에 콜롬비아 군부세력은 내전의 와중에도 '평화 마을'을 선언한 마을에 군대를 투입시켜 마을 지도자와 세 어린이를 포함해 8명을 살해하기도 했다.

　우리가 추상적인 원칙에만 골몰하고, 이해하기 어려운 먼 나라의 문화를 다루는 세미나에만 몰두해서는 안 된다는 경각심을 일으키기 위해서 나는 이런 예들을 언급했다. 우리는 우리 자신에 대해서, 요컨대 우리가 살아가는 특혜 받은 공동체의 윤리적이고 지적인 가치에 대해서 목소리를 높일 수 있어야 한다. 그리고 정직하게 우리 자신을 되돌아보고 그 모습에서 미심쩍은 부분이 있다면, 그 부분을 개선하기 위한 노력을 게을리 하지 말아야 할 것이다.

(2005. 4. 7)

닥터 스트레인지러브,
테러의 시대를 맞이하다

다음 주에는 유엔에서 세계 180여 국가가 참여하는 회의가 열린다. 이 회의에서는 핵확산금지조약NPT을 검토할 예정이라고 한다. 핵확산금지조약은 핵무기를 사용하면 필연적으로 야기될 수밖에 없는 재앙을 피하기 위해 마련된 희망적인 조치다.

클린턴 시대에 군비 관리를 위한 특별 대표를 역임하고《대량살상무기에 대한 상식Commom Sense on Weapons of Mass Destruction》(2004)을 쓴 토머스 그레이엄Thomas Graham은《커런트 히스토리》4월호에서 "핵확산금지조약이 지금처럼 허약하고 그 미래가 불투명한 적이 없었다"고 평가했다. 핵확산금지조약이 실패한다면 '핵악몽의 세계'가 현실화될 수도 있다고 그레이엄은 경고했다. 다른 분석가들과 마찬가지로 그레이엄도 핵확산금지조약의 가장 큰 위협거리가 미국 정부의 정책이란 사실을 인정했다. 물론 다른 핵보유국의 책임이 없는 것은 아니다. 핵확산금지조약 제6조에 나와 있는 것처럼 핵확산금지조약은 핵보

핵확산금지조약은 핵보유국이
핵무기를 폐기하는 일에 최선을 다해
노력하겠다고 약속한 협약이다.
그러나 부시 행정부는 이 조약을 더 이상
인정하지 않겠다고 선언하면서
새로운 핵무기 개발에 박차를 가하고 있다.

유국이 핵무기를 폐기하는 일에 최선을 다해 노력하겠다고 약속한 협약이다. 그러나 어떤 핵보유국도 이 약속을 지키지 않았다. 부시 행정부는 한 걸음 더 나아가 제6조를 더 이상 인정하지 않겠다고 선언하면서 새로운 핵무기 개발에 박차를 가하고 있다.

핵확산금지조약의 성공을 위해서는 여러 추가적 조약들의 강력한 실천이 필요하다. 하지만 포괄적핵실험금지조약CTBT(Comprehensive Test Ban Treaty)은 1999년에 공화당이 다수를 차지한 상원에서 거부됐고, 부시 행정부에서는 의제에조차 포함되지 않았다. 심지어 부시는 탄도탄 요격미사일협정ABM(Antiballistic Missile Treaty)까지 무효화했다. 그레이엄은 이미 상당한 양의 핵폭탄 물질이 전 세계 곳곳에 퍼져 있기 때문에 더 이상의 추가 개발을 금지한다는 점에서 가장 중요한 조약이라 할 수 있는 '확인 가능한 핵물질생산금지조약'까지 위태롭다고 말했다. 2004년 11월, 유엔 군축위원회는 '확인 가능한 핵물질생산금지조약'을 투표로 통과시켰다. 투표 결과는 147대 1이었다. 미국만이 실질적으로 거부한 것이다. 오사마 빈 라덴이 쌍수를 들고 환영할 만한 행동이 아닐 수 없다. 미국 정책 입안자들의 우선순위 목록에서 인류의 생존이 어떤 위치를 차지하고 있는지를 가늠해볼 수 있는 행동이기도 하다.

군축위원회의 투표가 있기 전, 부시 행정부는 존 볼튼John Bolton을 교섭 대표로 유럽에 파견했다. 그는 생물학적 무기 개발의 금지를 강요하는 지루한 협상은 미국의 국익에 반하는 것이기 때문에 결렬된 것이나 마찬가지라고 통보했다. 생화학 테러 위협을 자초한 셈이다.

이러한 입장은 "협상은 미국이 앞장서고 유엔이 뒤따르는 식이 되어야 할 것이다. 그렇게 하는 것이 우리 이익에 부합한다면 우리는 그렇게 할 것이다. 그러나 그렇게 해도 우리 이익에 부합하지 않는다면 우리는 그렇게 하지 않을 것이다"라고 솔직하게 밝힌 볼튼의 철학과 정확히 맞아 떨어진다. 따라서 볼튼이 미국을 대표하는 유엔 대사로 지명된 것은 당연하다. 이는 유럽을 비롯한 전 세계를 모욕하려는 계산된 행위로밖에 해석되지 않는다.

전 나토의 정책입안자였던 마이클 맥과이어Michael MccGwire는 영국 왕립국제문제연구소 학회지 2005년 1월호에서 "현재의 정책 아래에서 핵교환은 결국 피할 수 없다"고 경고하며 "지구 온난화와 비교할 때, 핵무기를 폐기하는 데 소요되는 비용이 훨씬 적은 편이다. 그러나 핵전쟁의 파멸적 결과는 점진적인 기후 변화의 결과를 훨씬 뛰어넘는다. 그 결과가 즉각적으로 나타날뿐 아니라 되돌릴 수 없기 때문이다. 그러나 핵전쟁의 위협은 우리 힘으로 종식시킬 수 있지만 기후 변화는 피할 수 없다는 것이 얄궂을 뿐이다"라고 덧붙였다.

전 민주당 상원의원으로 상원 군사위원회 의장을 지냈고 군축과 핵전쟁의 위협을 줄이는 일에 주도적인 역할을 하고 있는 샘 넌Sam Nynn은 대서양 건너편에서 맥과이어의 경고를 뒷받침해주었다. 그는 지난 12월 《파이낸셜타임스》에 기고한 글에서 "우연한 실수로 혹은 잘못된 판단이나 독단적 판단으로 핵공격이 일어날 가능성이 점점 고조되고 있다"고 말했다. 그리고 러시아 경보시스템의 통제 및 관리가 얼마나 제대로 되고 있느냐에 '미국의 생존'을 떠맡기는 지금의 정책으로 인해 "우리는 아마겟돈에 버금가는 불필요한 위험을 스스로 자초하고 있다"고 경고했다.

샘 넌은 미국의 급격한 군사력 확장을 지적한 것이다. 전략적 균형을 깨뜨리는 군비 확장으로 러시아가 경보의 정확성 여부를 확인하는 여유 없이 곧바로 반격에 나설 가능성이 커진 것이다. 게다가 샘 넌은 "러시아의 조기경보시스템이 심각하게 파손되어 오판할 가능성도 있기 때문에 위험은 더욱 커졌다"고 덧붙였다.

또 하나의 심각한 걱정거리는 핵무기가 테러집단의 손에 들어갈 가능성이다. 러시아는 미국의 위협을 견제할 목적에서 핵무기고를 전국에 분산 배치해 놓았고, 이 핵무기고를 그대로 유지하면서 핵물질을 자주 이동시키고 있다. 이러한 사실이 핵무기가 테러집단의 손에 들어갈 가능성을 한층 높이고 있다. 워싱턴에 본부를 둔 국방정보센터의 소장이며, 미뉴트맨 탄도탄 책임장교를 지낸 브루스 블레어Bruce Blair는 "핵무기 운송이 핵무기의 안전 관리에서 아킬레스건이기 때문에 러시아의 이런 움직임은 심각한 문제를 야기한다"고 지적했다. 즉, "핵무기가 야전부대와 공장을 오갈 때 테러리스트에게 강탈당할 개연성"이 있다고 했다.

블레어는 만약 그렇게 된다면 위험은 러시아 너머까지 확대된다면서 "파키스탄과 인도 등 다른 핵보유국들에게 돌림병처럼 번진 조기경보와 통제 문제는 훨씬 더 심각하다. 이 국가들은 언제라도 핵미사일을 발진시킬 수 있다는 입장을 취하고 있다. 그런데 이 국가들에 대한 테러 위협이 더불어 늘어나면서 이들이 오판할 가능성이 있다"고 덧붙였다. 블레어의 표현을 빌린다면 "터지기를 기다리는 사고"가 있는 셈이다.

국가 테러와 그밖의 위협 및 무력사용은 세계를 핵재앙의 벼랑 끝까지 몰아갔다. 조만간 열릴 유엔 회의는 50년 전 러셀과 아인슈타인이 제기했던 경고에 귀를 기울이며 현명한 판단을 내려야 할 것이다.

"우리는 참담하고 끔찍하지만 피할 수 없는 선택을 해야 한다. 인류를 종말로 내몰 것인가, 아니면 전쟁을 포기할 것인가."

(2005. 4. 28)

체제전복적인 사회보장제도

사회보장제도에 대한 논쟁에서 부시의 후견인들은 이미 상당한 승리를 거두었다. 적어도 일시적인 승리는 손에 넣었다. 부시와 칼 로브Karl Rove 백악관 비서실 부실장은 3분의 2가 넘는 대학생을 포함한 대다수 미국인들에게, 공적연금제도 대신 개인 예금에 기댈 수 있는 여지를 둔 정부의 연금프로그램을 채택하고 있는 사회보장제도에 심각한 문제가 있다는 사실을 납득시켰다. 미국 국민들은 이 이야기를 듣고 경악했다. 사담 후세인과 대량살상무기의 위협이 임박했다고 협박받을 때만큼이나 놀랐다. 하원의 지도자들이 2005년 6월 사회보장법의 초안을 기초하려는 희망에 부풀어 있는 지금, 정치권에 대한 압력은 점점 거세지고 있다.

경제협력개발기구OECD(Organization for Economic Cooperation and Development)가 최근에 발표한 보고서는 미국의 사회보장제도가 선진국들 중에서 가장 후진적인 공적연금제도라는 사실을 주목할 필요가 있다고 지적했다. 부시 행정부는 이러한 사회보장제도를 '개혁'하고 싶어 한다. 더 정확히 말하면 사회보장제도를 없애버리고 싶어 한다. 정부와 결탁한 언론까지 이 프로파간다에 동참해서 '재정의 위기'를 운운하고 있지만 실상 '재정의 위기'는 존재하지조차 않는다. 먼 미래에 부분적으로 문제가 발생한다 해도 가벼운 대책으로 얼마든지 해결할 수 있다. 예컨대 역진적인 소득세율의 한도를 약간 올리면 되는 것이다.

정부에서 내세우는 이야기는 베이비붐 세대가 은퇴하기 시작하면 노동인구의 수가 감소하기 때문에 사회보장제도에 큰 부담이 된다는 것이다. 틀린 말은 아니다. 하지만 베이비붐 세대가 0세부터 20세에 이를 때까지는 어땠는가? 그때도 노동하는 사람들이 그들을 돌보지 않았는가? 게다가 그때는 지금보다 훨씬 가난했다.

1960년대 인구통계에 문제가 있기는 했지만 위기는 없었다. 일시적으로 인구가 급증했지만 학교를 비롯해 아동을 위한 기타 시설에 대한 지출을 크게 확대하면서 문제를 너끈하게 해결했다. 베이비붐 세대가 0세부터 20세가 될 때까지 큰 문제가 없었는데 그들이 70세에서 90세가 된다고 해서 문제가 생길 이유가 어디에 있는가?

이 문제와 관련되어 있는 수치는 부양인구에 대한 노동인구의 비율이다. 공식 통계자료에 따르면 그 비율은 1965년에 최저점을 찍었고 향후 2080년까지 그 수준에 이르지 않을 전망이다. 그런데 이처럼 먼 미래를 전망하는 것은 현재로선 무의미하다.

게다가 베이비붐 세대는 1983년 이러한 목적에서 고안된 지급 급여세(종업원에게 지급된 임금·급여 총액을 기초로 고용주에게 과하는 세금_옮긴이)의 인상으로 이미 충분한 자금을 확보한 상태다. 또 베이비붐 세대의 마지막 사람이 죽을 때쯤이면 미국은 지금보다 훨씬 부유한 사회가 되어 있을 것이고, 노동자도 훨씬 많은 부를 창출할 수 있을 것이다.

달리 말하면 우리는 이미 그 위기를 넘겼다는 것이다. 설령 앞으로 문제가 발생하더라도 약간의 조절만 있으면 어렵지 않게 문제를 해결할 수 있다.

그러나 진짜 재정위기를 맞은 부분은 따로 있다. 바로 '의료급여 medical care'다. 미국의 의료급여제도는 산업국가 중에서 가장 비효율적이다. 1인당 비용이 다른 국가에 비해서 턱없이 높을 뿐 아니라 국민의 건강 상태도 열악하기 짝이 없다. 의료급여제도가 이처럼 비효율적인 이유 중 하나가 바로 의료급여의 민영화다. 건강보험의 민영화에 따른 치명적인 결함 이외에도 다른 나라에 비해 노인 의료보험이나 관리비용이 턱없이 높다.

그러나 건강보험제도의 개혁은 부시 행정부에서 의제에도 오르지 못했다. 모순이 아닐 수 없다. 부시 행정부는 건강관리시스템의 심각한 재정적 위기는 위기로 여기지 않고, 견실하고 효율적인 사회보장제도는 위기를 맞았다며 그 건전성을 훼손하려 하고 있다. 합리적으로 생각할 줄 아는 사람이라면 사회보장제도와 건강보험제도 간이 차이를 파악해서 정부의 모순된 태도를 비판할 수 있을 것이다.

정부가 이러한 정책을 내세운 이유는 뻔하다. 첫 번째는 황금알을 낳는 거위인 의료제도를 보험회사와 제약회사의 손에서 빼앗아올 수 없기 때문이다. 설령 이런 의료제도가 심각한 재정적 문제를 야기한다 해도(사람의 생명을 담보로 하는 것은 차치하더라도) 그들은 눈도 꿈쩍하지 않을 것이다. 다른 막강한 파워 집단, 가령 제조업 같은 집단이 이 논쟁에 뛰어들지 않는 한 말이다. 혹은 더 나은 경우이긴 한데, 민주적인 공공기관이 역할을 잘 해서 여론을 정책 형성 과정의 중요한 요소로 작용하게끔 만들지 않는 한 그렇다.

두 번째는 사회보장기금은 부자에게는 별 의미가 없지만 노동자와 가난한 사람 그리고 그들의 피부양자 및 장애인들에게는 절실한 생존의 문제가 된다는 것이다. 정부 프로그램에서 사회보장기금은 관리비용이 무척 낮기 때문에 금융기관에 주는 혜택이 거의 없다. 소스틴 베블렌Thorstein Veblen의 신랄한 용어를 빌어 말하면 사회보장기금은 '돈 있는 사람substantial people'이 아닌 '저소득층underlying population'에게만 혜택을 주는 제도다.

의료제도는 유복한 사람에는 많은 혜택을 준다. 의료비는 부자들이 실질적으로 감당하기 때문이다. 따라서 비효율의 극치를 지탱하기 위해서라도 민간 기업에 엄청난 이익을 보장해주어야 한다. 저 밑바닥에 있는 국민은 의료관련 강의를 듣고 스스로 치료하면 충분한 것이다.

그런데 미국 의회는 여기에서 머무르지 않고 최근에 파산법을 개정해서 저소득층의 목을 더욱 졸라매고 있다. 미국에서 파산을 신청한 사람의 거의 절반이 파산 원인으로 의료비용을 꼽고 있는데도 말이다.

여론과 국가 정책이 완전히 엇나가고 있는 것이다. 과거와 마찬가지로 대다수의 미국 국민들은 의료에 관련해서 국민개보험을 원한다. 2003년《워싱턴포스트》와 ABC뉴스가 공동으로 실시한 여론조사에 따르면 미국인의 80퍼센트가 국민개보험의 실시를 "세금 감면보다 훨씬 중요하게" 생각하는 것으로 나타났다.

게다가 사회보장제도는 지극히 '위험한' 원칙, 즉 "같은 도시의 반대편에서 힘겹게 살아가는 과부에게 먹을 것이 있는지 관심을 가져야 한다"는 원칙에 입각하고 있다. 따라서 사회보장제도를 '개혁'하려는

사람들은 국민들이 권력에 순종하도록 그리고 상품을 소비하는 일 이
외에 다른 곳에는 눈을 돌리지 않도록 만들고 싶어 한다. 그리고 그런
것이 삶이라고 세뇌시킨다. 국민들의 건강을 관리하고 그들이 은퇴 후
에 안락한 삶을 영위할 수 있도록 보장해야 할 국가의 책임을 대신 떠
맡는 것이나 다른 사람을 도우려는 짓은 이 나라에서는 지극히 체제전
복적인 행위인 것이다.

(2005. 5. 29)

인류의 생존보다 중요한 석유

부시 대통령은 2005년 6월 28일의 연설에서 이라크 침략은 '테러와의 전쟁'의 일환으로 시작한 것이라고 역설했다. 그러나 많은 사람들이 예측한 것처럼 미국의 이라크 침략은 오히려 테러의 위협을 중대시는 결과를 낳았다. 그것도 아주 크게 말이다.

미국이 이라크를 침략하며 대외적으로 천명한 이유들은 처음부터 거짓과 잘못된 정보 그리고 은폐된 의도로 얼룩졌다. 이라크를 유린하고 그 지역뿐 아니라 전 세계를 위협하는 혼돈 속에서, 미국이 이라크 침략을 서두른 진짜 이유가 확연하게 나타났다.

2002년, 미국과 영국은 이라크를 침략할 권리가 있다고 천명했다. 이라크가 대량살상무기를 개발하고 있다는 이유였다. 부시와 블레어를 비롯해 그들의 패거리가 줄기차게 강조한 것처럼 대량살상무기의 개발 여부가 그들에게는 '단 하나의 의문'이었다. 또 '대량살상무기'는 부시가 의회에서 무력 침략에 대한 허락을 받아낸 '단 하나의 근거'였다.

그러나 그 '단 하나의 의문'은 침략 직후에 풀렸다. 미국 정부는 마지못해 "대량살상무기는 존재하지 않는다"고 인정했다. 그러나 조금의 망설임도 없이 미국 정부와 언론은 새로운 핑계거리를 날조해서 전쟁을 벌인 이유를 합리화했다.

안보와 정보 분석가인 존 프래도스John Prados는 당시 자료를 가장 꼼꼼히 분석한 책인《기만당한 사람들Hoodwiked》(2004)에서 "미국인들은 자신들을 침략자로 생각하고 싶어 하지 않겠지만 부당한 침략이 이라크에서 일어났다"고 말했다. 프래도스는 이라크 전쟁이 필요하고 화급했다는 점을 미국과 세계에 설득하려던 부시의 책략을 "명백히 거짓인 대중연설과 정보의 조작이 필요할 수밖에 없었던 …… 부정직한 정부의 사례"라고 빈정거렸다.

기만의 증거는 계속해서 드러났다. 2005년 5월 1일 런던의《선데이 타임스》가 폭로한 다우닝가의 메모 이외에도 이라크 침략과 관련된 수많은 기밀 자료들이 알려지기 시작한 것이다. 다우닝가의 메모에는 2002년 7월 23일 블레어의 전쟁 내각 회의에서 영국의 대외첩보 책임자인 리처드 디어러브Richard Dearlove가 "이라크와 전쟁을 하려는 정책에 맞춰 첩보와 사실이 조작되고 있다"고 주장했다는 내용이 담겨 있다. 또 영국의 국방장관 제프 훈Geoff Hoon도 "미국은 이라크 정권에 압력을 가하기 위한 '대못질spikes of activity'을 이미 시작했다"고 말한 것으로 확인되었다.

이 메모를 폭로한 영국 기자 마이클 스미스Michael Smith는 메모에 담긴 내용과 그 맥락을 계속 추적했다. 그가 내린 결론에 따르면 '대못질'에는 이라크를 자극해서 '개전의 이유'로 삼을 만한 구실을 만들려는 연합군의 공중폭격 계획이 분명히 포함되어 있었다고 한다. 실제로 연합군의 전폭기들은 2002년 5월에 이라크 남부를 폭격하기 시작했다. 영국 정부의 기록에는 5월에만 10톤의 폭탄을 퍼부은 것으로 나와 있다. 그런데 특별한 '대못질'은 8월말부터 시작되었다. 9월 한 달 동안에만 무려 54.6톤의 폭탄세례가 있었던 것이다.

스미스는 "달리 말하면, 부시와 블레어는 2003년 3월에 전쟁을 시작한 것이 아니다. 의회가 이라크에서의 군사 행위를 승인하기 여섯 달 전인 2002년 8월 말부터 시작되었다"고 결론지었다.

물론 폭격은 비행금지구역을 비행하는 연합군 항공기를 보호하기 위한 자위적 행위로 미화되었다. 그러나 이라크는 보복의 덫에 말려들지 않고 유엔을 통해 강력히 항의했다.*

미국과 영국의 정책 입안자들에게 이라크 침략의 우선순위는 '테러와의 전쟁'보다 훨씬 높았다. 정보기관이 제출한 보고서에서도 이런 사실은 명백히 드러난다. 연합국의 침략이 있기 하루 전, 전략기획을 위한 정보기구의 심장부라 할 수 있는 국가정보위원회는 비밀 보고서를 만들었다. 그 보고서에는 "미국 주도의 이라크 침략으로 이슬람 정치세력에 대한 지원이 대대적으로 늘어날 것이고, 이라크 사회는 극심하게 분열되어 폭력적 내전으로 치달을 가능성이 크다"는 예측이 담겨 있었다. 더글라스 젤Douglas Jehi과 데이비드 생어David Sanger는 이 사실을 2004년 9월 《뉴욕타임스》에 보도했다.

그로부터 몇 주 후, 젤은 "국가정보위원회는 2004년 12월, 향후 이라크와의 다른 갈등으로 인해 테러 집단의 테러리스트 모집이 한결 원활해질 수 있고, 그들이 일정한 훈련장에서 전문적인 기술과 언어를 습득해서 정치적 폭력을 목적으로 하는 집단으로 발전할 가능성이 크다고 경고했다"고 보도했다.

물론 고위 정책 입안자들이 테러의 위험까지 무릅쓰고 전쟁을 한다고 해서 그들이 그런 결과를 환영한다는 뜻은 결코 아니다. 다른 목표, 가령 주요 에너지 자원을 지배하려는 목표에 비해서 테러와의 전쟁의 우선순위가 높지 않다는 뜻이다.

석유 매장량이 세계 2위인 데다 에너지 자원의 주요 공급처인 중동의 심장부에 위치한 이라크를 미국이 지배할 수 있다면 지난 30년 동안 형성된 '삼극 체제'의 세계 경제(미국이 지배하는 북아메리카, 유럽 그리고 남반구 및 동남아시아 경제권과 연결된 동북아시아)에서 경쟁국들을 압도하는 '전략적 힘'과 '중대한 영향력'을 확보하는 셈이다.

인간의 생존이 단기적인 힘의 확보와 부의 축적에 비해 특별히 중요하지 않다면 이러한 계획은 합리적인 계산이 아닐 수 없다. 그런데 이런 사고방식은 전혀 새로운 것이 아니다. 인류의 역사에서 얼마든지 그 흔적을 찾아볼 수 있다. 핵무기 시대라 일컬어지는 오늘날, 그에 따른 위험이 훨씬 커졌다는 점이 다를 뿐이다.

(2005. 7. 1)

---

*
비행금지구역의 불법성과 과거에 민간인에게 가한 참혹한 결과에 대해서는 von Sponeck, 《A Different Kind of War》(2006)를 참조할 것.

히로시마의 유산과 오늘날의 테러

　　히로시마와 나가사키에 원자폭탄을 투하한
날을 맞아 우리는 엄숙히 반성하며, 다시는 그런 악몽이 되풀이되지 않
기를 간절히 바랄 따름이다. 이미 60년이란 시간이 흘렀지만 당시의 폭
격은 아직도 세계인의 뇌리에서 지워지지 않았다. 오히려 훨씬 치명적
인 대량살상무기의 개발과 확산을 억제하지 못하고 있는 실정이다.

　　9.11사태가 있기 전, 핵무기가 조만간 테러집단의 손에 넘어갈 수도
있다는 우려가 전문가들 사이에서 제기되었다. 최근에 런던에서 발생
한 폭탄테러와 그로 인한 사상자는 공격과 보복의 악순환이 어떤 식으
로 발전하고 있는지를 보여주었고, 급기야 히로시마나 나가사키보다
더 큰 참화를 불러올 수 있다는 사실도 깨우쳐주었다.

　　현재 세계를 지배하는 초강대국은 이른바 '예방적 자위'라는 정책
아래 전쟁을 마음대로 일으킬 수 있는 권리를 스스로에게 부여했다. 그
러나 '예방적 자위'의 기준이 뚜렷하지 않다. 게다가 파괴 수단에도 제

미국의 군사비는 세계 모든 국가의
군사비를 합한 액수에 버금간다.
또 미국에 위치한 83곳의 업체가 생산하는
무기의 판매량은 세계 전체 판매량의
60퍼센트가 넘는다.

한이 없는 듯하다.

미국의 군사비는 세계 모든 국가의 군사비를 합한 액수에 버금간다. 또 미국에 위치한 83곳의 업체가 생산하는 무기의 판매량은 세계 전체 판매량의 60퍼센트가 넘는다(2000년 이후로 25퍼센트 상승했다).

이러한 위협으로부터 생존하고자 하는 희박한 가능성을 강화하려는 노력이 그동안 없었던 것은 아니다. 가장 눈에 띄는 노력의 성과는 1970년부터 발효된 핵확산금지조약NPT이다. 2005년 5월, 5년을 주기로 개최되는 NPT재검토회의가 유엔에서 열렸다.

그런데 NPT가 붕괴될 처지에 놓였다. 핵보유국들이 핵무기를 폐기하는 '선의'의 노력을 기울인다는 6조의 의무를 등한시하기 때문이다. 미국은 앞장서서 6조의 의무를 거부했다. 모하메드 엘바라데이 Mohamed ElBaradei 국제 원자력기구IAEA 사무총장은 "한 나라라도 의무 이행을 등한시하면 다른 나라들도 등한시하게 마련"이라고 강조했다.

지미 카터 전 대통령은 "NPT를 이런 파국에 빠뜨린 주범은 미국이다. 미국은 이라크와 리비아, 이란과 북한에서 꿈틀대는 핵확산의 위협으로부터 세계를 보호하겠다고 주장하면서도 기존 조약의 제한조항들을 무시하고 있다. 그뿐 아니라 탄도탄 요격 미사일, 흙을 파고 들어가는 벙커 버스터, 새로운 기능을 갖춘 '소형 폭탄' 등 새로운 무기를 개발하고 실험하는 계획까지 주장하고 나섰다. 게다가 그들은 과거의 약속을 헌신짝처럼 버리고 이제는 비핵보유국가를 핵폭탄으로 먼저 공격하겠다는 위협까지 해댄다"며 미국을 질타했다.

히로시마의 악몽 이후로 인류 생존의 실낱은 여러 차례 끊길 뻔했다. 가장 널리 알려진 예가 1962년 10월의 쿠바 미사일 위기다. 2002년 아바나에서 열린 회고 회의에서, 역사학자이며 케네디 보좌관을 지낸 아서 슐레신저Arthur Schlesinger는 당시의 위기를 '인류 역사상 가장 위험했던 순간'이라고 표현했다.

아바나 회고 회의에 참석한 고위 관리 중에는 케네디 행정부에서 국방장관을 지낸 로버트 맥나마라Robert McNamara도 있었다. 맥나마라는 《포린 폴리시》(2005년 5~6월)에서 마사일 위기 당시 세계가 핵재앙을 코앞에 두고 있었다고 회고하며 곧 닥칠지도 모르는 종말의 위기를 거듭 경고했다.

맥나마라는 "현 미국 행정부의 핵무기 정책은 부도덕하고 불법적이며 군사적으로 불필요할 뿐 아니라 끔찍할 정도로 위험하다"면서 "이는 다른 나라뿐 아니라 미국에게도 용납하기 힘든 위험을 제기한다. 게다가 핵무기가 우연히 혹은 부주의로 발사될 가능성이 지극히 높다"고 말했다. 또 그는 테러리스트가 핵공격을 할 가능성도 배제할 수 없다고 경고했다. 그뿐 아니라 맥나마라는 "10년 내에 미국을 목표로 한 핵공격이 있을 가능성이 50퍼센트 이상이다"라는 클린턴 정부의 국방장관, 윌리엄 페리William Perry의 판단을 재확인해주었다.

저명한 전략 분석가들의 판단도 이 견해와 무척 유사하다. 하버드 대학교의 국제관계 전문가 그레이엄 앨리슨Graham Allison은 《핵테러 Nuclear Terrorism》(2004)에서 "'더러운 폭탄'의 공격을 피할 수 없다는 의견에 국가안보를 담당하는 기구들도 동의하고 있다. 핵폭탄을 제조하는 데 필수적인 핵분열 물질을 회수해서 안전하게 지키지 않는다면 핵폭탄을 이용한 공격 가능성이 무척 높아진다"고 말했다. 앨리슨의 연구에 따르면 1990년대 초에 샘 넌Sam Nunn과 리처드 루가Richard Lugar 상원의원의 주도적인 활동으로 이러한 비핵화의 노력이 부분적인 성공을 거두었지만, 부시 행정부가 들어선 첫 날부터 이 프로그램이 역행하기 시작했다. 조지프 비든Joseph Biden 상원의원의 표현을 빌면 '이데올로기에 사로잡힌 백치'들이 비핵확산 프로그램을 마비상태에 빠뜨렸다.

워싱턴의 지도부는 비핵확산 프로그램을 제쳐둔 채 기막힌 감언이설로 온 나라를 전쟁으로 몰아넣으려고 모든 수단을 총동원했다. 그리고 이제는 이라크에서 자초한 재앙을 처리하느라 허덕이고 있는 실정이다. 폭력의 남용은 핵확산을 부추기기도 했지만 지하드 같은 테러단체까지 확산시키는 부작용을 낳았다.

수잔 B. 글레이서Susan B. Glaser는 미국이 이라크를 침략한지 2년이 지난 지금 '테러와의 전쟁' 정책을 되돌아보았다. 그는 "지난 2년 동안 이라크에서 충실히 학습한 새로운 세대의 테러리스트에 대처해야 할 방법"에 초점을 맞추면서 《워싱턴포스트》에 다음과 같이 기고했다. "이라크에서 훈련받은 수백, 수천의 지하드 전사들이 중동과 서유럽 전역의 고향땅으로 귀향했을 때 일어날 수 있는 결과에 대해 정부 최고 관리들이 신경을 곤두세우고 있다. 부시 행정부에서 고위직을 지낸 한 관리는 "새로운 방정식을 풀어야 한다. 우리는 그들이 이라크에서 어떤 일을 하고 있는지도 모르고 있다. 하물며 우리가 그들을 이스탄불이나 런던 등에서 찾아낼 수 있겠는가?"라고 우려했다. 미국의 테러 전문가 피터 버겐Peter Bergen이 《보스턴 글로브》에서 지적한 대로 이라크가 '테러와의 전쟁'의 주요 전선이라는 부시 대통령의 말은 맞다. 그러나 그 전선은 엄밀히 말해 미국이 만들어낸 전선이다.

런던에서 폭탄 테러가 일어난 직후 영국 최고의 국제문제 연구소인 채텀 하우스는 "영국은 미국에 가장 가까운 우방인 데다가 아프가니스탄의 탈레반 정권과 이라크의 후세인 정권을 전복시키기 위한 군사작

전에 군대를 파견했기 때문에 큰 위험에 처해 있다. …… 영국은 오토바이 뒷자리에 탄 승객이다"라는 결론을 내렸다. 즉, 오토바이 운전자의 뒤에 탄 승객처럼 미국의 정책을 무조건 따른다는 뜻이다. 물론 블레어 정부는 이런 결론을 극구 부인했지만 말이다.

종말의 가능성을 현실적으로 예측하기란 불가능하다. 그러나 그 가능성이 높은 것은 사실이다. 추측은 무의미한 짓일 수 있지만 히로시마의 악몽이 재연될 듯한 조짐에 반발하는 것은 결코 무의미한 짓이 아니다. 그러나 워싱턴은 역사상 유래가 없는 막강한 군사력으로 말과 행동 모든 면에서 공격적인 군국주의 정책을 취하고 있다. 그리고 파괴 경쟁을 가속화하는 데 앞장서고 있다. 그렇기 때문에 핵재앙을 막기 위한 대책을 세우는 것이 무척 시급하다.

(2005. 8. 2)

민족주의라는 위험한 적

인간사를 이해하기란 쉬운 일이 아니다. 어떤 점에서는 자연과학보다 더 어렵다. 자연은 즉시 답을 주지는 않지만 자연의 흐름을 이해하지 못하도록 높은 장벽을 세워 방해하지는 않기 때문이다. 그러나 인간사에서는 이러한 장벽을 흔히 찾아볼 수 있다.

권력이 집중되는 방식으로부터 자연스럽게 비롯되는 일련의 장치들이 있다. 그리고 이 장치들을 받아들인 교조적 체제가 세운 기만의 구조가 있다. 우리는 이 기만의 구조를 찾아내서 깨뜨려야만 한다. 때때로 권력자들은 이런 사실을 솔직하게 인정한다. 예컨대 1981년, 하버드 대학교의 새무얼 헌팅턴Samuel Huntington 행정학 교수는 "우리가 싸우는 상대가 소련이라는 착각을 불러일으킬 수 있도록 미국 정부는 정보를 조작하고 군사 행위를 팔 수 있어야 한다. 트루먼 독트린 이후 미국은 줄곧 이런 식으로 행동해왔다"고 말하며 소비에트의 위협이 갖는 역할을 설명했다. 그래서 당시 취임을 앞둔 레이건 정부도 냉전을 곧잘

들먹였던 것이다.

교조적 체제는 마케팅 효과를 높이기 위해서 적을 악마로 둔갑시킨다. 이런 성격 규정이 때로는 맞지만, 적에게 뒤집어씌우는 범죄가 무력 응징을 요구할 만한 이유가 되는 경우는 극히 드물다. 최근의 나타난 이런 드문 예가 바로 사담 후세인의 경우다. 후세인은 9.11테러의 원흉으로 우리의 생존을 위협하고 우리를 공격하려고 호시탐탐 기회를 엿보는 악마로 규정된 무력한 목표였다.

1982년, 레이건 행정부는 테러 지원국가 명단에서 이라크를 지우고 '흉악한 독재자'에게 군사원조 및 여타 지원을 시작했다. 사담이 최악의 잔혹행위를 저지르고 이란과의 전쟁을 끝낸 후에도 군사 원조는 멈추지 않았다. 심지어 그 원조에는 대량살상무기를 개발할 수단까지 포함돼 있었다. 이런 역사적 사실은 누가 봐도 명백하지만 조지 오웰George Orwell의 표현대로 "그 특정한 사실은 언급하지 않는다는 전반적인 묵계" 아래 언론에서 조금도 다루어지지 않았다.

즉, 미국은 현대판 '사탄'에 대해서는 악의적으로 표현하고 자신들의 '고결함'은 부풀려서 국민들에게 잘못된 인식을 심어주어야 할 '사명'을 가지고 있는 것 같다. 특히 침략과 테러는 단지 자위권의를 행사이자 원대한 비전을 위한 헌신으로 비춰져야만 하는 것이다.

일왕 히로히토는 1945년 8월, 항복을 알리는 연설에서 "우리는 일본의 자위와 동아시아의 안정을 확보하기 위해 미국과 영국에 전쟁을 선포했다. 타국의 주권을 침해하거나 영토 확장을 꾀할 의도는 조금도 없었다"고 말했다.

국제 범죄의 역사는 이런 투의 발언들로 넘쳐난다. 깊은 참회는 눈곱만큼도 찾아볼 수 없다. 1935년, 마르틴 하이데거Martin Heidegger는 나치즘의 어두운 그림자가 드리우기 시작했을 때 "독일은 국경 밖의 세계에서 감도는 어둠의 위험을 미리 대비해야 한다"고 말했다. 결국 독일은 나치 정권 아래에서 새로운 정신적 에너지를 부활시켰다. 그리고 마침내 국경 밖의 '무관심한 대중', 특히 미국과 러시아의 손에 맡겨두면 절멸할 수밖에 없는 세계를 구원하는 위대한 '역사적 소명'을 떠맡게 되었다. 최고의 지성과 고결한 도덕성을 지닌 사람들도 가끔 이와 같은 병적인 증세를 보였다. 인도와 중국에서 영국의 범죄가 최고조에 이르렀을 때, 이런 사실을 너무나 잘 알고 있던 존 스튜어트 밀John Stuart Mill조차 인도주의적 간섭을 주제로 한 글에서 "영국은 원대한 소명을 힘차게 추진해야 한다"고 역설했다. 또 "영국은 세계의 복지를 위해서 매진하고, 평화롭고 정의로운 세계를 만드는 데 필요한 비용을 사심 없이 감당하는 천사의 나라다. 그렇기 때문에 이것을 이해하지 못하는 무지한 유럽인들에게 욕을 먹는 한이 있더라도 그 길을 추진해야 한다"고 주장했다. 이런 정의로운 '태도'가 강대국들에겐 보편화된 현상인 것 같다. 미국도 고통 받는 세계에 정의와 자유를 안겨주겠다는 대의大義를 줄곧 주장해오지 않았는가.

학계와 언론의 평가에 따르면 미국의 외교정책은 두 방향을 지향하고 있다. 그러나 두 방향은 서로 모순된다. 하나는 고결한 의도에 근거한다는 윌슨의 이상주의고, 다른 하나는 선의에도 한계를 두어야한다는 냉정한 현실주의다.

아무리 화려한 수식어로 미국의 행위를 포장하려 해도 "1947년부터 미국은 언제나 민주주의와 자유와 정의의 이름으로 국가 테러와 불량한 행위를 헤아릴 수 없이 저질렀다. 미국은 다른 나라에 엄청난 피해를 안겨준 가해자였다"는 역사학자 아노 메이어Arno Mayer의 지적에 대해서는 특별한 교육을 받지 않은 사람이라도 고개를 끄덕일 수밖에 없다.

미국의 진정한 적은 독립을 요구하는 민족주의다. 1970년 칠레에서 살바도르 아엔데Salvador Allende가 대통령에 당선된 후 헨리 키신저가 칠레의 민주적 사회주의를 규정하면서 언급한 것처럼 민족주의가 '전염력을 지닌 바이러스'로 발전하면 '적'이 되는 것이다. 따라서 바이러스는 박멸돼야 했다. 그 때문에 1973년 9월 11일 화요일, 라틴아메리카에서 '첫 9.11사태'라 불리는 비극이 일어났다.

미국이 칠레의 민주정권을 전복시키고 나서 수년이 지난 1973년 9월 11일, 아우구스토 피노체트Augusto Pinochet 장군이 칠레의 대통령궁을 습격했다. 이때 아엔데 대통령은 궁에서 사망했다. 투항을 거부하고 자살한 것으로 여겨진다. 피노체트는 라틴아메리카에서 가장 오랜 연륜을 자랑하며 한창 꽃피우던 민주주의를 파괴하고 야만적 정권을 세웠다. 공식적으로 발표된 첫 9.11사태의 사망자 수는 약 3200명이다. 그러나 실제 사망자 수는 거의 두 배에 가까우리라 추정된다. 인구 비율로 계산할 때, 미국이었다면 5~10만 명의 사망자가 발생한 셈이다. 나중에 발표된 추정에 따르면 잔혹한 고문으로 사망한 사람이 3만 명에 이르렀다고 한다. 역시 인구 비율로 계산할 때, 미국이었다면 무려 70만 명에 달하는 인원이다.

워싱턴은 피노체트 정권을 굳건히 지원했고 그 정권이 칠레에 뿌리내리게 하는 데 적잖은 역할을 했다. 피노체트 역시 미국의 지원을 받는 라틴아메리카의 다른 군부 독재자들과 손잡고 '콘돌 작전'이라 이름붙여진 국제 국가테러 네트워크를 조직하는 데 돌입했고, 라틴아메리카를 대혼란 속으로 몰아넣었다.

이 사건은 이 세계에서 자행된 '민주주의의 판촉'이 빚어낸 수많은 사례 중 하나일 뿐이다. 그런데도 지금 우리는 아프가니스탄과 이라크에 민주주의를 선물하려는 것이 미국이 떠맡은 소명이라고 믿고 있다.

펜타곤의 한 전문위원단인 국방과학위원회DSB(Defense Science Board)는 지난 9월에 제출한 보고서에서 "무슬림이 우리의 자유를 증오하는 것은 아니다. 우리의 정책을 증오한다"고 결론지으면서 "미국은 외교의 목표가 이슬람 사회에 민주주의를 심는 것이라고 말하지만 그 말은 자기만족을 위한 위선으로밖에 보이지 않는다"고 덧붙였다. 이어서 그 보고서는 "미국은 아프가니스탄과 이라크를 점령했지만 그곳에 민주주의를 심기는커녕 혼란과 고통만 안겨주었다"고 지적했다.

데이비드 가드너David Gardner는 2005년 7월, 《파이낸셜타임스》에 기고한 글에서 국방과학위원회의 보고서를 인용해 "대부분의 아랍인들은 현상을 타개한 장본인이 오사마 빈 라덴이라고 생각하지 조지 부시라고 생각하지 않는다. 9.11테러로 인해 서구세계와 그들의 앞잡이인 아랍의 전제군주들이 미국을 향한 맹목적 분노를 키워온 정치적 환경을 더 이상 무시할 수 없게 되었기 때문"이라고 말했다. 그러나 이런 판단조차 지나치게 낙관적으로 여겨질 뿐이다.

미국이 과거나 현재의 다른 강대국들과 마찬가지로 자신들의 '고결한 가치'를 온갖 미사여구로 꾸미면서 지배계급의 전략적이고 경제적인 이익을 추구한다는 사실에 놀랄 필요는 없다. 지금 이라크에서 펼쳐지고 있는 재앙을 보고서도 미국의 '선의'를 무비판적으로 믿는다면 진정으로 절실하게 필요한 정책과 접근은 그만큼 늦춰질 것이다.

(2005. 8. 30)

부시 행정부와 허리케인 카트리나

허리케인 카트리나의 생존자들이 복구를 위해 구슬땀을 흘리는 것을 보면서, 오랫동안 정책의 우선순위를 잘못 결정한 대가로 미국이 그런 비극을 맞았다는 사실이 한층 분명해졌다.

카트리나가 지나간 흔적 뒤에는 미국이 국내정책과 이라크 전쟁에서 실패한 대가가 고스란히 드러났다. 그리고 이 재앙은 우리가 미래에 더 큰 재앙을 겪지 않으려면 근본적인 사회변혁이 있어야 한다는 교훈을 생생하게 보여주었다.

연방재난관리청FEMA은 9.11 예비 보고서에서 뉴올리언스를 휩쓸고 지나간 허리케인을 미국 역사상 최악의 재앙 세 건 중 하나로 기록했다. 나머지 둘은 뉴욕 쌍둥이 빌딩의 테러 공격과 샌프란시스코 지진이었다.

지금은 고인이 된 연방재난관리청의 전 청장 마이클 브라운Michael Brown은 아시아를 덮친 쓰나미 현장을 시찰하고 돌아온 2005년 1월부터 뉴올리언스를 재난관리의 최우선 순위에 두었다. 전 연방재난관리청 관료였던 에릭 L. 톨버트Eric L. Tolbert는 《뉴욕타임스》에서 "우리는 입을 열 때마다 뉴올리언스에 대한 이야기를 나누었다. 우리는 뉴올리언스를 걱정하며 전전긍긍했다"고 말했다. 연방재난관리청은 카트리나가 상륙하기 1년 전에 허리케인이 뉴올리언스를 강타할 경우를 대비한 모의훈련계획을 세웠지만 연방재난관리청의 정교한 계획은 제대로 시행되지 못했다.

정교한 계획을 시행하는 데 실패한 가장 큰 원인은 이라크 전쟁이었다. 《월스트리트 저널》에 따르면 이라크에 파견된 주방위군이 홍수용 차량, 험비(지프와 경트럭의 장점을 합쳐 만든 차량_옮긴이), 연료보급용 유조차, 자연재앙이 닥쳤을 때 필요한 발전기 등 필요한 장비의 상당 부분을 가져갔기 때문이라고 한다. 또 그 신문은 한 육군 지휘관의 말을 인용해 "포크 기지의 제10산악사단 제4여단이 구조활동에 투입되지 못했다. 부대원이 수천 명에 달했지만 곧 아프가니스탄에 배치될 예정이었기 때문이다"라고 보도했다.

관료들의 권력 다툼도 자연재앙의 위험에 기름을 부었다. 연방재난관리청의 전 관료들은 《시카고 트리뷴》과의 인터뷰에서 "부시 행정부에서 재난관리청의 입장은 실질적으로 무시되었다"고 말했다. 실제로 연방재난관리청은 국토안보부 소속이 되었다. 일할 수단은 없고, 관료조직만 한층 두터워진 것이다. 직원들의 사기는 크게 떨어졌고 하나 둘씩 떠나갔다. '두뇌유출'이 심각했던 것이다. 그리고 아무런 자격도 없는 부시의 친구가 책임자로 부임했다. 워싱턴 킹카운티의 재난관리국장 에릭 홀드먼Eric Holdman은 《파이낸셜타임스》에서 "한때 앞줄에 앉던 연방재난관리청이 이제는 말석에도 끼지 못한다. 연방재난관리청

포크 기지의 제10산악사단 제4여단은
구조 활동에 투입되지 못했다.
부대원이 수천 명에 달했지만
곧 아프가니스탄에 배치될 예정이었기 때문이다.

은 국토안보부 차의 트렁크에 던져진 신세"라고 말했다.

부시의 2004년 예산 삭감으로 육군 공병단도 홍수조절작업을 대폭 줄일 수밖에 없었다. 뉴올리언스 시를 둘러싼 제방의 강화가 절실하게 필요했지만 그 공사마저도 여의치 않았다. 부시 행정부는 2005년 2월 예산에서도 재난관리 항목의 대폭 삭감을 요구했다. 2005년, 런던에서 공공운송시설을 겨냥한 폭탄테러가 있기 직전에 영국 정부가 공공운송시설 안전에 관련된 예산을 크게 삭감한 것처럼, 부시 행정부는 이상한 일에 타이밍을 맞추는 별난 특기가 있다.

환경 경시도 카트리나의 피해를 극대화시킨 또 하나의 요인이었다. 습지대는 허리케인과 폭풍, 해일의 위력을 감소시키는 역할을 한다. 하지만 습지정책 전문가 샌드라 포스텔Sandra Postel은 《크리스천 사이언스 모니터》에서 "허리케인이 상륙했을 때 습지대는 대부분 유실된 상태였다. 2003년, 부시 행정부는 아버지 부시 행정부에서 시작한 습지총량정책No Net Loss Policy을 껍데기만 남겨 놓았다"고 지적했다.

카트리나로 인한 인명피해는 막대했다. 특히 그 지역에서 가장 가난한 시민들이 큰 피해를 보았다. 뉴올리언스에서만 빈곤율이 28퍼센트나 상승했다. 이는 전국 평균의 2배에 달하는 수치다. 부시 행정부 아래에서 미국의 빈곤율은 꾸준히 상승했다. 그리고 그나마 있던 제한적 사회복지 안전망까지 더욱 취약해졌다. 그 결과는 무척 치명적이어서 정치성향을 떠나 우익 언론까지 재앙의 규모에 입을 벌리지 않을 수 없을 정도였다.

《월스트리트 저널》은 "언론이 참혹한 지경에 빠진 인간의 모습을 생생하게 보여주는 동안 공화당 지도자들은 허리케인이 휩쓸고 지나간 멕시코만 해안지대에 투입할 구호대책을 내놓았다. 그런데 그들은 보수적인 경제·사회 정책을 광범위하게 수립하는 데 여념이 없었다"
고 보도했다. 그들의 내세운 대책은 도대체 무엇이었을까?

그들은 토건업자들의 요구에 따라 시장통상임금을 지급하는 규칙
을 유보시켰고, 생활수단을 상실한 어린 학생들에게 지불보증전표
voucher(교육을 받을 수 있는 증서_옮긴이)를 제공하겠다며 공립학교체제
에 다시 한 번 은밀한 타격을 안겼다. 또 환경규제를 풀고, 허리케인 피
해를 입은 주의 사망자에 대해서는 유산세를 걷지 않도록 해서 뉴올리
언스를 피해 달아난 흑인들에게 큼직한 선물을 안겼다. 한 마디로 냉소
적인 코웃음을 치게 만드는 대책들이었다.

시민의 욕구와 시민을 위한 서비스는 홍수와 같이 묻혀버린 것이
다. 그들에게는 '대외적으로는 세계를 지배하고, 국내에서는 부와 권
력을 장악하려는 원대한 목표'가 우선이었다.

이라크와 허리케인 카트리나의 여파로 많은 사람들이 고통 받는 모
습만큼 현 정부 정책의 결과를 극명하게 보여주는 예는 아마 없을 것
이다.

(2005. 9. 30)

PART

03

라틴아메리카,
독립을 **선언**하다

• • •

라틴아메리카에서 자행되었던 폭력과 경제 전쟁이라는 제국주의적 지배 메커니

즘은 이제 그 힘을 상실해가고 있다. 이는 그 땅이 독립을 향해 나아가고 있다는

뚜렷한 징조라고 할 수 있다. 워싱턴도 라틴아메리카에 위치한 각국 정부들을 달

래는 데 급급한 실정이다. 과거였다면 간섭과 실력 행사를 서슴지 않았을 텐데

말이다.

진화론 대 악의적인 설계론

　　조지 부시 대통령은 학교에서 진화론과 '지적 설계론intelligent design', 둘 모두를 가르치기 원한다. 그래야 "우리가 그 토론의 핵심 쟁점이 무엇인지 알 수 있다"는 이유에서다. 지적 설계론를 지지하는 사람들은 우주는 너무 복잡하기 때문에 진화나 자연도태를 훨씬 능가하는 힘의 간섭이 없다면 지금과 같은 인간의 모습은 존재하지 못했을 거라고 말한다. 반면에 지적 설계론을 반대하는 사람들은 지적 설계론은 성경의 창세기를 얄팍하게 위장 해석한 '창조론'에 불과하다고 말한다. 달리 말하면 마치 과학에 대한 이해에 도달하지 못하면 "나는 이해가 안 돼"라고 대충 말해버리는 것처럼 '단무지' 수준으로 성경의 창세기를 해석했다는 말이다. 따라서 이는 "토론" 거리가 될 수 없다.

　　미국에서 진화론 교육은 오래 전부터 시련을 겪어왔다. 그런데 이제는 지적 설계론을 학교에서 가르치자는 국민운동이 태동되고 있는

지적 설계론은 미국을 비롯한
전 세계에 너무나 중요한 문제,
예컨대 지구 온난화에 대한 과학적 증거를
무시하는 것이 과연 '지적'이냐는 의문을 제기한다.

실정이다. 펜실베이니아 도버의 한 법정에서 이 문제가 표면에 드러났다. 도버의 교육위원회가 생물 시간에 지적 설계론을 가르치라고 요구하자, 종교와 정치를 분리한 헌법정신에 투철한 학부모들이 교육위원회를 고소한 것이다.

십중팔구 대통령의 연설문 작성자들은 공정성을 이유로 학교는 열린 자세를 갖고 모든 관점을 가르쳐야 한다고 말하고 싶었을 것이다. 그러나 지금까지 학교 커리큘럼에 한 가지 확실한 관점, 즉 '악의적인 설계malignant design'가 포함된 적은 없었다.

증거가 전혀 없는 지적 설계론과 달리, '악의적인 설계'를 뒷받침해주는 경험적 증거는 넘쳐난다. 적어도 잔혹성이란 기준에서는 다윈의 진화론보다 훨씬 많다.

어쨌든 '진화론 대 지적 설계론'이란 논쟁의 배경에는 과학을 거부하고자 하는 미국의 심리가 짙게 깔려있다. 이런 심리는 미국의 역사에 깊게 뿌리내린 현상으로, 지난 25년 동안 편협한 정치적 이득을 얻기 위해서 악용된 면이 없지 않다.

지적 설계론은 미국을 비롯한 전 세계에 너무나 중요한 문제, 예컨대 지구 온난화에 대한 과학적 증거를 무시하는 것이 과연 '지적'이냐는 의문을 제기한다. 과거의 보수주의자들은 계몽시대의 이상인 합리성, 비판적 분석, 언론의 자유, 의문을 제기할 자유 등의 가치를 믿고, 그 이상들을 현대 사회에 접목시키려고 애썼다. 계몽시대의 가치를 이어받은 건국의 아버지들은 이런 이상을 옹호하면서, 종교의 자유를 인정했지만 교회와 국가를 분리시키는 헌법을 제정했다. 지도자들은 간혹 메시아주의를 내세웠지만 미국은 결코 신정국가가 아니다.

그런데 과학적 탐구에 대한 현 부시 행정부의 적대심이 세계를 위험으로 내몰고 있다. 이 세상이 창세기 이후부터 시작됐다고 믿든지 아니면 영겁의 역사를 가졌다고 믿든지 간에 현재 환경 재앙의 위협은 무시하지 못할 정도로 심각한 상태에 있다.

지난 여름 G8 정상회담을 앞두고 미국의 과학아카데미를 비롯한 G8국가 그리고 중국, 인도, 브라질의 과학 아카데미가 합세해서 부자 나라의 지도자들에게 환경 재앙을 막기 위한 신속한 조치를 취할 것을 당부했다. 그들은 "기후 변화를 과학적으로 분석해보면 신속한 조치를 취해야 할 충분하고 타당한 이유가 있다. 모든 나라가 지금 당장 취할 수 있는 효율적인 조치를 모색하고, 온실가스 배출을 장기적으로 현격하게 줄이는 데 동참해야 한다"는 성명서를 발표했다.

《파이낸셜타임스》는 논설을 통해 그들의 호소를 지지하면서 "그러나 협조를 거부하는 한 사람이 있다. 안타깝게도 백악관에 있는 정상이다. …… 조지 부시 미국 대통령은 지금 세상을 변화시키고 있는 현상에 대해 충분한 증거가 없다고 고집하고 있다"며 한탄했다.

인류의 생존 문제에 대한 과학적 증거를 무시하고 부시만의 '과학적 판단'을 따른 사례를 찾기란 그다지 어렵지 않다. 《파이낸셜타임스》는 몇 달 전에 열린 2005년 미국 과학진흥협회 총회에서 "미국을 대표하는 기후 학자들은 온난화에 책임이 인간 활동 때문이라는 분명한 증거를 제시했다"고 보도했다. 기후 학자들은 기후 변화의 결과를 예측하며 눈과 빙하가 녹아서 만들어진 강에 의존하는 지역에서는 물 공급이 크게 줄어들 것이라고 경고했다.

다른 분야의 저명한 학자들도 북극과 그린란드의 얼음층이 녹으면 바닷물의 염도가 변하면서 열대지역의 열을 걸프만과 같은 해류를 통해 극지역까지 전달하는 해양 심층수의 순환이 차단될 가능성이 있다고 주장했다. 또 이런 변화가 결국에는 북유럽의 평균 기온을 크게 떨어뜨릴 것이라는 경고도 있었다.

그러나 G8 과학 아카데미의 경고와 마찬가지로 이와 같은 '분명한 증거'도 미국에서는 거의 주목받지 못했다. 같은 시기에 온실가스 배출을 규제하는 교토 의정서가 발효된다는 소식과 '가장 중요한 나라'의 정부가 이 조약에 참여하기를 거부했다는 소식이 보도된 것으로 '위안'을 삼을 뿐이다.

여기에서는 '정부'라는 단어를 강조할 필요가 있다. '미국'이 거의 유일하게 교토 의정서를 거부했다는 말은 '미국'이란 단어에서 그 국민을 제외한 것을 의미한다. 국제정책태도프로그램PIPA이 7월에 실시한 여론조사에 나온 것처럼 미국 국민의 73퍼센트가 교토 의정서를 적극적으로 찬성하기 때문이다.

기후 변화라는 너무도 과학적인 쟁점을 인정하지도 않고 언급조차 꺼리는 정부의 태도는 '악의적'이라고 할 수밖에 없다. 부시 행정부의 '도덕적 인식'은 오만하기 그지없다. 그들은 우리 손자 세대 운명까지 좌우하려 하고 있다.

(2005. 11. 2)

백척간두에 서 있는 남아메리카

"베네수엘라는 매사추세츠의 가정용 난방을 어떻게 돕고 있는가?" 베네수엘라 국영석유회사 PDVSA와 휴스턴에 본부를 둔 자회사 CITGO가 최근 미국의 주요 일간지에 낸 전면광고 카피다. 광고에 따르면 베네수엘라 우고 차베스Hugo Chávez's 대통령의 지원을 받는 CITGO는 보스턴, 사우스 브롱크스 등 미국 곳곳의 저소득층에게 저렴한 가격으로 난방유를 공급하고 있다. 이는 남북대화를 가장 풍자적으로 보여주는 제스처의 하나가 아닐 수 없다.

몇몇 상원의원들이 9곳의 대형 석유회사에 저소득 가정이 난방비를 충당할 수 있도록 석유회사들이 거둔 엄청난 이익금 중 일부를 기부해주기를 촉구하는 편지를 보내면서 이런 거래는 시작됐다. 그들의 편지에 CITGO만이 유일하게 답장을 보냈다.

그러나 이 거래에 대한 미국의 평가는 인색하기 짝이 없다. 미국 내에서는 베네수엘라 정권을 전복시키려 한다고 부시 행정부를 비난해오던 차베스가 정치적 목적에서 행한 짓이라는 평가가 대세다. 순수하게 인도주의적 목적을 띤 미국 국제개발처의 지원과는 다르다는 뜻이다.

워싱턴의 전략 입안자들에게 차베스의 난방유 공급은 라틴아메리카에서 꿈틀대는 많은 문젯거리 중 하나다. 2005년 11월, 부시 대통령이 아메리카 정상회담에 참석하기 위해 아르헨티나에 체류하는 동안 끊이지 않았던 민중시위는 워싱턴을 더 깊은 딜레마에 빠뜨렸다.

베네수엘라에서 아르헨티나까지 남아메리카의 많은 국가들에 중도좌파 정부가 들어서면서 이들은 점점 미국의 통제에서 벗어나기 시작했다. 레이건의 '테러와의 전쟁'으로 인한 여파로 지금까지 고통 받고 있는 중앙아메리카에서도 미국의 입김은 예전만 못하다.

남아메리카의 남부 지역에서는 원주민들도 사회 활동에 적극적으로 참여하면서 영향력을 확대해가고 있다. 특히, 주요 에너지 생산국인 볼리비아와 에콰도르에서 이런 현상이 눈에 띈다. 더구나 그들은 자국 내에서 생산되는 석유와 천연가스가 국내용으로 관리되기를 바라고 있고, 때로는 생산 자체를 반대하기도 한다. 심지어 일부 원주민은 남아메리카에 '인디오 국가'를 세우자고 주장하기도 한다.

한편, 현재 진행 중인 남아메리카 국가들의 경제 통합은 스페인에게 지배받던 시대부터 갖고 있던 계획을 실현하는 것으로 여겨진다. 게다가 브라질, 남아프리카공화국, 인도 등 주요 국가들을 선두로 경제 부분을 비롯한 교역이 차츰 확대되고 있다. 또 유럽 연합과 중국과의 교역도 강화하고 있고 새로운 관계를 설정해나가고 있다. 약간의 우여곡절은 있겠지만 결국에는 크게 확대될 것이다. 특히 브라질이나 칠레와 같은 원자재 수출 국가와의 관계는 더욱 강화될 것이다. 베네수엘라는 라틴아메리카 국가 중에서 중국과 가장 긴밀한 관계를 맺고 있다.

CITGO는 베네수엘라 우고 차베스 대통령의
지원 아래 보스턴, 사우스 브롱크스 등
미국 곳곳의 저소득층에게 저렴한 가격으로
난방유를 공급하고 있다.

그리고 미국에 대한 의존도를 줄이려는 노력의 일환으로 중국에 석유 수출을 확대할 계획을 가지고 있다.

실제로 이 지역에 있는 국가들 중에 위싱턴의 가장 큰 골칫거리는 베네수엘라다. 미국이 석유 수입량의 15퍼센트 가량을 베네수엘라에 의존하고 있기 때문이다. 1998년, 대통령에 당선된 우고 차베스는 자주적인 입장을 취하고 있다. 미국은 차베스의 절친한 친구, 피델 카스트로Fidel Castro에게 그랬듯이 차베스의 이런 태도를 일종의 도전으로 받아들이고 있다. 위싱턴은 2002년, 부시 대통령의 민주주의 비전을 포용하면서 차베스 정부를 아주 잠깐 동안 전복시켰던 군부를 지원했다. 하지만 베네수엘라를 비롯해 라틴아메리카 전역에서 격렬한 비난이 쏟아지자 부시 행정부는 슬그머니 발을 뺄 수밖에 없었고, 민중 봉기로 쿠데타 세력은 쫓겨나고 말았다.

위싱턴의 걱정을 비웃듯이 쿠바와 베네수엘라의 관계는 매우 긴밀해지고 있다. 쿠바와 베네수엘라의 협력관계는 카리브해 연안 국가들에도 엄청난 영향을 미치고 있다. 특히 쿠바의 의사들이 베네수엘라에 들어와 수많은 사람들에게 의료혜택을 제공하는 '미러클 작전'은 괄목할 만한 성과를 거두고 있다.

차베스는 언론의 일방적인 비난과 적대에도 불구하고 국제감시단의 감시를 받으며 치러진 선거와 국민투표에서 연이어 승리를 거두었다. 차베스가 집권하는 동안 정부에 대한 국민들의 지지도는 하루가 다르게 치솟았다.* 그 이유는 아일랜드를 대표하는 일간지 《아이리시타임스》의 라틴아메리카 특파원 휴 오쇼네시Hugh O'shaughnessy의 기사에서 분명히 나타난다.

석유로 인해 수십 년 동안 적잖은 억만장자를 배출해낸 베네수엘라지만 15세 이하의 아동 중 25퍼센트가 굶주리고, 59세 이상의 노인 중 60퍼센트가 아무런 수입도 없이 살아간다. 단지 국민의 20퍼센트 정도만이 사회보장제도의 혜택을 누리고 있다. …… 차베스가 대통령에 당선되면서 …… 가난에 찌든 다수가 실질적으로 의료혜택을 받기 시작했다. 민주적 선거를 통해 차베스가 정권을 잡은 이후 국민 다수에게 그림의 떡이나 다름없었던 건강과 복지 분야가 바뀌기 시작한 것이다.

이제 베네수엘라는 남미 국가들의 관세동맹인 '메르코수르Mercosur'에도 가입했다. 아르헨티나, 브라질, 파라과이, 우루과이가 이미 가입한 메르코수르는 미국 주도의 '미주지역자유무역협정FTAA'의 대안이라고 할 수 있다. 세계의 다른 지역과 마찬가지로 라틴아메리카에서도 사회적이고 경제적인 대안 모델이 쟁점이 되고 있다. 과거에는 볼 수 없던 대규모 민중 조직들이 국경을 초월해서 통합을 모색하고 있고, 경제적 쟁점을 넘어서 인권, 환경 문제, 문화적 독립, 인간 간의 교류를 포괄하는 목표를 지향하고 있다. 그러나 이런 조직들은 어이없게도 '반反세계화 조직'이라 불린다. 투자자와 금융기관의 배만 불리는 세계화가 아니라 민중의 이익을 증진하는 세계화를 선호하기 때문이다.

아메리카 대륙에서 미국의 문제는 남쪽뿐 아니라 북쪽으로도 확대됐다. 분명한 이유 때문에 워싱턴은 캐나다와 베네수엘라를 비롯한 비중동지역의 석유에 대한 의존도를 상대적으로 높이려했다. 그러나 캐나다에 유리한 NAFTA(북미 자유 무역 협정)의 결정을 워싱턴이 거부하면서 캐나다와 미국의 관계가 과거 어느 때보다 '긴장되고 전투적'으로 변했다. 조엘 브린클리Joel Brinkley가 《뉴욕타임스》에 보도한 바에 따르면 "캐나다는 중국과의 관계를 진작시키려고 노력하고 있으며, 더구나 캐나다가 교역량의 상당 부분, 특히 석유 수출을 미국에서 중국으로 바꿀 수도 있다고 말하는 관리까지 있는 실정"이다. 미국 정부는 결국 캐나다까지 소외시켰다. 대단한 재주가 아닐 수 없다.

워싱턴의 라틴아메리카 정책은 미국의 고립을 심화시켰다. 최근의 예로, 2005년 11월 8일 유엔 총회는 미국에게 쿠바에 대한 경제 제재를 철회하라고 요구하는 결의안을 182대 4로 통과시켰다. 미국, 이스라엘, 마셜제도, 팔라우만이 반대했고 미크로네시아는 기권했다. 따라서 실제로는 182대 1인 셈이다.**

(2005. 12. 5)

*

칠레의 명망 있는 여론조사기관인 라티노바로메트로가 2006년 12월에 발표한 자료에 따르면 국정 운영의 민주성, 통치 형태의 민주성, 선거에 따른 정권 교체 등의 항목에서 베네수엘라는 우루과이에 근접한 2위를 기록했다. 우루과이와 함께 공동 1위를 했다고 해도 과언이 아닐 정도였다. 실제로 "정부가 소수의 특권계층이 아닌 국민 모두를 위해 일한다고 생각하느냐"는 질문에서는 베네수엘라가 1위를 차지했다. 그뿐 아니라 베네수엘라는 국민의 과반수가 선거를 공정하다고 대답한 다섯 국가 중 하나였다. 부시 대통령이 "베네수엘라의 우고 차베스 대통령이 제기한 도발에 반격하기 위해서 라틴아메리카에 우선순위를 두겠다"면서 라틴아메리카로 출발했을 때, 이런 조사 결과가 미국 언론에 발표되었다. 부시가 차베스의 어법을 흉내내면서 차베스에게 반격을 가했다는 사실이 의미하는 것이 무엇인지는 정확히 보도되지 않았지만, 어쨌거나 베네수엘라 밖에서 차베스에 대한 평가가 부시와 비슷하다는 맥락에서 여론 조사결과는 언급되었다. 내가 확인한 바에 따르면 이런 조사 결과가 언론에 소개된 것은 그때가 유일했다. 그동안 미국 언론은 베네수엘라에서 민주주의의 파괴가 자행된다는 워싱턴의 주장을 그대로 옮기거나 과장해서 소개했었다. 하지만 미국 언론의 보도도 라틴아메리카에서 지배적 위치를 차지하는 우익 언론의 차베스를 향한 신경질적인 프로파간다에 비하면 별 것 아니었다.

**

2006년 11월의 투표에서도 183대 4였다. 결의안에 반대한 나라는 똑같았다.

이라크 선거에 감춰진 의미

부시 대통령은 2005년 12월에 실시된 이라크 선거를 "민주주의를 향한 중대한 이정표"라고 했다. 이라크 선거는 분명히 중대한 이정표였다. 하지만 워싱턴이 달갑게 생각하는 이정표는 아니었다. 선의의 발로였다는 정치 지도자들의 대외적 발언을 무시하고 그동안의 과정을 간략히 살펴보자. 부시와 블레어가 이라크를 침략하면서 거듭해서 내세웠던 구실은 '단 하나의 의문', 즉 "이라크가 대량 살상무기를 폐기할 것인가?"였다. 그러나 수개월 후, 그 단 하나의 의문은 고약한 방향으로 해소되었다. 그러자 침략의 진짜 이유가 이라크와 중동에 민주주의를 전하려는 부시의 '메시아적 소명'에 있었다는 것으로 재빨리 대체되었다.

시기는 그렇다손 치더라도 '민주화의 악극단'은 미국이 가능한 모든 방법을 동원해서 이라크 선거를 방해하려 했다는 사실로 체면을 구기고 말았다. 2005년 1월의 선거는 미군도 막을 수 없었던 비폭력 저항의 승리였다. "이번 선거가 가능했던 이유는 점령 당국이 제시한 세 안을 거부한 아야톨라 시스타니Ayatollah Sistani의 강경한 입장 덕분이었다"고 2005년 3월에 보도한 《파이낸셜타임스》의 기사에 반박할 평론가는 거의 없을 것이다.

우리는 이라크 선거에서 보았던 민중의 의지를 주목할 필요가 있다. 침략군은 "그들은 우리가 여기에 주둔하기를 바라는가?"에 대해서 진지하게 자문해보아야 한다.

이런 의문에 대답해줄 정보들은 무척 많이 있다. 그중 하나가 2005년 8월 영국 국방부의 의뢰로 시행된 여론조사 결과다. 이때 이라크 대학생을 조사원으로 고용한 덕분에 그 결과가 영국 언론에 흘러 들어갈 수 있었다. 그 결과에 따르면 이라크 국민의 82퍼센트가 연합군의 주둔을 '강력하게 반대'하는 것으로 나타났다. 연합군이 이라크의 안전을 개선하는 데 기여할 것이라고 대답한 사람은 1퍼센트 미만이었다.

워싱턴 브루킹스 연구소의 분석가들도 2005년 11월 현재 이라크 국민의 80퍼센트가 '가까운 시일에 미군이 철군'하는 것을 찬성한다고 밝혔다. 다른 자료들의 의견도 거의 똑같다.* 따라서 연합군은 철수해야만 한다. 이라크 국민들이 그들의 철수를 원하기 때문이다. 또 군사력으로 그들을 통제할 수 있는 괴뢰정권을 세우려는 필사적인 노력도 중지해야 한다.

미국이 이라크에 민주적인 주권 정부를 허용할 수 없는 이유는 분명하다. 하지만 이런 쟁점은 "이라크가 인도양에 떠 있는 작은 섬이고 주요 수출품이 석유가 아니라 채소였더라도 미국은 이라크를 침략했을 것이다"라는 확고한 원칙에 어긋나기 때문에 지금까지 거론된 적이 없었다.

이라크를 지배하면
미국은 세계 지배의 지렛대라 할 수 있는
에너지 자원에 대한 지배력을
크게 강화할 수 있다.

이런 원칙에 동조하지 않는 사람이라면 누구나 알고 있듯이, 이라크를 지배하면 미국은 세계 지배의 지렛대라 할 수 있는 에너지 자원에 대한 장악력을 크게 강화할 수 있다. 그런데 이라크가 민주적인 주권국이 된다면 어떻게 되겠는가? 이라크가 어떤 정책을 채택하겠는가? 이라크 석유의 상당량이 매장된 남부지역에 시아파의 영향력이 현저하게 확대될 것이고, 이란은 시아파와 우호적인 관계를 도모하려 할 것이다.

이라크와 이란과의 관계는 이미 가까워졌다. 남부지역 대부분을 관리하는 바드르 민병대는 이란에서 훈련을 받았다. 이란에서 성장한 아야톨라 시스타니를 비롯해 막강한 영향력을 지닌 성직자들도 이란과 오랫동안 끈끈한 관계를 맺어왔다. 또 시아파 주도의 임시 정부는 이란과 경제적인 협력 관계를 도모하기 시작했으며, 군사적으로도 협력할 가능성이 크다.

게다가 사우디아라비아 국경 지역에서 처절하게 억압받고 있는 수많은 시아파들은 이라크에 독립된 주권국이 세워진다면 자유와 정의를 쟁취하기 위한 움직임을 보일 것이다. 우연인지는 몰라도 사우디아라비아의 유전 대부분이 그 지역에 매장되어 있다.

따라서 시아파의 주도로 이란과 이라크, 사우디아라비아의 유전지역을 포괄하는 느슨한 연대, 즉 워싱턴으로부터 독립된 세계 에너지 자원의 대부분을 지배하는 연대가 태어날 가능성이 있다. 또 이러한 독립된 연대가 이란의 주도로 중국이나 인도와 손잡고 에너지를 개발할 수도 있다.

이란은 서유럽이 미국의 뜻을 거스르지 않을 것이라 생각하고 서유럽을 포기할 지도 모른다. 하지만 중국은 미국을 두려워하지 않는다. 미국이 중국을 경계하는 이유가 여기에 있다. 중국은 이미 이란과 관계를 맺고 있고 사우디아라비아와도 군사·경제적으로 교류 중이다. '아시아에너지안보망Asian Energy Security Grid'이 지금은 중국과 러시아 중심으로 움직이지만 앞으로는 인도와 한국 등이 여기에 합류할 지도 모른다. 만약 이란이 여기에 동참한다면 이 세력권의 중심축이 될 수도 있다. 이처럼 이라크가 독립하고 사우디아라비아의 에너지 자원까지 위의 시나리오대로 된다면 워싱턴에게는 악몽이나 다름없을 것이다.

현재 이라크에서는 노동단체가 결성되고 있다. 워싱턴은 사담 후세인의 가혹한 반노동법을 계속 유지하려고 하지만, 그럼에도 불구하고 노동단체는 조직을 확대해가고 있다. 그런데 노동운동가들이 죽어가고 있다. 누가 그들을 죽이는지는 정확히 모른다. 단순한 폭도들일 수도 있고, 옛 바트당원일 수도 있지만 전혀 다른 조직일 수도 있다. 그러나 노동운동가들은 포기하지 않고 있다. 그들은 이라크에서 오랜 역사를 가진 민주적인 힘을 되살려내며 점령군에게 두려움을 안겨주고 있다.

서구세계가 이런 변화에 어떻게 대응하느냐가 중요한 문제다. 민주주의와 주권의 확립을 억누르려는 점령군의 편에 설 것인가, 아니면 이라크 국민의 편에 설 것인가?

(2006. 1. 4)

---

*

2006년 중반에 국무부와 국제정책태도프로그램이 실시한 여론조사에 따르면 바그다그 시민의 3분의 2가 미군의 즉각 철수를 원했고, 대다수가 1년 이내의 철수를 바랐다. 또 80퍼센트가 미군의 주둔으로 폭력이 증가한다고 생각했고, 60퍼센트가 미국에 대한 공격이 정당하다고 대답했다. 미군이 실제로 주둔하고 있는 이라크 지역에서의 수치는 이보다 훨씬 더 높다. 그리고 이런 통계 수치는 꾸준한 상승곡선을 그어왔다.

하마스의 승리와 '민주주의의 증진'

최근의 흐름을 봤을 때, 하마스의 선거 승리는 불길하지만 충분히 이해할 수 있는 결과였다. 하마스를 급진적이고 극단적이며 폭력적이라 평가하고, 평화와 합리적인 정치적 타결을 위협하는 조직이라 비난하는 것은 그런대로 타당성이 있다. 하지만 중요한 부분에서 하마스는 이스라엘과 미국만큼 극단적이지 않았다는 점을 기억해야 한다. 예컨대 하마스는 국제적으로 공인된 1976년 이전의 경계선을 기준으로 전쟁을 무기한 중지하고 정치적 타결을 위한 협상에 응하겠다고 말했다. 그러나 미국과 이스라엘은 그들의 이런 제의를 좀처럼 인정하지 않았다. 오히려 폭력을 마음대로 휘두르면서 협상을 거부했다. 그리고 어떠한 형태의 정치적 협상을 한다 해도 웨스트뱅크의 상당부분과 그동안 잊힌 골란 고원까지를 이스라엘의 땅으로 양도받아야 한다는 입장을 굽히지 않았다.

하마스는 점령군에게 강력하게 저항하고, 풀뿌리 사회조직들과 연대하면서 가난한 사람을 도운 덕분에 선거에서 승리했다. 선거에서 승리할 수 있는 원칙을 충실하게 따른 셈이다. 그러나 부시 행정부에게 하마스의 승리는 민주주의를 방해하려는 정책에서 또 하나의 훼방꾼이 생긴 꼴이었다. 물론 '민주주의를 방해하려는 정책'은 지배적인 뉴스피크Newspeak(조지 오웰의 《1984》에 나오는 전체주의 국가의 새로운 언어로, 정부 등이 애매한 표현을 사용해서 사람들을 기만하는 표현법을 가리킨다_옮긴이)에서 '민주주의의 증진'이라는 멋진 말로 포장된다.

　팔레스타인 선거에 대한 워싱턴의 입장은 한결 같았다. 그리고 결국 선거는 야세르 아라파트Yasser Arafat의 사망 이후로 연기됐다. 그렇지 않으면 아라파트가 승리할 것이 뻔했기 때문이다. 마음에 들지 않는 후보가 승리할 가능성이 큰 선거를 미국이 어떻게 허락할 수 있겠는가. 아라파트의 죽음은 팔레스타인 국가를 '민주화'시키려는 부시의 '비전'을 실현시킬 수 있는 절호의 기회였다. 또 30년 전부터 줄기차게 반대했지만 국제 사회가 원했던 '두 국가의 정착안'을 모호하게나마 반영할 수 있는 기회이기도 했다.

　아라파트가 사망한 직후 스티븐 얼랭어Steven Erlanger는 《뉴욕타임스》에 기고한 분석 기사에서 "아라파트 이후의 시대에서 선거는 '취약한 제도'에도 정당성을 부여할 수 있다는 전형적인 미국식 믿음의 새로운 시험대가 될 것"이라고 말했다. 그리고 "팔레스타인의 패러독스는 복잡하기 이를 데 없다. 과거에 부시 행정부는 팔레스타인에서의 총선거를 반대했다. 당시 생각으로는 총선거가 아라파트의 이미지만 더 좋게 만들어 그에게 새로운 힘을 실어주고, 심지어 하마스에게도 정통성과 대표성을 부여할 수 있었기 때문"이라고 끝을 맺었다. 요컨대 선거의 결과가 미국의 바람대로 되어야 좋은 선거라는 뜻이다.

최근에도 비슷한 문제가 있었다. 이라크에서 일어난 대규모 비폭력 저항 때문에 워싱턴과 런던은 의도적으로 연기하려 했던 선거를 결국 허용해야만 했다. 또 미국에 우호적인 후보에게 상대적으로 유리한 상황을 조성하고, 독립 언론을 추방하면서까지 원하지 않았던 선거를 뒤집으려고 노력했지만 결국 실패하고 말았다.

워싱턴은 팔레스타인에서 그런 전형적인 뒤집기 방식을 동원했다. 2006년 1월, 《워싱턴포스트》는 "집권당이 급진 이슬람조직 하마스에게 강력한 도전을 받는 중요한 선거를 앞둔 전 날, 부시 행정부는 국제개발처USAID를 '은밀한 통로'로 이용해서 팔레스타인 자치정부의 지지도를 높이려고 애썼다"고 보도했다. 《뉴욕타임스》도 "미국은 올해 팔레스타인에 대한 원조금으로 책정된 4억 달러 외에, 이번 주에 있을 선거를 앞두고 집권 파타당의 이미지를 높여 호전적인 당파인 하마스와의 경쟁에서 유리한 위치에 올라설 수 있도록 황급히 고안한 수십 가지 프로젝트에 거의 190만 달러를 쏟아부었다"고 보도했다. 평소처럼 미국의 동예루살렘 영사관은 파타당을 지원하려던 은밀한 공작을 "민주적 기관의 질적 향상을 꾀하고 민주 세력을 지원하기 위한 의도"였을 뿐이라고 언론에 발표했다. 미국이나 다른 서방국가의 선거에서도 볼 수 있듯이 외국의 도움을 끌어들이는 후보는 파멸의 길을 자초하게 돼 있다. 그러나 뿌리 깊은 제국주의적 근성에 젖어 있는 부시 행정부는 다른 나라에서 이런 공작을 일상적으로 행하고 있다. 그러나 선거 결과를 조작하려던 이런 공작은 다시 한 번 실패하고 말았다.

이제 미국과 이스라엘 정부는 급진 이슬람 정당인 하마스와 어떤 식으로든 대응해야만 한다. 하마스는 국제 컨센서스를 부정하는 전통적인 입장을 띠겠지만, 1976년 이전의 경계선을 두고 무기한 휴전에

응할 의도가 정말로 있다면 완전한 부정은 아닐 수 있다.

하마스가 지난 수년간 이스라엘의 존재를 부정하며 취해온 극단적인 입장을 수그러뜨리고 이스라엘이 팔레스타인에서 원하는 지역을 차지한 후 남은 땅에 '소국小國'을 세우는 것으로 만족하지 않는다면, 요르단 이외에 더 이상 팔레스타인 국가는 있을 수 없다고 공식 선언한 미국과 이스라엘의 태도와 전혀 다를 바가 없다.

논쟁을 위해 상황을 뒤집어 생각해보자. 팔레스타인은 가치 있는 땅과 자원을 인계받아 거대한 정착촌을 짓고 간접자본시설에 투자하면서, 이스라엘은 척박하기 이를 데 없는 구역들로 쪼개 서로 분리시켜 놓고 실질적인 이동까지 불가능하게 해놓았다고 하자. 하마스가 이스라엘 사람들에게 그처럼 뿔뿔이 흩어져 살아도 괜찮다고 얘기한다면 어떻게 될까? 또 하마스가 내친 김에 그런 조각들을 '하나의 국가'로 인정해주겠다고 하면 어떻게 될까? 만약 하마스가 그처럼 지극히 곤궁한 '국가 자격'을 제안한다면 우리는 당연히 경악하면서 나치즘의 부활이라고 비난할 것이다. 게다가 집단 살해죄 방지와 처벌에 관한 조약을 위반하며 집단 살해를 선동했다는 이유로 하마스를 국제사법재판소에 제소할 것이다. 만약 이런 상황이 발생한다면 하마스의 입장도 미국과 이스라엘의 입장과 근본적으로 다를 바가 없는 것이다.*

(2006. 2. 9)

*

이 논평이 신문에 실리고 며칠 후, 미국과 유럽의 엘리트 계급은 민주주의에 대한 감정적 증오심을 여실히 드러냈다. 달리 말하면 토머스 캐로서스의 '끈끈한 연속성'에서 벗어나지 못했다. 그들은 자유선거에서 '엉뚱한 길'을 선택한 팔레스타인 사람들에게 극단적인 응징을 가하려는 이스라엘의 계획을 지원하기로 결정했다. 예전에도 그런 것처럼 그런 결정이 결국 어떤 결과를 초래할지 엘리트 계급이 아직 깨닫지 못하고 있다는 뜻이다.

아시아와 라틴아메리카 그리고 미국

유럽과 아시아가 미국의 그늘로부터 독립할 것이라는 전망은 2차대전 이후로 줄곧 미국의 정책 입안자들을 괴롭혀온 문제였다. 유럽과 북아메리카와 아시아로 이루어지는 '삼극 체제'의 형성이 뚜렷해지면서 이런 우려는 더욱 커졌다.

이런 와중에 라틴아메리카도 점점 독립된 방향을 추구하고 있다. 아시아와 라틴아메리카가 연대를 강화해가고 있는 동안에 유일한 초강대국은 완전히 따돌림을 당한 채 중동에서 헛심을 쓰고 있다.

워싱턴의 눈에는 아시아와 라틴아메리카의 지역 연대가 자신들의 통제권에서 벗어나려는 반항적 전조로 보일 것이다. 그렇기 때문에 그들에게는 이 움직임이 중요한 쟁점이 아닐 수 없다. 물론 에너지 자원이 어디에서나 결정적인 변수, 즉 다툼의 원인이다.

유럽과 달리 중국은 미국을 두려워하지 않는다. 미국의 정책입안자들이 중국을 두려워하는 이유가 여기에 있다. 그렇다고 중국과 대결 구

워싱턴의 눈에는 아시아와 라틴아메리카의
지역 연대가 자신들의 통제권에서 벗어나려는
반항적 전조로 보일 것이다.
그렇기 때문에 그들에게는
이 움직임이 중요한 쟁점이 아닐 수 없다.

도로 나아갈 수도 없는 실정이다. 미국 기업들이 수출 무대로 중국에 의존하고 있기 때문이다. 중국 시장이 점점 커지고 있고 더구나 중국의 외환 보유고가 일본에 근접해가고 있기 때문에 미국으로서는 딜레마가 아닐 수 없다.

2006년 1월에는 사우디아라비아의 압둘라 왕이 북경을 방문해서 석유, 천연가스, 광물자원 개발에 양국의 협력과 투자를 증진시키자는 중국·사우디아라비아의 양해각서가 체결될 것이라는 《월스트리트 저널》의 보도까지 있었다.

이미 이란에서 생산되는 석유의 많은 양이 중국에 수출되고 있고, 중국은 이란에게 무기를 제공하고 있다. 그리고 이 무기는 미국의 위협을 억제할 수 있을 정도의 방어력을 가지고 있다.

인도에게는 선택의 여지가 있다. 미국의 위성국이 되어 미국에게 보살핌을 받을 수도 있고, 이제 조금씩 형태를 갖추어가고 있는 독립적인 아시아 블록에 참여해서 중동의 산유국들과 긴밀한 관계를 맺어갈 수도 있다. 《힌두》의 부편집장 시다르트 바라다르얀Siddarth Varadrjan은 "21세기가 아시아의 세기가 되려면 에너지 분야에서 수동적 자세를 벗어나야 한다"고 주장했다.

열쇠는 인도와 중국의 협력 여부에 있다. 바라다르얀은 2006년 1월 북경에서 체결된 협약을 언급했다. 그는 "인도와 중국은 테크놀로지 분야뿐 아니라 석유의 개발과 생산에서도 협력하기로 약속했다. 이로써 석유와 천연가스 분야의 기본적인 방정식을 바꾸어 놓을 동반자 관계가 이루어진 셈"이라고 지적했다.

이미 모색 단계에 있지만 실현될 가능성이 높은 추가적 단계는 아시아의 석유시장 거래를 유로화로 하는 방법이다. 그렇게 되면 국제금

융시스템과 힘의 역학관계에 미치는 파장이 대단할 것이다. 부시 대통령이 인도를 자기 품안에 두기 위해 최근 인도를 방문한 자리에서 핵공조를 비롯한 여러 유인책을 제안한 것도 이런 맥락에서 보면 결코 놀라운 일이 아니다.

한편, 라틴아메리카에서는 중도좌파 정부들이 속속 들어서고 있다. 그리고 원주민들도 사회 활동에 적극적으로 참여하면서 영향력을 확대해가고 있다. 많은 원주민들은 교통체증 속에서도 자동차를 굴리는 뉴욕 시민을 위해 자신들의 삶과 사회와 문화가 방해받고 파괴되어야 할 이유가 없다고 주장한다.

서구 최대의 석유 수출국인 베네수엘라는 라틴아메리카 국가 중에서 중국과 가장 긴밀한 관계를 맺고 있으며, 노골적으로 적대적인 태도를 취하는 미국에 대한 의존도를 서서히 줄여가고 있다. 베네수엘라는 남미 국가들의 관세동맹인 메르코수르에도 가입했다. 이에 대해 네스토르 키르치네르Nestor Kirchner 아르헨티나 대통령은 남미 무역블록의 확대를 위한 '이정표'라 칭했고, 루이스 이나시우 룰라 다 시우바Luiz Inácio Lula da Silva 브라질 대통령은 '남미 통합의 새로운 장'이라며 환영했다.

베네수엘라는 아르헨티나의 에너지난 극복을 돕기 위해 난방유를 공급하기도 했으며, 2005년 아르헨티나 정부가 발행한 국채 중 거의 3분의 1을 사들였다. 20여 년간 IMF가 강요한 정책에 순응한 결과로 파멸적 재앙을 경험한 탓에, 아르헨티나는 미국이 주도하는 IMF의 통제에서 벗어나기 위한 지역 차원의 노력을 계속하고 있다.

2005년 12월, 원주민 출신의 에보 모랄레스Evo Morales가 볼리비아 역사상 처음으로 대통령에 당선되면서 독립적인 지역통합을 향한 발걸음은 더욱 탄력을 받았다. 모랄레스는 발빠르게 움직이며 베네수엘라와 에너지협약을 맺었다. 《파이낸셜타임스》는 "이번 협약이 볼리비아 경제와 에너지 분야의 근본적 개혁을 위한 토대가 되리라 전망된다"고 보도했다. 볼리비아는 남미에서 베네수엘라 다음으로, 막대한 천연가스 매장량을 지닌 나라이기도 하다.

쿠바와 베네수엘라 간의 관계는 상대방의 비교우위 산업에 상호의존하면서 매우 긴밀해지고 있다. 베네수엘라는 석유를 저렴한 값에 쿠바에 공급하고, 쿠바는 교사와 의사 등 고급인력 수천 명을 베네수엘라에 보내 문맹퇴치 및 보건의료사업을 전개하고 있다. 쿠바의 전문 인력들은 제3세계의 다른 국가에서 그랬던 것처럼 베네수엘라에서도 가장 가난하고 가장 소외된 지역에 들어가 활동하고 있다.

쿠바의 의료지원사업은 다른 지역에서도 큰 호응을 얻고 있다. 2005년 10월, 파키스탄에서 발생한 지진은 최근에 발생한 끔찍한 자연재해 중의 하나였다. 엄청난 희생자가 발생한 것은 물론이고 숫자조차 파악되지 않는 수많은 생존자가 쉴 곳이나 식량, 의약품조차 없이 혹독한 겨울을 맞아야 했다.

존 체리언John Cherian은 인도의 《프론트라인》에서 파키스탄의 유력 일간지 《새벽》을 인용해 "쿠바가 아무런 비용부담을 요구하지 않은 채 (십중팔구 베네수엘라가 비용을 댔을 것이다) 최대 규모의 의사와 준의료인을 파키스탄에 파견했다"고 보도했다. 이에 대해 페르베즈 무샤라프 Pervez Musharraf 파키스탄 대통령은 쿠바 의료팀이 보여준 '봉사정신과 열정'에 대해 피델 카스트로에게 깊은 사의를 표했다. 쿠바의 의료봉사팀은 1000명 이상이었던 것으로 알려지며, 그중 44퍼센트가 여자였다. 서구세계의 지원팀이 모두 철수한 뒤에도 그들은 추운 겨울을 천막 안에서 지내며 '문화적으로 소외된 지역'에서 봉사활동을 계속했다.

    남아메리카를 중심으로 민중 운동이 확산되고 부자인 산업국가에
서도 민중의 참여가 높아지면서, 미국으로부터의 독립과 다수 국민의
욕구를 배려하는 방향으로 국가의 발전을 모색하려는 현상이 눈에 띄
게 늘어나고 있다.

(2006. 3. 7)

---

*

2006년 12월 18일, 부시 대통령은 의회의 압도적 지지를 받은 후 '미국·인도 간 평화
로운 핵공조 협정 United States-India Peaceful Atomic Energy Cooperation Act'에 서명했다. 레이건·
깅그리치 시대 이후로 의회의 법안 명칭은 오웰을 연상시키는 것이 일반적 관례가 되

었다. 여기에는 예외가 없다. 이 법안의 주된 요점은 인도에게 핵확산금지조약에 구애받지 않고 핵무기를 개발할 권리를 실질적으로 인정했다는 데 있다. 또 이 법안은 인도에게 핵개발 지원뿐 아니라 다른 선물까지 안겨주었다.

핵무기 전문가 게리 밀홀린의 지적에 따르면 부시의 발의안은 핵무기의 확산을 막기 위해 설립된 '핵공급국 그룹Nuclear Suppliers Group' '미사일기술통제체제Missile Technology Control Regime' 등과 같은 국제기구에 미리 통지하거나 사전 조율 없이 일방적으로 취해졌다. 더구나 미국과 인도 간의 협정은 '두 국가 모두의 기본 원칙'을 위반했다. 미국과 인도는 대외적으로 '중립국'을 표방하고 있기 때문이다. 밀홀린이 지적한 것처럼 미국은 이란이나 파키스탄과도 일방적으로 거래하면서 다른 회원국들에게도 똑같이 행동하도록 자극해왔다. 밀홀린은 워싱턴이 핵전쟁의 위험을 억제하기 위한 수단들을 거침없이 침해하는 작태를 우려하면서 "핵폭발로 미국의 한 도시가 파괴될 날이 앞당겨지고 있다"고 덧붙였다.

라이스 국무장관도 인정했듯이 미국이 그렇게 행동하는 이유는 미국 기업의 수출을 지원하기 위해서다. 밀홀린의 판단에 따르면 그로 인해 가장 큰 이익을 보는 곳은 군용기 제작기업이다. 결국 미국에게는 수출 통제보다 돈이 더 중요한 것이다. 물론 돈은 미국 기업을 뜻한다.

미국과 인도가 핵협정을 맺은 직후, 중국과 인도가 유사한 조약을 체결할 것이란 보도가 있었다. 즉 인도에게 과거에는 허용되지 않았던 첨단 핵기술을 중국이 제공할 것이란 보도였다. 인도의 한 관리가 말했듯이 그런 조약이 체결된다면 인도는 미국과 중국을 등거리에 둘 수 있는 위치에 올라설 수 있다. 반면에 중국의 입장에서는 러시아·중국·인도와의 협조를 강화해서 미국의 패권주의를 견제할 수 있다.

한편, 만모한 싱 인도 수상은 의회에 "미국 조사관에게 우리 핵시설 주변을 살펴보도록 분명히 허락할 것"이라고 보고한 반면, 프라납 무케르지 인도 외무장관은 "우리는 전략 프로그램의 외부 감찰이나 간섭을 허용하지 않을 것"이라고 못박았다. 전략 프로그램이 핵개발과 핵실험을 뜻한다는 것은 누구나 짐작할 수 있다.

헨리 J. 스팀슨 센터의 공동 설립자로 핵위협 감축 전문가인 마이클 크레펀은 이런 변화의 위험을 역설하면서 "미국이 인도에게 핵통제를 벗어나는 자유 통행권을 부여하면서 다른 국가들도 핵확산에서 이익을 취하려는 경쟁에 뛰어들 것"이라고 말했다. 전 세계에 적용되는 핵규제에서 인도를 예외로 인정한 미국의 일방적 결정은 '전례가 없는 조치'였다. 만약 핵공급국 그룹 중에서 핵거래를 통해 이익을 취할 수 있는 국가, 즉 안전보장이사회의 상임이사국인 다섯 국가가 미국의 선례를 따라 비핵확산보다 이익을 먼저 도모한다면, 핵확산금지조약은 엄청난 타격을 입을 것이 자명하다. 크레펀은 "간단히 말해서 수출통제가 허물어지면 핵확산금지조약도 유명무실한 껍데기로 변할 것"이라며 "그런데도 부시 행정부의 고위 관리들은 미국·인도의 핵협정을 현 정부의 중대한 업적으로 생각하는 듯하다. 그들의 판단이 맞다면 불행 중 다행이 아닐 수 없다"고 말했다.

'정당한 전쟁'과 현실

침략과 그에 대한 변명인 '정당한 전쟁'에 대한 논쟁
이 학자들 사이에서, 심지어 정책 입안자들 사이에서 다시 시작되었다.
그러나 현실 세계를 보면 "강자는 최대한 힘을 휘두르고, 약자는 그 고
통을 참고 견뎌야 한다"는 투키디데스Thucydides의 원칙이 그대로 적용
되는 것 같다. 이런 원칙은 부당하기 그지없지만 인류 문명에서 현 단
계를 한 마디로 축약한 말이기도 하다. 말하자면 인류의 생존을 위협하
는 원칙인 것이다. 따라서 '정당한 전쟁론'의 부활을 이런 원칙에 맞추
면 크게 놀라운 것도 아니다.

마이클 왈저Michael Walzer는 정당한 전쟁을 다룬 최근의 책에서 아
프가니스탄을 '정당한 전쟁이론의 승리'라고 정의했고, 코소보 전쟁도
'정당한 전쟁'이라고 규정했다. 그러나 특별한 증거나 논증을 제시하
지는 않았다. 그저 그렇게 주장했을 뿐이다. 그는 두 전쟁을 다루면서
처음부터 끝까지 '내 생각에는' '내가 정당하게 보는 것은' '의심할 여

지없이' 등과 같은 전제를 달았다.

즉, 사실은 무시되고 있는 것이다. 심지어 명백한 사실마저도 말이다. 아프가니스탄을 예로 들어보자. 부시 대통령은 2001년 10월 아프가니스탄 폭격을 시작하면서 아프가니스탄 국민들에게 "미국에서 일어난 테러와 관련이 있다고 의심되는 사람을 넘겨주기 전까지 폭격을 중단하지 않을 것"이라고 협박했다.

여기에서 '의심한다'는 단어가 중요하다. 8개월 후, FBI 로버트 밀러 Robert Mueller 국장은 역사상 가장 혹독한 인간 사냥으로 기록될 짓을 범한 후《워싱턴포스트》의 편집자와 기자에게 다음과 같이 말했다. "우리는 9.11테러의 주모자들이 알카에다의 고위층으로 아프가니스탄에 숨어 있었다고 믿는다. 음모를 꾸민 자들과 그밖의 주동자들은 독일과 다른 어떤 곳에 있었던 것으로 추정된다."

2002년 6월까지도 불확실했던 정보가 2001년 10월에 확실했을 가능성은 전혀 없다. 그런데도 그 정보의 진실성을 의심하는 사람은 거의 없었다. 부시 행정부의 변명거리가 될지 모르겠지만 나도 당시에는 의심하지 않았다. 그러나 짐작과 증거는 전연 별개의 것이다. 따라서 "아프가니스탄의 폭격이 '정당한 전쟁'의 명백한 사례가 될 수 있는가?"라는 질문에 의문을 제기할 만한 상황이 있었다고 말하는 편이 공정한 듯하다. 1999년, 세르비아에 대한 폭격도 이와 무척 흡사하다. 이 부분에 대해서는 다른 책에서 폭넓게 다루었지만, 줄곧 주장했듯이 대규모 살상과 추방이 폭격의 이유가 아니라 폭격의 결과, 즉 누구나 예측했던 결과였다는 사실은 논쟁의 여지가 없다. 당시 언론이 대대적으로 주장하고, 간혹 학계가 거들었던 주장과는 정반대인 셈이다.*

에드워드 사이드Ed Said와 리처드 포크Richard Falk를 거론하며 근거

없이 비방하는 글을 제외하면, 왈저의 '논증', 아니 논증이라기보다 질
책은 주로 이름 없는 사람을 겨냥하고 있다. 예컨대 '반전주의자'인 대
학생들이다. 왈저는 폭력이 때로는 정당하다고 생각하기 때문에 '반전
주의'는 적절하지 못한 주장이라고 반박한다.

폭력이 때로는 정당하다는 왈저의 생각에 나도 동의한다. 하지만
"내 생각에는" 그가 다룬 사례들에 그런 생각을 적용하기에는 무리가
있다. 워싱턴이 '정당한 전쟁론'을 들먹이며 폭력 행사를 정당화하려
는 습관은 유감스럽게도 어제 오늘의 일이 아니다.**

미국은 '정당한 전쟁' '테러와의 전쟁' 같은 이런저런 이유를 내세
우며 세계 질서를 유지하기 위한 기본 원칙에서 예외적 위치를 인정받
으려고 한다. 미국이 그런 원칙을 공식화해서 제정하는 데 주된 역할을
했으면서도 말이다.

2차대전 후, 국제법의 새로운 골격이 확립되었다. 전쟁법에 대한 조
항은 유엔헌장, 제네바 협약, 뉘른베르크 제원칙에 명문화되었다. 한결
같이 유엔에서 채택한 국제법들이다. 유엔헌장은 안전보장이사회의
허락을 받지 않고는 무력의 위협이나 사용을 금지한다고 나와 있다. 특
히 51조에서는 무력 공격에 대한 자위권도 안전보장이사회가 필요한
조치를 취할 때까지만 허용된다고 나와 있다.

2004년, 부시 1세의 안보보좌관을 지낸 브렌트 스코크로프트Brent
Scowcroft를 비롯한 유엔 고위급 패널은 다음과 같은 결론을 내렸다.

헌장 51조는 지금까지 이해된 범위에서 확대될 필요도 없고
축소될 필요도 없다. ...... 인식된 잠재적 위협으로 가득한 세계
에서 세계질서와 불간섭원칙에 대한 위협이 너무 심각한 까닭에,

일방적 예방 행위는 공동으로 인정한 행위가 아니기 때문에 합법성을 인정받을 수 없다. 한 나라가 그렇게 행동하도록 허용하는 것은 모든 나라에게 허용하는 것이나 마찬가지다.

2002년 9월에 발표되고 2006년 3월에 재확인된 '미국 안보전략'은 미국에 이른바 '선제공격'을 할 수 있는 권리를 인정하고 있다. 정확히 말하면 선제공격이 아니라, 유엔헌장을 위반한 '예방공격'이다. 결국 명백한 침략을 범할 수 있는 권리인 것이다.

침략이라는 개념은 연방대법원 판사 로버트 잭슨Robert Jackson이 뉘른베르크 전범재판에서 미국측 수석 검사일 때 명확히 규정했고, 유엔총회의 결의안에서도 재천명되었다. 잭슨은 개막 연설에서 "침략자는 선전포고의 유무와 관계없이 타국의 영토로 무장한 군인을 침입시키는 행위를 먼저 범한 국가"로 규정했다.

이라크를 침략한 행위는 명백히 이 규정에 해당된다. 잭슨이 뉘른베르크에서 했던 웅변적 발언과도 정확히 들어맞는다. 그는 "조약을 위반한 어떤 행위가 범죄라면, 미국이 저질렀든 독일이 저질렀든 그 행위는 범죄다. 우리는 타인에게 가하는 범죄 행위를 법으로 규정할 준비가 되어있지 않다. 누구도 그런 법이 자신에게 불리하게 적용되는 걸 바라지 않기 때문이다"라고 말했다. 게다가 "우리가 이 피고들을 심판한 기록을 기준으로 역사는 훗날 우리를 심판할 것이란 점을 잊어서는 안 된다. 이 피고들에게 독배를 건넨다는 것은 결국 그 독배로 우리 입술도 적셔야 한다는 뜻이기도 하다"라고도 말했다.

그러나 정치 지도자들은 이런 원칙을 심각하게 훼손하며 법조항의 일반적 적용을 거부한다. 이스라엘의 유력 신문 《하레츠》의 워싱턴 특파원인 군사 및 정치 분석가 레우벤 페다추르Reuven Pedatzur의 표현을 빌면 "강압적인 세계관에 맞춰 세계를 만들어가려는 무자비한 초강국"에 감히 도전하면 침략의 빌미를 제공하는 셈이 된다.

우리는 두 가지 자명한 진리를 잊어서는 안 된다. 첫째는 모든 행위는 사전에 예상된 결과를 기준으로 평가되어야 한다는 원칙이고, 둘째는 보편성의 원칙이다. 우리가 남에게 적용한 기준을 우리 자신에게도 똑같이 적용해야 하는 것이다.

진부한 원칙이기는 하지만 이런 원칙이 '정당한 전쟁' 이론의 출발점이기도 하다. 적어도 '정당한 전쟁'을 진지하게 다루어야 한다면 이런 원칙에서 접근되어야 마땅하다. 그러나 안타깝게도 '정당한 전쟁'을 앞장서서 옹호하는 사람들은 이런 원칙을 언급조차 하지 않는다.

(2006. 5. 5)

*
내 책《New Generation Draws the Line》에서 이와 관련된 자료들을 광범위하게 조사했다. 최근 자료는《패권인가 생존인가》《실패한 국가》를 참조할 것.
클린턴 정부의 최고위층에서도 인정했듯이 폭력의 주된 이유는 '코소보계 알바나아인의 참상' 때문이 아니었다. '정치와 경제를 개혁하려는 단체에 저항하는 유고슬라비아'를 단죄하는 데 주된 목적이 있었다. 요컨대 워싱턴의 신자유주의 정책에 반발한 유고슬라비아가 공격의 목표였다. 존 노리스의《Collison Course》(2000)를 참조할 것. 존 노리스의 상관으로 클린턴 정부에서 국무부 부장관을 지낸 스트로브 탤보트가 위의 책에 추천사를 썼다. 이 전쟁을 계획한 주역 중 한 명이었던 탤보트는 추천사에서 "존 노리스 덕분에 코소보 전쟁에 관심을 가진 사람들에게 당시 사건이 어떤 모습을 띠었고, 이 전쟁에 관련된 고위층이 코소보 사태를 어떤 관점에서 접근했는지 알게 될 것"이라고 말했다. 아프가니스탄에 대해서는〈에이브러햄 링컨 호의 연극〉의 주(*)을 참조할 것.

**
윤리 철학자 진 베스케 엘시테인의 관점에 대해서는《패권인가 생존인가》8장을 참조할 것.

이란의 핵을 무장해제시키려면

더 이상의 핵무기 확산을 방지하고 핵무기를 제거하는 방향으로 나아가야 할 필요성이 어느 때보다 절실하다. 만약 그렇게 하지 못하면 암울한 결과로 치달을 지도 모른다. 높은 지능을 지닌 인간이 종말을 맞을 수도 있다는 말이다. 그러나 위기가 아무리 절박하더라도 그 위기에서 벗어날 수단까지 없는 것은 아니다.

조만간 커다란 소용돌이가 이란과 이란의 핵개발로부터 시작될 것 같다. 1979년, 이란에서 샤Shah(이란 국왕의 존칭)가 정권을 잡고 있을 때 워싱턴은 이란의 핵개발 프로그램을 적극적으로 지원했다. 그런데 이제 와서 많은 사람들은 "이란은 핵발전소가 필요 없다. 이란이 비밀리에 핵무기 프로그램을 진행하고 있는 게 분명하다!"라는 의심을 하기 시작했다. 더구나 헨리 키신저는 2005년, 《워싱턴포스트》에 기고한 글에서 "이란과 같은 산유국에서 핵에너지는 자원의 낭비"라고 주장하기까지 했다. 그러나 30년 전, 키신저는 제럴드 R. 포드Gerald R. Ford 정

부시 행정부는 유럽의 동맹국들에게
조건부로 이란과 직접 대화할 수 있도록 허락했다.
그러나 공격의 위협을 철회하지 않아
어떤 협상이나 제안도 무의미하게 만들어버렸다.

부에서 국무장관을 맡고 있을 때 "핵발전소의 도입은 이란 경제를 성장시키고, 석유자원을 자유롭게 수출하거나 석유화학물질로 전환시키는 데 도움을 줄 것"이라고 말했다.

대프너 린저Dafna Linzer는 2005년, 《워싱턴포스트》에서 키신저에게 이란의 핵문제에 대한 입장을 뒤집은 이유를 물었다. 이 질문에 키신저는 "1979년 전에는 이란이 우리 편이었다"고 솔직하게 대답했다. 따라서 당시의 이란에게는 핵에너지가 절실히 필요했던 것이다.

린저는 "1976년 포드 정부가 대규모 핵발전소를 건설하려는 이란의 계획을 승낙하면서, 핵폭탄을 제조하는 두 가지 재료인 플루토늄과 농축 우라늄을 대량으로 이란의 손에 쥐어줄 수도 있는 수십억 달러의 거래를 성사시키려고 온갖 노력을 다했다"고 지적했다. 현 부시 행정부의 최고 정책 입안자들은 이제 와서 이러한 이란의 핵개발 프로그램을 비난하고 있는 것이다. 이들은 당시에도 국가안보에서 핵심적 위치에 있었던 사람들이다. 딕 체니, 도널드 럼스펠드, 폴 월포위츠가 바로 그들이다.

이란은 서구 세계처럼 자신들의 역사를 쉽게 쓰레기통에 던져버리지 않았다. 미국이 동맹국들과 손잡고 이란을 50년 이상 괴롭혔다는 사실을 이란 사람들은 잘 알고 있다. 미국과 영국은 의회 민주주의를 전복시키고 샤를 옹립했지만 샤는 1979년 민중봉기로 추방되었다. 그러나 그는 추방될 때까지 철권 통치를 계속했다. 그러나 샤가 자행한 잔혹한 인권탄압은 당시 서구 언론에서 거의 다루어지지 않았다. 하지만 미국이 지원하던 독재정권이 무너지자 서구 언론은 이란의 인권탄압을 맹렬하게 비난하기 시작했다.*

레이건 정부는 이란을 침략한 사담 후세인을 지지했을 뿐 아니라, 사담에게 온갖 지원을 아끼지 않았다. 그런 원조를 바탕으로 사담은 수십만의 이란인과 이라크 내의 쿠르드족을 학살했다. 그 후에 클린턴 정부는 이란에 가혹한 제재를 가했고, 부시 행정부에 들어서는 이란을 공격하겠다는 위협을 가하기 시작했다. 그러나 미국의 이러한 모든 행위는 유엔헌장을 위반한 심각한 행위다. 2006년 3월, 부시 행정부는 유럽의 동맹국들에게 조건부로 이란과 직접 대화할 수 있도록 허락했다. 그러나 공격의 위협을 철회하지 않아 어떤 협상이나 제안도 무의미하게 만들어버렸다. 하기야 총으로 협박당하는 상황에서 실질적인 협상이 가능할 수 있었겠는가. 최근 사례에서도 워싱턴의 진정한 의도가 무엇인지 의심할 수밖에 없는 증거들이 적잖게 나오고 있다.

2003년 5월, 당시 부시 행정부의 국가안전보장회의에서 수석 관리를 지낸 플린트 레버릿Flynt Leverett의 증언에 따르면 모하메드 카타미Mohammad Khatami 개혁 정부는 "미국과 이란 간의 모든 차이를 포괄적 차원에서 해결하기 위한 외교적인 노력"을 기울였다. 2006년 5월, 《파이낸셜타임스》는 이란이 외교적 노력의 결과로 내세운 의제에는 "대량살상무기, 이스라엘과 팔레스타인 간의 갈등을 해결하기 위한 두 국가 방안, 레바논 헤즈볼라 조직의 미래, 유엔 핵 감시 기구와의 협조" 등이 포함돼 있었다고 보도했다. 그러나 부시 행정부는 이란의 제안을 거부하며 그 제안을 전달한 스위스 외교관을 질책했다.** 그로부터 1년 후, 유럽연합과 이란은 하나의 거래를 성사시켰다. 이란이 우라늄 농축을 유보하는 대신 유럽은 미국과 이스라엘에게 이란을 공격하지 않겠다는 보장을 받아내는 거래였다. 하지만 미국의 압력으로 유럽연합은 그 거래를 철회했고, 이란은 우라늄 농축을 다시 시작했다.***

이란이 2003년에 제안했던 것이나 그밖의 제안들이 진지한 것이었느냐를 판단하는 기준은 하나다. 실제로 그 제안을 받아들여 실천에 옮겨보는 것이다. 그동안의 기록을 보면 이란은 정말 진지하게 제안한 것 같다. 그러나 미국과 그 동맹국들은 이 제안을 두려워했던 것 같다.

현재까지 알려진 바에 따르면 이란의 핵 프로그램은 핵확산금지조약 4조에서 허락한 권리에서 벗어나지 않는다. 4조에서는 비핵보유국에게 원자로용 우라늄 연료를 생산할 권리를 분명히 허락하고 있기 때문이다. 부시 행정부는 4조를 한층 강화해야 한다고 주장한다. 내 생각에도 이 주장만은 합당하다고 생각한다. 1970년대에 핵확산금지조약이 발효되었을 때만 해도 에너지 연료용 핵과 무기용 핵의 생산방식은 큰 차이가 있었다. 하지만 기술이 발전하면서 그 격차가 점점 좁혀진 것이다. 하지만 4조를 어떤 식으로 개정하더라도 공인된 핵보유국과 비핵보유국 간에 처음 맺은 약속에 따라 비군사적 목적을 위해서는 누구에게도 방해받지 않고 핵을 개발할 수 있는 권리가 보장되어야 한다.

2003년, 모하메드 엘바라데이 국제원자력기구IAEA 사무총장은 비군사적 목적을 위해 핵을 사용하도록 하는 합리적인 제안을 했다. 엘바라데이는 무기로 사용될 수 있는 물질의 생산과 처리를 국제 사회의 통제 하에 두고, 무엇보다 합법적 사용을 공언한 국가만이 그 물질을 취할 수 있도록 보장하자고 제안했다. 엘바라데이는 이와 같은 제한과 보장이 확인 가능한 핵물질생산금지조약FISSBAN을 촉구한 1993년의 유엔 결의안을 완전히 실행에 옮기기 위한 첫 걸음이 되어야 한다고 강력히 주장했다. 만약 이런 제안이 실행에 옮겨지지 못한다면 인류의 생존은 장기적인 면에서 어둡기만 할 것이다.

내가 알기론 지금까지 엘바라데이의 제안을 받아들인 국가는 이란뿐이다. 2006년, 이란의 핵협상 대표 알리 라리자니Ali Larijani는 한 인터뷰에서 엘바라데이의 제안을 받아들이겠다고 분명히 밝혔다.****

이란의 입장이 진지한 것이었느냐를 판단하는 방법도 역시 하나다. 이란의 입장을 일단 받아들여보는 것이다. 그리고 이란의 입장을 충분히 검토하도록 워싱턴에 압력을 가하기 위해서라도 이란의 입장이 언론에 보도되어야 한다.

부시 행정부는 확인 가능한 핵물질생산금지조약을 거부했다. 미국은 거의 외톨이 신세가 되었으면서도 평소의 습관을 버리지 않았다. 2004년 11월, 유엔 군축위원회는 확인 가능한 핵물질생산금지조약을 투표로 통과시켰다. 투표 결과는 147 대 1(미국)이었다. 이스라엘과 영국, 두 나라는 기권표를 던졌다. 토론 과정에서 영국 대사는 영국은 그 조약을 지지한다고 말했지만, 이 결의안이 국제 공동체를 분열시켰기 때문에 찬성표를 던질 수 없었다고 밝혔다. 그의 말대로 해석하면 국제 사회가 147개국과 한 나라로 분열된 것이다. 블레어 정부의 우선순위가 어디에 있는지 분명히 밝혀진 셈이다. 2005년에는 유엔 총회에서 그 조약이 투표에 부쳐졌다. 결과는 179대 2로 통과되었고, 이스라엘과 영국은 다시 기권했다. 미국의 편에 선 나라는 팔라우 하나뿐이었다.

이런 위기를 가라앉히고 종식시킬 수 있는 방법이 없는 것은 아니다. 첫째는 이란으로 하여금 핵무기를 억제 수단으로 개발할 수밖에 없도록 만드는 미국과 이스라엘의 위협을 당장에 중단시키는 것이다.

둘째는 미국도 국제 사회의 요구에 부응해서 확인 가능한 핵물질생산금지조약뿐 아니라 엘바라데이의 제안을 받아들이는 것이다.

셋째는 핵보유국에게 핵무기 제거를 위한 선의의 노력을 의무화한 핵확산금지조약 4조를 충실히 이행하는 것이다. 국제사법재판소의 판결로 4조는 합법적 의무로 구속력까지 갖게 되었다. 물론 핵보유국 모두가 이 의무를 이행하지 않고 있지만 미국이 앞장서서 위반하고 있는 것은 부인할 수 없는 사실이다.

　이런 방향으로 노력한다면 이란과의 충돌에 따른 위기를 대폭 완화할 수 있을 것이다. 특히, "현 상황을 군사적으로 해결할 방법은 없다. 그런 방법은 상상조차 할 수 없다. 유일하게 지속가능한 해결책은 협상에 의한 해결이다"라는 엘바라데이의 말을 경청할 필요가 있다. 협상에 의한 해결이 요원한 것만은 아니기 때문이다.*****

(2006. 6. 15)

*
Williams A. Dorman & Mansour Farhang, 《The U.S. Press and Iran》(1987)을 참조할 것. 전반적 상황에 대해서는 《환상을 만드는 언론》 부록 V.3을 참조할 것.

**
좀더 자세한 내용에 대해서는 Glenn Kessler, 《2003 Memo Says Iranian Leaders Backed Talks》, *Washington Post*, 2007년 2월 14일자를 참조할 것. 이란의 제안은 《워싱턴포스트》 웹사이트에 전문이 소개되어 있다.

***
Selig Harrison, 〈It is time to put security issues on the table with Iran〉, *Financial Times*, 2006년 1월 18일자를 참조할 것.

****
2006년 2월 16일 프랑스 라디오와의 인터뷰를 참조할 것. 이란 정부는 이와 관련해서 2006년 2월 17일에 기자회견을 가졌다. Gareth Smyth et al., 〈Iran raises hopes of nuclear settlement〉, *Financial Times*, 2007년 2월 12일.

*****
2007년 2월 PIPA가 이 문제에 관해서 최초로 실시한 대규모 여론조사에 따르면, 미국과 이란이 국민 여론이 정책에 영향을 미치는 민주주의 사회라면 아직 해결되지 않은 쟁점도 그다지 어렵지 않게 해결될 수 있는 것으로 나타났다. 미국과 이란의 국민들은 '핵무기 확산에 관련된 모든 질문'에서 거의 똑같이 대답했다. 특히 이란은 핵발전소를 보유할 수 있지만 핵무기까지 보유할 수는 없으며, 이슬람 국가뿐 아니라 이스라엘까지 동참해 중동 지역을 핵무기가 없는 지역으로 만들어야 한다는 데 양국 국민들은 똑같은 생각을 가지고 있었다. 하지만 워싱턴은 초당적인 의회의 지지를 등에 업고 이런 입장을 완강히 거부한다. 이런 현상도 여론과 정책 간의 커다란 괴리를 보여주는 단적인 예다.

폭격기 조준기로 내려다본 레바논

레바논은 지금도 미약하나마 휴전이 발효 중이다. 하지만 지난 수십 년간 이스라엘과 그 적국들 간의 정전은 주기적으로 인간을 곤경에 몰아넣었고 전투와 살육이 반복되는 악순환을 낳았다. 현재의 위기상황을 정직하게 말하면 이스라엘과 미국이 합법성을 가장해서 레바논을 침략한 것이다. 물론 그 배경은 과거와 마찬가지로 이스라엘과 팔레스타인 간의 갈등이다.

이스라엘이 위협이 있을 것이라고 추정된다는 이유로 레바논을 침략한 것은 이번이 처음은 아니다. 어떤 경우에도 믿을 만한 구실은 없었다. 미국의 지원을 받은 이스라엘이 레바논을 침략했던 1982년의 경우도 마찬가지였다. 당시 미국의 언론은 팔레스타인이 갈릴리 지역에 로켓포를 쏘는 등 테러를 감행했기 때문에 그에 대한 반격이었다고 보도했다. 그러나 이것은 완전한 조작이었다. 이스라엘은 팔레스타인해방기구PLO를 자극해서 침략의 구실을 삼으려고 걸핏하면 레바논을 공격해서 살상을 일삼았다. 그러나 팔레스타인해방기구는 미국이 제안한 정전협정을 충실히 지켰다. 경고 정도에 불과한 두 번의 가벼운 반격이 있었을 뿐이다. 그러나 1982년 6월, 이스라엘은 레이건 정부의 지원을 받아 조작된 구실을 내세우며 레바논 침략을 감행했다. 이스라엘 내에서, 특히 군사 및 정치 고위층에서는, 1만 5000에서 2만 명의 희생자를 내고 레바논의 대부분을 쑥대밭으로 만들어버린 그 침략 행위를 웨스트뱅크의 지배력을 공고히 하기 위한 전쟁이라고 표현했다. 결국 팔레스타인해방기구의 외교적 해결이라는 짜증스런 요구를 종식시키기 위해 일으킨 침략 전쟁이었다.

상황은 많이 다르지만 2006년 6월의 침략도 비슷한 모양새였다. 이번 경우에는 국경에서 검문 중이던 이스라엘 군인 두 명이 헤즈볼라의 공격으로 체포당한 것이 구실이었다. 서구 언론은 파괴적인 미국과 이스라엘의 침략행위를 가혹하게 비난했지만 헤즈볼라를 비난하는 목소리에 비하면 턱없이 부족했다. 미국과 이스라엘의 침략행위에 대한 반응이 싸늘했던 것이다. 이스라엘은 지난 수십 년 동안 공해公海에서 레바논과 팔레스타인의 민간인을 납치하거나 살해했을 뿐 아니라 때로는 그들을 인질로 삼기도 했고, 캠프 1391(이스라엘군의 감옥_옮긴이)과 같은 비밀 고문실에 오랫동안 감금하기도 했다.*

이스라엘이 레바논을 침략할 실질적 근거는 어디에도 없었다. 더구나 침략에 필요한 지원을 아끼지 않은 미국이 끼어들 이유는 더더욱 없었다. 2006년 6월 25일, 질라드 샬리트Gilad Shalit 상병이 납치된 것을 구실로 가자지구에 대한 공격을 강화한 사례도 마찬가지다. 미국과 그 동맹국은 그 테러적 범죄에 깊은 충격을 받았다면서 야만적인 이스라엘의 반격을 전격적으로 지원했다. 그런 지원이 얼마나 편파적 행위인지는 평소처럼 고려조차 하지 않았다. 미국의 지원을 등에 업은 이스라엘은 발전소를 파괴해서 시민들에게 공급되는 전기를 끊어버렸고, 상수도 시설과 하수도 시설까지 마비시켰다. 또 밤마다 초음속 전투기를 발진시켜 그 폭발음으로 아이들을 공포에 빠뜨렸으며 민간인 살해도 서슴지 않았다. 아무런 저항 수단도 없는 사람들을 '슬픔과 고통에 짓눌린 시들고 말라버린 정원'에 몰아넣은 이스라엘은 '테러조직'과 조금도 다를 바가 없었다.** 특히 이번 경우에는 반격의 명분이 허울에 불과하다는 사실이 명백했다. 하루 전 날, 즉 2006년 6월 24일 이스라엘은 가자지구에서 민간인 두 명, 즉 무아마르 형제를 납치해서 이스라엘 쪽으로 끌고 가며 제네바 협정을 위반했다. 이는 군인을 체포한 경우와 비교했을 때 훨씬 심각한 범죄 행위였다. 여하튼 두 형제는 이스라엘 감옥에 갇혔다. 지금도 이스라엘 감옥에는 1000명에 가까운 사람들이 아무런 죄도 없이 납치당해 갇혀 있다. 이스라엘이 6월 24일 민간인을 납치한 만행에 대해 서구 언론은 아무런 반응도 보이지 않았다. 심하게 말하면 관심조차 두지 않았다.

　어떻게 해야 이런 악순환을 끊을 수 있을까? 이스라엘과 팔레스타인 간의 갈등을 해결하기 위한 기본적인 골격은 30년 전에 이미 마련되어 국제 사회에서 전폭적인 지지를 받아왔다. 약간의 상호적인 조절이 있을 수 있겠지만 국제 사회에서 설정한 경계를 중심으로 두 국가를 설립한다는 해결책이다.

　아랍 국가들은 2002년에 이 제안을 공식적으로 받아들였고, 팔레스타인은 훨씬 전부터 그 제안을 받아들였다. 헤즈볼라의 지도자 사예드 나스랄라Sayyed Nasrallah도 그 해결책이 헤즈볼라의 염원은 아니지만 그 해결책을 무시하지는 않겠다고 분명히 밝혔다. 또 이란의 최고 지도자 아야톨라 하메네이Ayatollah Khamenei도 그 해결 방안을 지지한다고 최근에 재확인해주었다. 하마스도 그런 조건이라면 해결을 위한 협상에 나설 준비가 되어 있다고 말했다.

그러나 미국과 이스라엘은 지난 30년 동안 그래왔듯이 말도 안 되는 예외 조건을 내걸며 이러한 외교적 해결을 거부했다. 이와 같은 '반대'가 미국 내에서는 환영받고 있는 듯하지만, 그로 인한 피해자들은 해결을 통한 호사 한 번 누리지 못하고 하루하루를 힘들에 보내고 있다.

미국과 이스라엘은 말뿐 아니라 행동으로도 거부 의사를 분명히 밝혀왔다. 미국의 지원을 업은 이스라엘은 병합 계획을 조직적으로 추진하며, 그렇잖아도 줄어든 팔레스타인 영토를 갈기갈기 찢어놓았다. 게다가 요르단 계곡을 점령해서 남아 있는 지역마저 고립시켰다. 이른바 '집중convergence' 계획이다. 그러나 미국에서는 놀랍게도 '용기 있는 철수'라고 미화되어 불린다.

그 결과 팔레스타인 국가는 소멸될 지경에 이르렀다. 결국 이스라엘이 레바논을 침공한 데 반발해서 1982년 조직된 헤즈볼라가 팔레스타인을 지원하고 나섰다. 헤즈볼라는 2000년 레바논에서 이스라엘을 몰아내는 데 주도적 역할을 하면서 큰 신망을 얻었다. 하마스를 비롯한 다른 이슬람 조직처럼 헤즈볼라도 가난한 사람들에게 사회적 지원을 제공하면서 민중의 지지를 얻었다.

따라서 미국과 이스라엘의 정책 입안자들에게는 팔레스타인해방기구를 1982년에 레바논에서 쫓아낸 것처럼 헤즈볼라도 씨를 말려버려야 할 대상이었다. 그러나 헤즈볼라는 레바논 사회에 깊게 뿌리내리고 있었기 때문에 레바논 거의 전부를 초토화시키지 않고는 근절하기 어려웠다. 이런 이유로 레바논 국민과 기반시설에 대한 무지막지한 공격

244

라틴아메리카, 독립을 선언하다
245

이 시작된 것이다. 과거의 예처럼 아랍과 무슬림 세계는 물론 레바논에서도 헤즈볼라를 지원하는 세력에 대한 공격이 눈에 띄게 증가하고 있는 실정이다.

2006년 7월에 실시된 여론 조사에 따르면 레바논 국민의 87퍼센트가 미국과 이스라엘의 침략에 대한 헤즈볼라의 저항을 지지했다. 기독교인과 드루즈파도 80퍼센트가 헤즈볼라를 지지했다. 심지어 마론계 교회의 대주교이며 레바논에서 친서방세력의 정신적 지도자인 마르 나스랄라 부트로스 스페이르Mar Nasrallah Boutros Sfeir 추기경조차 수니파와 시아파의 종교 지도자들과 회동을 갖고 미국과 이스라엘의 '공격'을 비난했다. 그리고 '헤즈볼라를 필두로 한 저항'을 칭찬하는 공동 성명을 발표하기도 했다. 또 여론 조사에서 확인된 바에 따르면 레바논 국민의 90퍼센트가 "미국이 레바논 국민을 향한 이스라엘의 전쟁 범죄에 동조했다"고 대답했다.

헤즈볼라를 학문적으로 연구한 레바논의 학자 아말 사드 고라엡 Amal Saad Ghorayeb은 "불과 5개월 전에 실시된 유사한 조사 결과에 비교하면 이 결과는 무척 의미심장하다. 당시에는 레바논 국민의 58퍼센트만이 헤즈볼라에게 무장할 권리를 인정했다. 헤즈볼라가 저항을 계속할 수 있는 이유가 분명히 밝혀진 셈"이라고 말했다.

헤즈볼라가 레바논 국민에게 호응을 얻는 이유는 자명하다. 레바논에서 발행된《데일리 스타》의 편집자 라미 후리Rami Khouri의 지적대로 "헤즈볼라가 레바논과 팔레스타인 민간인을 향한 이스라엘의 집요한 공격으로부터 그들을 보호하고, 그들에게 기초적인 도움을 줄 수 있는 대안적 지도자를 부상시키는 식으로 대응해왔기 때문"이다.

미국과 이스라엘이 국가라는 지위를 얻으려는 팔레스타인의 희망을 짓밟고 레바논을 고집스럽게 공격한다면 헤즈볼라와 같은 민중 세력이 힘을 얻어 더욱 극단적으로 변해갈 가능성이 크다.

현재의 위기상황을 두고 중동 지역에서 미국의 가장 오래된 동맹국이자 중요한 동맹국인 사우디아라비아의 압둘라 왕까지 나서 "이스라엘의 오만 때문에 평화적 대안이 거부된다면 전쟁의 가능성밖에 남지 않는다. 그 결과가 이 지역에 어떤 영향을 남길지 누구도 예측할 수 없다. 누구도 전쟁과 갈등에서 피해갈 수 없을 것이다. 무력을 지닌 집단은 불장난을 하고 싶은 유혹에 빠질 것이기 때문"이라고 경고했다.

이스라엘이 세속적인 아랍 민족주의를 분쇄하려다가 헤즈볼라와 하마스를 등장시키는 자충수를 두었다는 사실은 이제 비밀이 아니다. 미국의 야만적 폭력이 극단적인 이슬람 근본주의와 지하드의 테러를 부추긴 것과 다를 바가 없다. 이라크 침략이 그랬듯이 이스라엘의 레바논 공격도 분노와 원한으로 뭉친 새로운 세대의 지하드를 탄생시킬 가능성이 무척 높다.

이스라엘의 작가 유리 아브네리Uri Avnery는 "이스라엘군 참모총장단 할루츠Dan Halutz가 공군 사령관을 지낸 탓인지 폭격기 조준기를 통해 세상을 내려다보는 듯하다"고 독설을 퍼부었다. 럼스펠드, 체니, 라이스 등 부시 행정부의 정책 결정자들도 할루츠와 똑같다.

사드 고라엡은 현재의 위기를 '인류의 종말'이라는 식으로 표현하면서 "미국과 이스라엘의 군사행동으로 시아파 공동체가 이스라엘과 미국 그리고 그들이 배신자로 규정하는 정부를 향해 불평을 쏟아내는 상황"이 닥친다면 "모든 지옥문이 열리게 될 것"이라고 경고했다.

미국과 이스라엘이 현재와 같은 강경 입장을 포기한다면 핵심 쟁점, 즉 이스라엘과 팔레스타인 간의 갈등은 외교적으로 해결될 수 있

다. 중동 지역을 분란에 몰아넣는 그밖의 다른 중요한 문제들도 협상과
외교로 풀어갈 수 있다. 물론 외교적 협상이 성공하리라는 보장은 없
다. 그러나 합리적으로 생각할 때 외교적으로 협상하는 것보다 폭격기
조준기로 세상을 보는 것이 더 큰 위험을 초래하고 급기야 '인류의 종
말'을 가져올 가능성이 더 크다는 것은 부인할 수 없는 사실이다.

(2006. 8. 24)

* _____
감옥에 대해서는 Aviv Lavie, 〈Inside Israel's secret priosn〉, *Haaretz*, 2003년 8월 22
일, Jonathan Cook, 〈Facility 1391: Israel's Guantanamo〉, *Le Monde diplomatique*,
2003년 11월, Chris McGreal, 〈Facility 1391: Israel's secret prison〉, *Guardian*(UK),
2003년 11월 14일자를 참조할 것.

** _____
Gideon Levy, *Haaretz*, 2006년 7월 2일, 8월 18일. B'Tse;em, 〈Act of Vengeance:
Israel's Bombing of the Gaza Power Plant and its Effect〉, 2006년 9월. 물론 일부의
사례에 불과하다.

라틴아메리카, 독립을 선언하다

유럽에게 정복당한 지 5세기가 지난 지금, 라틴아메리카는 진정한 독립을 추진하고 있다. 베네수엘라에서 아르헨티나까지 라틴아메리카 대다수 지역에서는 지난 세기를 짓눌렀던 외세의 지배를 떨쳐내고, 잔혹하고 파괴적인 사회 형태를 뒤바꾸려는 움직임이 일어나고 있다.

라틴아메리카에서 자행되었던 폭력과 경제 전쟁이라는 제국주의적 지배 메커니즘은 이제 그 힘을 상실해가고 있다. 이는 그 땅이 독립을 향해 나아가고 있다는 뚜렷한 징조라고 할 수 있다. 워싱턴도 라틴아메리카에 위치한 각국 정부들을 달래는 데 급급한 실정이다. 과거였다면 간섭과 실력 행사를 서슴지 않았을 텐데 말이다.

라틴아메리카 전역에서 민중 운동이 대대적으로 일어나면서 의미 있는 민주주의를 위한 초석이 놓이기 시작했다. 특히 볼리비아와 에콰도르에서는 원주민들이 콜럼버스 이전 시대의 유산을 재발견한 것처럼 역동적으로 활동하며 영향력을 키워가고 있다. 이런 발전적 변화는 여론조사기관과 전문가가 오래 전부터 꾸준히 관찰해온 결과에서도 확인된다. 선거로 선출된 정부가 한층 더 민주화되면서 국민들도 민주주의의 기능 방식에 대한 환멸과 민주적 기관에 대한 '믿음의 결여'를 쏟아내기 시작했고, 엘리트 계급과 외세의 지배가 아닌 민중의 참여에 근거한 민주 제도를 건설하려고 노력하기 시작했다.

기존의 민주적 기관이 믿음을 상실한 이유는 아르헨티나의 정치학자 아틸리오 보론Atilio Boron의 연구에서 설득력 있게 설명된다. 보론의 지적에 따르면 외부에서 강요된 경제 '개혁'은 실질적인 민주주의를 위태로운 지경에 빠뜨렸고, 모든 면에서 민주주의를 침해하고 있는 신자유주의적인 '워싱턴 컨센서스'는 라틴아메리카를 경제적 재앙으로 몰아넣었다. 이런 파국은 신자유주의 원칙을 엄격하게 따르고 있는 다른 지역에서도 똑같이 확인되었다.

'민주주의'와 '발전'이라는 두 가지 개념은 많은 면에서 밀접한 관계를 갖는다. 첫째 그 둘은 '주권의 상실'이라는 공동의 적을 갖는다. 국민국가화 된 세계에서 주권의 상실은 곧 민주주의의 쇠퇴로 귀결된다. 또 사회·경제적 정책을 독자적으로 입안할 능력의 쇠락을 뜻하기도 한다. 따라서 주권의 상실은 발전을 저해하게 마련이다. 이런 흐름은 지난 수 세기 동안의 경제사에서 입증된 결론이다.

주권의 상실이 규제 완화의 강요로 이어진다는 것은 역사에서도 증명된다. 그리고 규제 완화는 그런 사회·경제 체제를 강요한 권력 집단에게만 이익을 안겨줄 뿐이다. 최근 들어 이처럼 강요된 체제가 '신자유주의neoliberalism'로 흔히 불린다. 그다지 올바른 용어는 아니다. 그런 사회·경제 체제가 전혀 새로운 것도 아니고 자유주의적인 것도 아니기 때문이다. 적어도 고전 자유주의자들이 이해하던 자유주의는 아니다.

　미국에서도 제도적 기관에 대한 믿음이 꾸준히 하락하고 있는 추세다. 거기에는 충분한 이유가 있다. 그동안 공공정책에 국민들의 여론이 거의 반영되지 않았다. 여론이 언론에 거의 보도되지 않았기 때문에 국민들도 그들의 선택이 경시된다는 사실을 알고 있었을 것이다.

　세계에서 가장 부자인 나라인 미국과 라틴아메리카에서 가장 가난한 나라인 볼리비아에서 최근에 실시된 대통령 선거를 비교해보면 아주 흥미로운 점이 발견된다.

　앞에서도 지적했듯이, 2004년 11월 미국 유권자들은 특권 엘리트 집단 출신인 두 후보자를 놓고 선택해야 했다. 그들의 선거 공약은 비슷했다. 그들의 주된 유권자인 부자와 특권층의 요구에 부응하는 공약이었다. 여론조사를 분석한 결과에 따르면 대다수의 주된 쟁점에서 두 정당은 국민들의 입맛을 맞추려고만 했다. 부시 행정부가 특히 그랬다. 부분적이지만 이런 이유에서 많은 문제가 선거전에서 쟁점화되지 못했다. 따라서 쟁점들에 대한 후보자의 입장을 모르는 사람이 태반이었다. 후보자들은 멋지게 포장되어 치약, 자동차, 건강식품처럼 팔렸을 뿐이다. 속임수로 국민을 현혹시킨 것이다.

　반면, 지난 12월 볼리비아 선거에서 에보 모랄레스가 어떻게 당선되었는지 살펴보자. 볼리비아의 유권자들은 선거의 쟁점이 무엇인지 잘 알고 있었다. 에보 모랄레스는 천연가스를 비롯한 에너지 자원의 국내 지배와 같은 중요하고 실질적인 쟁점을 국민들에게 널리 알렸고, 그로 인해 국민들로부터 압도적인 지지를 얻었다. 또 풀뿌리 조직들이 끊임없이 투쟁하며 쟁점화한 중요한 문제들, 특히 원주민의 권리와 여성

외부에서 강제된 경제 '개혁'은
실질적인 민주주의를 위태로운 지경에 빠뜨렸다.
그리고 모든 면에서 민주주의를 침해하고 있는
신자유주의적인 '워싱턴 컨센서스'는
라틴아메리카를 경제적 재앙으로 몰아넣었다.

의 권리, 토지 사용권과 수자원 사용권 등이 정치 의제로 떠올랐다. 그 결과 볼리비아 국민들은 소수 특권층을 대표한 후보를 버리고, 그들과 똑같은 계급 출신의 후보를 선택했다. 관례적으로 수년에 한 번씩 투표소를 찾는 것에서 벗어나 실질적인 참여가 있었기에 가능한 결과였다.

미국과 볼리비아의 선거를 비교해볼 때 '민주주의의 진작'을 위한 프로그램이 어느 나라에서 정말로 필요한지 의문을 갖지 않을 수 없다. 그러나 라틴아메리카는 이런 발전 과정 속에서도 앞으로 나타날 심각한 내부 문제들을 체념한 채 받아들일 가능성도 없지 않다. 이 지역에서 부유한 계층의 약탈과 탐욕 그리고 사회적 무책임이 하늘을 찌를 정도기 때문이다.

이런 점에서 라틴아메리카와 동아시아의 경제 발전과정을 비교한 연구는 많은 것을 말해준다. 라틴아메리카는 세계에서 불평등지수가 가장 높은 지역이지만, 동아시아는 정반대로 가장 낮은 지역이다. 교육과 건강 등 전반적인 사회복지에서도 마찬가지다. 라틴아메리카에서 수입품은 주로 부유층을 위한 소비재에 편중되어 있지만 동아시아에서는 생산적 투자로 연결된다. 또 라틴아메리카에서의 자본 도피는 외채 규모에 버금간다. 이런 파멸적인 부담을 극복할 방법을 찾아야 한다는 뜻이기도 하다. 반면에 동아시아에서는 자본 도피가 엄격하게 규제되어 있다.

라틴아메리카 경제는 아시아에 비해 외국자본의 투자에 개방적인 태도를 취해왔다. 유엔 무역개발회의UNCTAD(United Nations Conference on Trade and Development)에 따르면 1950년대 이후 라틴아메리카는 산업 생산에서 외국의 다국적 기업이 국내 기업보다 훨씬 큰 몫을 차지해왔다. 반면에 동아시아는 다국적 기업의 몫이 작았던 덕분인지 산업 생산에서 성공가도를 달렸다. 세계은행의 보고서도 이와 비슷하다. 라틴 아메리카에서는 외국 투자와 민영화로 인해 자본 유출이 심화됐고 산업 지배권을 빼앗겼으며 이익금을 국경 밖으로 내보냈지만, 동아시아에서는 그런 현상이 거의 없었다.

그러나 라틴아메리카에서 새로운 사회·경제 프로그램이 진행되면서 스페인 정복시기 이전의 라틴아메리카로 회귀되는 상황이 벌어지기 시작했다. 지금까지 라틴아메리카의 정치와 경제는 제국주의 강대국들과만 결탁되어 있었을 뿐 주변국과는 특별한 관계를 형성하지 못했다. 그러나 이제는 그런 사슬이 끊어지고 있다.

물론 워싱턴에게는 이런 변화가 조금도 달갑지 않을 것이다. 미국이 자원과 시장 그리고 투자를 위한 안전한 기지로 라틴아메리카를 생각해온 전통적인 이유 때문이다. 정책 결정자들이 오래 전부터 강조한 것처럼 라틴아메리카가 미국의 통제권으로부터 벗어난다면 과연 미국은 다른 지역에서도 빗발치는 저항을 감히 억누를 수 있을까?

(2006. 9. 6)

라틴아메리카를 위한 대안

      탄생과 죽음의 우연한 시간적 일치 속에서 라틴아메리카의 각국 정상들은 라틴아메리카, 더 나아가서는 세계가 변하기 시작했다는 사실을 우리에게 알려주었다. 칠레의 전 독재자 아우구스토 피노체트Augusto Pinochet가 죽던 날, 라틴아메리카의 국가 지도자들은 볼리비아 코차밤바에서 개최된 이틀간의 정상회담을 마쳤다. 에보 모랄레스 볼리비아 대통령이 주관한 이 회담에 참석한 지도자들과 여기에서 채택된 의제들은 피노체트가 주장하던 신나치적 총력 안보 국가의 시대가 끝났다는 것을 선언했다. 서구의 맹주 역할을 하던 미국의 지원을 받은 독재자들이 아르헨티나에서 중앙아메리카까지 테러와 고문 및 잔혹행위를 서슴지 않았던 시대가 이제 끝난 것이다.

    코차밤바 선언에서 12개국의 대통령들과 특사들은 유럽 연합과 유사한 라틴아메리카 공동체를 결성하기 위한 연구에 착수하기로 합의했다. 코차밤바 선언은 라틴아메리카의 지역 통합을 위한 최근의 움직임을 구체화한 것이다. 이는 유럽에게 정복당한 이후 500년 만의 쾌거가 아닐 수 없다. 베네수엘라에서 아르헨티나까지 라틴아메리카 대륙은 제국주의와 테러의 유산을 떨쳐내고 대안적 미래를 어떻게 만들어가야 하는가를 세계에 보여주는 표본이 될 수도 있다.

미국은 폭력과 경제적 교살이라는 두 가지 수단으로 이 지역을 오랫동안 지배해왔다. 일반적으로 국제 문제는 마피아와 무척 흡사하다. 대부는 조그만 상점 주인의 반항도 가볍게 넘어가지 않는다. 라틴아메리카는 이런 관계를 처절하게 경험했다.

그동안 독립하려는 시도는 철저하게 짓밟혔다. 지역적 협조가 없었기 때문이기도 했다. 지역적 협조가 없었던 까닭에 위협을 혼자서 외롭게 감당해야 했던 것이다.

미국에게 진정한 적은 독립을 요구하는 민족주의다. 특히 그런 민족주의가 '전염성을 지닌 사례'로 발전될 조짐을 보이면 미국은 경각심을 늦추지 않았다. 앞에서도 말했듯이 헨리 키신저는 칠레의 민주적 사회주의를 '전염성을 지닌 사례'로 규정하며 1973년 9월 11일에 그 전염병을 박멸해버렸다.

미첼 바첼렛Michelle Bachelet 칠레 대통령도 코차밤바 회담에 참석했다. 아옌데처럼 바첼렛도 사회주의자고 의사 출신이다. 또 망명 생활을 했고 정치범으로 투옥된 전력도 있다.

코차밤바에서 볼리비아의 에보 모랄레스 대통령과 베네수엘라의 우고 차베스 대통령은 새로운 합작사업을 추진하기로 합의했다. 볼리비아의 천연가스를 개발하는 합작사업이다. 이런 협력으로 세계 에너지 생산에서 라틴아메리카의 역할은 더욱 공고해질 것이다. 베네수엘라는 라틴아메리카에서 석유수출국기구OPEC의 유일한 회원국으로,

중동 지역을 제외하면 최대의 석유 매장량을 지닌 국가다. 차베스는 중국이 아시아에서 시도하려는 것과 유사한 통합 에너지 시스템인 '페트로 아메리카'를 계획하고 있다.

에콰도르의 신임 대통령 라파엘 코레아Rafael Correa는 브라질 열대 우림에서 에콰도르의 태평안 연안까지를 연결하는 무역로 개설을 제안했다. 라틴아메리카의 '파나마 운하'를 건설하자는 제안이었다. 또 서구의 언론 독점에 맞서기 위해 텔레수르Telesur의 가청 범위를 확대하는 방안 등 바람직한 발전적 제안들도 있었다. 특히 룰라 다 실바 브라질 대통령은 각국 지도자들에게 어려운 일이기는 하지만 역사적 차이를 극복하고 대륙 통합을 이루어내자고 촉구했다. 통합은 진정한 독립을 위한 전제 조건이다. 스페인과 영국을 비롯한 유럽의 열강들과 미국에 의한 식민 역사는 대륙을 갈갈이 찢어놓았을 뿐 아니라, 소수 엘리트 계급인 부자와 다수의 가난한 국민을 분열시키는 상처를 남겨놓았다.

인종의 상관관계도 무척 유사하다. 부자인 엘리트 계급은 백인이고 유럽인이며 서구화되었지만, 가난한 사람은 원주민이고 흑인이며 혼혈이다. 백인 엘리트 계급은 라틴아메리카에서 다른 나라들과 상호관계를 거의 갖지 않았다. 그들은 서구 세계를 지향하기 때문에 그들이 속한 라틴아메리카 사회에는 관심을 두지 않았던 것이다.

라틴아메리카가 새로운 방향으로 발전하자 미국도 어쩔 수 없이 정책을 수정해야만 했다. 룰라가 대통령인 브라질처럼 미국의 지원을 받는 정부들은 과거였다면 아마 전복되었을 가능성이 크다. 1964년, 주앙 골라르트João Goulart 브라질 대통령이 미국의 지원을 받은 쿠데타 세력에게 전복당한 선례가 있지 않은가.

요즘에는 미국 재무부의 한 부서나 마찬가지인 국제통화기금IMF이 경제 통제의 수단으로 이용되고 있다. 아르헨티나는 2001년 경제 파국을 맞기 전까지 IMF의 상징처럼 여겨졌다. 경제 위기를 맞은 아르헨티나는 IMF의 권고를 무시하며 외채 상환을 거부하고 외채에서 남은 몫을 청산하는 방향을 택해 경제 회복을 이루어냈다. 이때 베네수엘라의 도움이 컸다. 이는 남미 국가들 간의 협조가 필요하다는 사실을 보여준 또 하나의 증거다.

브라질도 나름대로의 방식으로 IMF의 족쇄에서 벗어났다. 볼리비아는 거의 25년 동안 IMF의 권고를 충실히 따랐지만, 결국 처음보다 국민소득이 더 떨어지는 참담한 수렁에 빠져들었다. 이제 볼리비아도 베네수엘라의 지원을 받아 IMF의 그늘에서 벗어나고 있는 중이다.

라틴아메리카에서 미국은 중도좌파 정부와 타협할 수밖에 없었고, 결국 '미국 편'과 '나쁜 편'을 구분하는 방향으로 전략을 수정했다. 브라질의 룰라는 '미국 편'인 반면 차베스와 모랄레스는 '나쁜 편'인 것이다.

그러나 워싱턴의 기본 노선을 유지하기 위해서는 교묘한 술책을 부릴 필요가 있었다. 예컨대 룰라는 2006년 10월 대통령에 다시 당선되자 카라카스로 날아가 차베스의 선거 유세를 지원했다. 또 룰라는 브라질 건설회사가 베네수엘라 오리노코 강에 건설한 다리의 제막식에 참석했고, 다른 합작 사업도 논의했다.

2006년 12월, 라틴아메리카의 공동시장인 메르코수르Mercosur는 연 2회 열리는 정기 회담에서 '라틴아메리카의 통합'을 주제로 삼았다. 여기에서 룰라는 메르코수르 의회의 출범을 알렸다. 라틴아메리카가 과거의 악몽으로부터 해방되고 있다는 희망찬 신호가 아닐 수 없다.

국가 간의 통합과 국내 구성원 간의 통합이라는 이중의 과제를 방

해하는 장애물이 예사롭지 않지만, 지금까지의 과정은 밝은 미래를 보
장해주는 듯하다. 진정한 민주주의와 간절히 필요한 사회적 변화를 위
한 초석을 놓은 역동적인 민중 조직이 큰 역할을 해준 덕분이다.

(2006. 12. 29)

이라크, 무엇이 문제인가

이라크에 대한 가장 중요한 정보들 중 일부는 서구 세계에서 무시되거나 아예 발표되지 않는다. 이런 사실을 고려하지 않는다면 미국의 대이라크 정책에 대한 평가는 도덕적으로나 전략적으로 적절하지 못할 것이다.

예를 들어 보겠다. 바그다드, 안바르, 나자프에서 실시한 '침략과 그 결과'에 대한 여론조사에 따르면 "이라크 국민의 90퍼센트 가량이 이라크의 상황이 미국의 침략 전보다 나빠졌다"고 생각하는 것으로 나타났다. UPI(United Press International) 통신은 이 조사가 바그다드에 본부를 둔 이라크 조사 및 전략연구센터에서 2006년 11월에 실시한 것이라고 밝혔다. 레바논 베이루트의 《데일리 스타》는 "응답자의 거의 절반이 미군을 중심으로 한 연합군의 즉각 철수를 바랐다"고 보도했다. 또 20퍼센트는 단계적 철수를 즉각 시작해야 한다고 대답했다. 역시 미국에서는 발표되지 않았지만 미국 국무부의 여론조사에서도 바그다드 시민의 3분의 2가 연합군의 즉각 철수를 바라는 것으로 나타났다.

그러나 이라크와 미국 등의 정책 결정자들은 국민 여론이 정책 결정을 지연시키거나 방해하지 않으면 그들의 의견을 거의 무시한다. 이런 현상은 정책 결정자와 그 하수인들이 민주주의를 얼마나 경멸하는지를 보여주는 증거가 아닐 수 없다. 하지만 그들은 민주주의를 사랑하고, 민주주의를 진작시켜야 한다는 메시아적 소명으로 멋지게 포장된 현란한 수식어는 절대 빠뜨리지 않는다.

미국의 여론 조사에서도 과반수가 전쟁을 반대하는 것으로 나타났다. 그러나 이 결과는 언론으로부터 별다른 주목을 받지 못했기 때문에 정책 결정자들을 압박하는 수단으로 발전하지 못했다. 심지어 현 정책을 비판하는 사람들 중에서도 이러한 결과를 전혀 모르는 사람들이 많았다. 최근에도 부시 행정부의 정책을 비판하며 설득력 있는 대안을 제시해서 세계적으로 인정받고 있는 베이커·해밀턴 이라크 연구그룹Iraq Study Group이 괄목할 만한 보고서를 제시했지만 금세 잊히고 말았다. 하지만 이 보고서도 이라크 국민의 여론을 거의 고려하지 않는 잘못을 범했다. 이라크 국민들의 감정을 조사한 결과를 부분적으로 언급하기는 했지만 미군의 안전을 고려하는 데서 그치고 말았다. 결국, 이 보고서에 암묵적으로 깔려있는 전제도 '정책은 미국 정부에게 유리하도록 결정돼야 한다는 것'이다. 이라크 국민, 심지어 미국 국민의 이해관계는 무시해도 상관없다는 뜻이다.

베이커·해밀턴 보고서는 이런 정책의 주된 목표에 대해 아무런 의문도 제기하지 않았다. 즉, 미국이 왜 이라크를 침략했고, 주권국가면서 어느 정도 민주적인 국가를 지향하는 이라크를 왜 두려워하고 있는지에 대해서는 다루지 않은 것이다. 하지만 그 답을 찾아내기란 어렵지 않다. 이라크 침략의 진짜 이유는 이라크의 석유 매장량이 세계 2위이고, 그 석유를 채굴하는 데도 어렵지 않으며, 이라크가 에너지 자원의 주요 공급처인 중동의 심장부에 위치하고 있기 때문이다. 문제는 이 자원에 대한 접근권 확보가 아니라 그 자원의 지배권에 있었다. 물론 에너지 기업의 이익을 위해서다. 딕 체니 부통령이 2006년 5월에 밝힌 것처럼 에너지 자원의 지배는 '공갈과 협박의 수단'이 될 수 있다. 미국의 아닌 다른 나라의 손에 들어간다면 말이다.

베이커·해밀턴 보고서에는(주로 미국과 영국의 기업을 가리키겠지만) 예상대로 기업들에게 이라크의 에너지 자원의 지배권을 허용하라는 권고가 감추어져 있었다. "미국은 이라크 지도자들이 국영 석유산업의 효율성과 투명성을 높이고 책임감을 갖도록 해야 한다. 그러기 위해서는 국영 석유산업을 민간 기업으로 재조직할 수 있도록 지원을 아끼지 않아야 한다"고 본래의 의도를 교묘하게 감춘 것이다.

이라크 연구 그룹은 이처럼 답이 뻔한 문제를 의도적으로 다루지 않았기 때문에 이라크 침략에서 비롯된 재앙 앞에서 미국이 어떤 정책을 실질적으로 선택해야 하는지를 직시할 수 없었다.

베이커·해밀턴 보고서는 미군의 이라크 철수 문제를 집중적으로 다루었다. 특히, 직접적인 전투에서 철수해야 한다는 데 초점을 맞췄다. 그러나 온갖 조건을 군더더기로 덧붙인 그들의 제안은 애매하기 이를 데 없다. 미국은 이라크에 미군을 상주시킬 의도가 전혀 없다는 사실을 천명하라고 대통령에게 촉구하면서도 미군기지 건설을 중단하라는 요구는 전혀 없다. 따라서 이들의 제안이 이라크 국민들에게 진지하게 받아들여질 가능성은 거의 없다.

또 실수였는지 모르겠지만 이 보고서는 현대 군의 중추라 할 수 있는 병참 업무를 미국의 관할 하에 두고, 이라크 부대 내에 주둔한 미국의 전투 병력을 보호할 수 있도록 '예방적 조치force protection'를 위한 전투 부대는 남겨둬야 한다는 가정에서 출발하는 듯했다. 하지만 이라크 국민의 60퍼센트가 그리고 미군이 실제로 주둔한 아랍계 이라크 부대에서는 이보다 훨씬 높은 수치가 그들의 부대 내에 주둔한 미군을 당연한 공격 목표로 삼아야 한다는 데 반대하지 않았다.

그리고 미국이 앞으로도 영공을 완전히 통제할 것이란 문제는 논의조차 되지 않았다. 만약 그렇게 된다면 미국이 인도차이나 전쟁 마지막 단계에서 지상군을 철수시키면서 사용했던 파괴적 전술을 동원하지 않으리라는 보장이 없다. 실제로 캄보디아 전문가인 테일러 오언Taylor Owen과 벤 키어넌Ben Kiernan(예일대학교 대량학살 연구소 소장)은 캐나다에서 발간되는 잡지《월러스Walrus》(2006년 10월)에 기고한 〈캄보디아에 떨어진 폭탄〉이란 무척 중요한 글에서 그런 끔찍한 가능성을 제기했다. 미국이 남베트남에서 철수하면서 라오스 북부와 캄보디아를 표적으로 무자비한 폭격이 자행했다는 사실은 이미 널리 알려져 있다. 그러나 오언과 키어넌은 그 규모와 결과에 대해 새로운 사실을 폭로했다. 그들이 새롭게 구한 자료에 따르면 캄보디아에 가해진 폭격은 그동안 알려진 규모의 5배에 달했다. 그동안 알고 있었던 폭격 규모도 믿기지 않을 정도였는데 새로 밝혀진 자료가 사실이라면 엄청난 충격이 아닐 수 없다. 쉽게 말하면 주로 농촌인 캄보디아에 떨어뜨린 폭탄이 2차대전 내내 연합군이 떨어뜨린 폭탄보다 많다는 뜻이다.

새로운 자료는 폭격의 결과에 대한 과거의 추정을 실질적으로 재확인해준다. 두 학자의 말을 빌면 "캄보디아에서 민간인 사상자가 속출하자 분노한 민중이 반란군으로 돌변하기 시작했다. 폭격이 시작되기 전에 반란군은 민중의 지원을 거의 받지 못했지만, 폭격으로 인해 크메르 루즈Khmer Rouge의 세력이 급속히 확산되었고 결국 대량학살로 이어졌다"는 것이다. 폭격을 지시한 닉슨의 명령은 키신저를 통해 "움직이는 모든 것에, 날아다니는 모든 것에 폭탄을 퍼부어라!"라는 말로 전달되었다. 어떤 국가의 기록에서도 이처럼 극악무도한 전쟁 범죄, 실질적으로 대량학살에 해당되는 명령은 찾아볼 수 없을 것이다.

키신저의 지시는 2004년 5월 27일의 《뉴욕타임스》에도 보도되었지만 이에 대한 논평이나 반응은 전혀 없었다. 오로지 침묵만이 그 발언을 반겨주었을 뿐이다. 이런 무반응은 크메르 루즈가 잔혹행위를 자행하는 동안에도 개인적인 이득을 위해서 또 권력 집단의 이득을 위해서 캄보디아인의 불행을 웃으면서 이용했던 서구 지식인들의 위선적 태도를 보여주는 분명한 방증이다. 그들은 캄보디아 사람들을 위해서 어떤 조치를 취해야 하는지 한 마디의 제안도 하지 않았다. 우리에게 일차적 책임이 있기 때문에 우리가 마음만 먹었더라면 종식시킬 수도 있었던 학살이었는데 말이다.* 이와 같은 전례에 비추어볼 때 앞으로 이라크에서 전개될 수도 있는 상황에 대한 오언과 키어넌의 우려를 가볍게 넘길 수만은 없을 것이다.

미군이 이라크에서 철수하면 내란이 전국적으로 확대되어 이라크의 파멸을 초래할 수도 있다고 걱정하는 학자도 있다. 물론 철수의 결과에 대해서는 누구나 개인적으로 판단할 권리를 갖지만 모든 판단이 미국 정보기관의 판단만큼이나 충분한 근거를 제시하지 못하고 있기 때문에 의심스러울 뿐이다. 그러나 이런 판단은 중요하지 않다. 중요한 것은 이라크 국민들의 생각이다. 무엇보다 그들의 생각이 가장 중요하게 고려되어야 한다.

많은 여론조사에서 일관되게 나타나는 결과로도 충분하지 않다면 철수 문제를 국민투표에 붙일 수도 있을 것이다. 물론 점령군과 점령군에 아부하는 이라크 권력집단의 억압을 최소화하기 위해서 국제 감시 아래에서 국민투표는 시행되어야 마땅하다.

베이커·해밀턴 보고서의 권고와 달리, 또 이라크와 미국의 여론과 달리, 워싱턴은 이라크에 더 많은 군인을 파견할 계획을 가지고 있는 것 같다. 그러나 이런 전술이 성공하리라고 생각하는 군사 전략가나 중동 전문가는 거의 없다. 미국의 침략이 목표를 달성할 수 있느냐는 문제에만 매달리지 말고 논의의 범위를 확대한다면 그런 전술의 성공 여부가 중요한 쟁점이 아니라는 것을 알 수 있을 것이다. 중동 지역의 석유 자원을 지배하려는 미국의 외교 정책을 과소평가해서는 안 된다. 점령군이 이라크에 진정한 주권을 쉽게 허락하지는 않을 것이다. 하지만 점령군이나 이웃 국가들이 이라크의 파멸을 방관하지도 않을 것이다. 그렇게 하지 않으면 그 여파로 그 지역이 전쟁의 불바다로 변할 가능성이 크기 때문이다.

(2007. 1. 30)

*
지식인의 역사에서 이런 야비한 면에 대한 연구로는 에드워드 허먼·노엄 촘스키의 《여론조작 : 매스미디어의 정치경제학》(1988, 2002년 개정)과, 이 책에서 언급된 자료 및 《인권의 정치경제학》(1979)을 참조할 것.

워싱턴과 테헤란 간의 냉전

세계의 에너지 공급원인 중동에서 두 나라만이 미국의 기본적인 요구에 반발해왔다. 이란과 시리아다. 이란이 훨씬 위험하기는 하지만 두 나라는 모두 미국의 적이다.

냉전시대에 흔히 그랬던 것처럼 폭력 행사는 주적主敵의 악의적인 영향력 행사에 대한 반발로 정당화되고 있다. 그러나 그 구실은 설득력이 없는 경우가 비일비재하다. 따라서 부시가 이라크에 파견군을 증원하기로 한 결정에 대해 이라크의 내부 문제에 이란이 간섭하기 때문이라는 핑계를 댔다고 해서 놀랄 필요는 없다. 결국, 워싱턴이 세계를 지배해야 한다는 암묵적인 전제 아래에서 모든 나라는 외국의 간섭을 받지 않아야 한다는 뜻이다.

워싱턴에 팽배한 냉전적 사고방식에 따르면 이란의 테헤란은 이라크 남부와 시리아의 시아파를 거쳐 레바논의 헤즈볼라까지 연결되는 이른바 시아파 초승달의 정점이다. 미국은 이라크에 군사력을 증원해서 이란을 더욱 위협하고 비난의 강도를 높이면서도 의제를 이라크로 한정한다는 조건 아래 지역 강국들의 회담에 마지못해 참석하는 모습을 보였다. 더 정확히 말하면 이라크에서 미국의 목표를 성취하는 데만 의제를 국한시킨 것이다.

이처럼 미국이 최소한의 외교적 제스처를 취하는 목적은 워싱턴의 지나친 침략성, 이란을 공격할 목적으로 배치된 군사 그리고 끊이지 않는 도발과 협박 등에서 비롯된 중동 지역의 두려움과 분노를 가라앉히는 데 있다.

미국이 중동 지역에서 갖는 최우선 목표는 다른 지역과는 비교조차 되지 않는 엄청난 에너지 자원의 실질적 지배권을 유지하는 것이다. 누구나 주인 잃은 석유를 소유할 수 있다. 석유는 이제 세계 지배를 위한 도구로 이해되고 있다. 그런데 '초승달' 지역에 대한 이란의 영향력이 미국의 지배권을 위협하고 있다. 지리적 은덕 때문인지 세계의 주요 유전은 이라크 남부, 사우디아라비아와 이라크의 근접 지역 그리고 이란 등 주로 시아파 지역에 몰려 있다. 천연가스가 매장된 지역도 마찬가지다. 시아파가 느슨한 연대를 구성해 석유 자원을 지배하고 미국으로부터 독립한다면 워싱턴에게는 최악의 악몽이 아닐 수 없다.

이런 연대가 구성된다면 '아시아 에너지 안보망Asian Energy Security Grid'이나 중국을 중심으로 한 '상하이 협력기구Shanghai Cooperation Organization'와 손잡을 가능성도 배제할 수 없다. 더구나 이란은 이미 상하이 협력기구의 옵저버 자격을 얻어 조만간 정식 회원국이 될 전망이다. 2006년 6월, 홍콩의 《사우스 차이나 모닝 포스트》는 "상하이 협력기구의 연례 회의에 참석한 마흐무드 아흐마디네자드Mahmoud Ahmadinejad 이란 대통령은 이란이 핵 프로그램으로 비난을 받는 일이 생긴다면 이란을 지켜달라고 회원국들에게 촉구했다"고 보도했다. 한편 비동맹운동(미·소 냉전 시대 이래 지속되어온 제3세계 국가들의 연대·협력 운동) 국가들은 이란이 핵 프로그램을 지속하도록 '양도할 수 없는 권리'를 확인해주었고, 중앙아시아 국가들까지 포함한 상하이 협력기구는 "미국에게 모든 회원국에 주둔한 군사를 철수시킬 기한을 제시하라"고 촉구했다.*

부시 행정부의 정책 입안자들이 이런 촉구를 받아들인다면 세계에서 미국의 입지는 크게 흔들릴 것이다. 1979년, 샤 정권의 전복과 미국 대사관 인질 사건 이후로 줄곧 계속된 테헤란의 저항적 태도가 워싱턴에게는 못마땅할 것이다. 1979년 이전에 미국이 이란에서 저지른 행위는 역사에서 지워졌다. 이란의 도전적 태도에 대한 보복으로 워싱턴은 사담 후세인을 지원하기 시작했고, 그 결과 사담은 이란을 공격해서 수십만 명을 죽였고 이란을 폐허로 만들었다. 그후에도 미국은 살인적 제재를 멈추지 않았다. 특히 부시 행정부는 이란의 외교적 노력을 방해하며 이란을 직접 공격하겠다는 위협의 고삐를 늦추지 않고 있다.

2006년 7월, 이스라엘이 레바논을 침략했다. 1978년 이후 다섯 번째 침략이었다. 예전에도 그랬지만 이스라엘의 침략을 지원한 미국은 비난받았고 그럴싸하게 내세운 구실도 거짓으로 들통나버렸다. 레바논 국민들의 참상은 말로 표현하기 힘들 정도였다. 미국과 이스라엘이 레바논을 공격하며 둘러댄 이유는 뻔하다. 헤즈볼라의 로켓포 때문일 것이다. 이란을 공격하려는 미국과 이스라엘에게 로켓포 공격은 적당한 위협거리로 둔갑될 수 있었다.

이러한 무력시위를 벌이기는 했지만 부시 행정부가 이란을 공격할 가능성은 극히 낮다. 전 세계가 강력하게 반대하기 때문이다. 또 미국인의 75퍼센트가 이란에 대한 군사적 응징보다 외교적 타협을 바라고 있다. 앞에서도 지적했듯이 미국과 이란의 국민들은 핵 문제에서 거의 비슷한 생각을 가지고 있다. '테러가 없는 내일Terror Free Tomorrow'이 실시한 여론조사에 따르면 "이란의 페르시아계 시아파와 아랍계 이웃 나라들 그리고 터키와 파키스탄에서 다수를 차지하고 있는 수니파 간 에 역사적으로 뿌리 깊은 반목이 있긴 하지만, 이들 나라에 속한 국민 의 압도적 다수는 미국의 군사적 행동에 맞선 이란의 핵무장을 인정하 는 분위기"였다.

이란이 미국의 공격을 견뎌낼 수는 없을 것이다. 그러나 다른 식으 로 대응할 수는 있다. 특히 이라크와는 비교조차 되지 않는 엄청난 폭 동이 이란 내부에서 일어날 수 있다. 영국의 군역사학자 코넬리 바넷 Cornelli Barnett은 섬뜩한 경고를 서지 않으면서 "이란의 공격은 실질 적으로 3차대전의 개전開戰일 수 있다"고 말했다.

부시 행정부는 허리케인 카트리나가 휩쓸고 간 뉴올리언스에서 이 라크까지 가는 곳마다 재앙을 안겨주었다. 뭔가 좋은 일을 해보려고 필 사적으로 노력하는 것 같지만 오히려 훨씬 큰 불행을 감수해야 하는 모 험을 시도하고 있는 것이다.

한편 워싱턴은 이란이 내부로부터 와해되기를 기대하고 있을지도 모른다.** 사실 이란의 인종 분포는 무척 복잡하다. 국민의 다수가 페 르시아인이 아니다. 분리론자들의 목소리가 만만치 않기 때문에 워싱 턴이 그들을 선동할 가능성도 없지 않다. 예컨대 이란의 석유가 집중적 으로 매장되어 있고, 페르시아계보다 아랍계가 다수를 차지하고 있는 후제스탄 지역이 목표가 될 수 있다.

이란에 대한 압박이 점점 심해지면서 이란을 경제적으로 옥죄려는 미국의 노력에 동조하는 나라가 점점 많아지고 있다. 특히 유럽 국가들에서 눈에 띄는 현상이다. 또 하나의 예측 가능한 결과는 이란의 지도 층을 자극해서 이란 국민을 가혹하게 억압하도록 유도하는 것이다. 그 렇게 되면 워싱턴의 비열한 전술을 맹렬히 비난하는 용기 있는 이란 개 혁가들의 노력이 무산되면서 혼란과 저항이 빗발칠 것이다.

이란 지도층을 악마로 둔갑시키는 모략도 있을 수 있다. 서구 세계 에서는 마흐무드 아흐마디네자드 이란 대통령의 거침없는 발언이 이 상하게 번역되어 곧바로 언론의 머리글에 실린다. 하지만 아흐마디네 자드는 외교 정책에서 아무런 실권이 없고, 그의 상관인 이란의 최고 지도자 아야톨라 하메네이가 외교 정책을 좌지우지한다는 것은 널리 알려진 사실이다.

미국 언론은 하메네이의 발언을 무시하는 경향을 가지고 있다. 특 히 그의 발언이 유화적일 때는 더욱 그렇다. 예컨대 이스라엘은 존재해 서는 안 될 나라라는 아흐마디네자드의 발언은 대서특필되었지만 하 메네이가 "이란은 이슬람·아랍세계에서 가장 중요한 쟁점인 팔레스타 인 문제에서 다른 아랍 국가들과 똑같은 생각을 갖고 있다"고 말했을 때 미국 언론은 침묵으로 일관했다. 하메네이의 발언은 이란도 아랍연 맹Arab League의 입장, 즉 미국과 이스라엘만이 세계에서 외롭게 반대 하는 '두 국가의 정착안'이라는 국제 합의를 조건으로 이스라엘과 모 든 관계를 정상화할 수 있다는 뜻이었다.

미국의 이라크 침략을 보면서 이란은 핵 억제력을 키워야 한다는 교훈을 얻었을 것이다. 이스라엘의 군역사학자 마틴 반 크레벨드Martin Van Creveld는 "미국이 이라크를 어떻게 공격했는지 세계는 똑똑히 보 았다. …… 이런 상황에서 이란 지도층이 핵무기 제조를 포기한다면 제 정신이 아닌 것"이라고 말했다. 이라크 침략을 통해 알 수 있는 것은 미국은 방어능력이 없는 공격 목표를 언제라도 공격할 수 있다는 사실이다. 현재 이란은 아프가니스탄, 이라크, 터키, 페르시아 만에 주둔한 미군에게 완전히 포위당한 상태다. 게다가 핵무장한 파키스탄과, 미국 덕분에 중동 지역의 초강대국이 된 이스라엘도 아주 가까이에 있다.

앞에서 이미 언급했듯이 해결되지 않는 쟁점들을 외교적으로 해결하려는 이란의 노력은 워싱턴의 방해로 번번이 좌절되었다. 게다가 이란과 유럽연합 간의 합의도 공격의 위협을 거두지 않으려는 워싱턴의 완강한 입장 때문에 위태로운 지경에 있다. 이란의 핵무기 개발과 중동 지역에 감도는 전운戰雲을 억제하고자 한다면 워싱턴은 지금이라도 유럽연합과의 약속을 충실히 이행하고, 이란을 국제 경제체제로 끌어들이면서 다른 나라들과 의미 있는 협상에 나서야 한다. 그것이 미국과 이란 그리고 인접 국가들, 아니 전 세계 모든 국가의 국민이 원하는 방향이다.

(2007. 3. 5)

---

*

M. K. Bhadrakumar, 〈Chinamm Russia welcome Iran into the fold〉, *Aisa Times*, 2006년 4월 18일. Bill Savadore, 〈President of Iran calls for unity against west〉, *South China Morning Post*, 2006년 6월 16일, 〈Non-aligned nations back Iran's nuclear programm〉, *Japan Economic Newswire*, 2006년 5월 30일. Edward Cody, 〈Iran Seeks Aid in Aisa In Resisting the West〉, *Washington Post*, 2006년 6월 15일.

**

Williams Lowther & Colin Freeman, 〈US funs terror groups to sow chaos in Iran〉, *Sunday Telegraphy*, 2007년 2월 25일.

미국의 '팽창주의'와 고결한 지식인

에드워드 사이드의 광범위한 저작과 그의 삶에서 몇 가지 주제를 선택해내기란 무척 어려운 일이다. 그러나 나는 여기에서 두 가지만 다뤄볼 생각이다. 하나는 '제국의 문화'고 다른 하나는 '지식인의 책무'다. 물론 '지식인'은 공론의 장에 들어갈 수 있는 특권과 수단을 지닌 사람을 가리킨다.

'지식인의 책무responsibility of intellectuals'라는 표현의 의미는 무척 애매하다. 다시 말하면 '의무ought'와 '현상is'을 명확히 구분하지 못한다. '의무'라는 관점에서 보면 지식인의 책무는 존경받아 마땅한 사람의 책임의식과 똑같아야 한다. 어쩌면 더 큰 의무감을 가져야 한다. 특권은 기회를 제공하고 기회는 도덕적 책임감을 요구하기 때문이다.

우리는 야만적이고 폭력적인 국가에서 순응하며 살아가는 지식인들을 비난한다. 그리고 그런 비난은 정당하다. 국제관계 이론의 창시자인 한스 모겐소Hans Morgenthau의 표현을 빌면 그런 지식인들이 '권력자들에게 순응하며 영합'하기 때문이다.

그런데 모겐소는 전체주의 국가의 인민위원들을 그렇게 지칭한 것이 아니라 서구의 지식인들을 그렇게 표현했다. 서구의 지식인들은 두려워서 그랬다고 변명할 수 없는 처지에 있다. 그들은 그저 비겁하게 권력에 순종한 것이다. 그렇기 때문에 훨씬 큰 죄를 지고 있는 것이다. 결국 모겐소는 '현상'을 말하고 있을 뿐 지식인의 '의무'에 대해서는 말하지 않았다.

지식인의 역사는 지식인에 의해 쓰인다. 따라서 지식인이 성실하고 용기 있게 고결한 가치를 내세우며 권력과 악에 저항한 정의와 진리의 방패로 그려지는 것은 당연하다. 그러나 기록을 살펴보면 이와는 상당히 다른 모습이 드러난다.

지식인의 '순응적인 영합'은 역사가 기록되기 시작한 때부터 시작되었다. 성경에서는 국가의 범죄와 비도덕적 관습을 질책하는 사람들이 자주 등장한다. 그리고 그들은 '선지자'라고 불렸다. 불분명한 단어를 모호하게 해석한 것이기는 하지만 요즘 말로 하면 '반체제적 지식인'이다. 그들이 어떤 대우를 받았는지 돌이켜볼 필요까지는 없다. 요즘도 그렇듯이 반체제인사는 가혹한 대접을 받는 것이 역사적인 표준이다.

그러나 선지자 시대에도 존경을 한몸에 받던 사람들이 있었다. 바로 궁중의 아첨꾼들이다. 그래서 복음서는 "거짓 선지자들을 조심하라. 그들은 양의 옷을 입고 너희에게 다가오지만 그 속에는 굶주린 늑대가 숨어 있다. 그들의 열매를 보면 그들을 알 수 있다"고 경고했다.

국가 권력의 고결함을 옹호하는 교조적 주장은 거의 비판의 여지가 없었다. 간혹 그들이 실수와 오류를 범하더라도 그 말을 한 사람만이 그 실수를 교정할 수 있었다. 200년 전, 존 애덤스John Adams 미국 대통

선지자 시대에도 존경을
한몸에 받던 사람들이 있었다.
바로 궁중의 아첨꾼들이다.
그래서 복음서는 "거짓 선지자들을 조심하라.
그들은 양의 옷을 입고 너희에게 다가오지만
그 속에는 굶주린 늑대가 숨어 있다"고 경고했다.

령은 "권력은 유약한 사람의 이해력을 뛰어넘어 원대한 영혼과 드넓은 시야를 갖는다고 생각한다"고 말했다. 지금도 이 말은 많은 사람들 사이에서 진리처럼 여겨지고 있다. 그러나 이 말은 흉포성과 독선이 깊게 뿌리내린 제국주의적 사고방식이 아닐 수 없다. 어떤 면에서는 권위적이고 지배적인 모든 구조에서 확인되는 사고방식이기도 하다.

엘리트 지식인들이 '양심적인 권력자'를 숭배하는 것은 지극히 정상적인 현상이다. 그들은 통제 수단을 가지고 있어야 한다거나 적어도 통제 수단과 근접거리에 있어야 한다고 시시때때로 덧붙였다.

이런 지배적 관점에서 지식인에는 두 종류가 있다고 흔히 말한다. 책임을 떠안고 이성적으로 판단하며 건설적인 '정책지향적 지식인'과 '가치지향적 지식인'이다. 그런데 '가치지향적 지식인'은 "지도층을 비난하고 권위에 도전하며 기존 권력기관의 비리를 폭로하는 데 전념하기 때문에" 민주주의를 위협하는 사악한 집단으로 여겨진다. 이는 삼자위원회Trilateral Commission의 1975년 보고서를 인용한 것이다.

삼자위원회는 미국과 유럽 그리고 일본의 진보적인 국제주의자들의 모임이었다. 그들은 '민주주의의 위기'를 심각하게 받아들였다. 1960년대에 들어서면서 대체로 수동적이고 무관심하던 국민, 즉 '특수 이익집단'이 자신들의 관심사를 주장하기 위해 정치의 장에 뛰어들자 이들은 민주주의가 위기에 닥쳤다고 생각한 것이다. 이처럼 민주주의를 바라보는 관점이 부적절했기 때문에 그들은 '민주주의의 위기'를 거론하는 보고서를 작성했고, '과도한 민주주의excessive democracy'로 국가의 정상적인 운영이 위협받는다고 여겼다. 이런 위기를 극복하기 위해서는 '정책지향적 지식인'이 건설적인 일을 할 수 있도록 '특수 이익집단'들이 수동적인 관찰자라는 본래의 역할로 되돌아가야만 했다.

그들이 말하는 파괴적인 특수 이익집단은 바로 여성, 젊은이, 노인, 노동자, 농부, 소수집단, 다수집단이다. 한마디로 국민 전체인 것이다. 그런데 유일하게 거론되지 않은 특수 집단이 있는데 바로 기업조직이다. 하긴 그도 그럴 것이 국가 권력은 기업조직이 '국익'을 대변한다고 여기고 있다. 그렇기 때문에 국가 권력이 이들을 보호하려는 것은 당연하다.

이처럼 국민이 계몽되고 민주화되는 위험한 추세를 억누르려는 반발이 현 시대에 뚜렷한 흔적을 남겼다. 미래에 어떤 일이 벌어질지 알고 싶다면 권력집단, 특히 오늘날에는 미국의 정책 결정과 행태를 지배하는 오랜 원칙을 면밀하게 살펴보면 된다.

경제를 비롯한 대부분의 분야에서 미국은 '삼극 체제' 중의 한 축에 불과하지만 군사적 지배에서는 역사적으로 유례가 없는 초강국이다. 게다가 군사적 지배를 급속히 확대해가면서 유럽과 세계 2위의 산업 경제대국인 일본의 지원을 받고 있다.

미국 외교 정책의 전반적인 골격에는 하나의 뚜렷한 원칙이 있다. 그 원칙이 서구 언론을 지배하고 있고, 정책을 비판하는 사람들뿐 아니라 학계에서도 막강한 영향력을 행사한다. 그것은 바로 '미국의 팽창주의'다. 미국은 '초월적 목표'를 갖고 있기 때문에 과거나 현재의 다른 강대국과는 다르다고 주장한다. 자유와 평등을 미국에서, 아니 전 세계에서 확립하는 것이 미국의 궁극적인 목표다. 미국은 전 세계에서 그 목표를 옹호하고 진작시키려 하고 있다.

고결한 지성과 윤리적 성품을 지녔다는 사람들까지 '미국의 팽창주의'를 옹호했다. 존 스튜어트 밀John Stuart Mill의 고전적인 글, 〈불간섭에 대한 소고〉를 곰곰이 뜯어보자.

밀은 '영국이 추악한 세계에 간섭해야 하는가, 아니면 자기 일에만 관심을 쏟으면서 야만인들이 야만적인 짓을 저지르도록 내버려둬야 하는가'에 대한 문제를 제기했다. 그의 결론은 보기에 따라서 달리 해석될 수 있는 복잡한 것이었다. 즉, 그는 설령 영국이 유럽인들로부터 오명과 비방을 듣게 되더라도 '추악한 세계'에 간섭해야 한다고 주장했다. 왜냐하면 유럽인들은 영국이 자국의 이익을 위해서라기보다 다른 국가들을 위해서 행동하는 '천사와 같은 능력'을 갖춘 '고귀한 국가'라는 사실을 이해해지 못하기 때문에 영국을 험구하는 '비열한 동기'를 찾는다는 것이다. 그리고 영국은 사심 없이 간섭의 대가를 부담해야 하지만 다른 나라들과도 그 노력의 결실을 똑같이 나눠가져야 한다는 말도 덧붙였다.

'예외주의'는 이제 보편적인 현상인 듯하다. 가령 징기스칸의 기록을 구할 수 있다면 거기에서도 똑같은 예외주의를 찾아낼 수 있을 것이다. 실제로 이런 원칙은 역사에서 얼마든지 찾을 수 있다. 정책은 이해관계가 일치할 때만 대외적으로 천명된 이상을 따를 뿐이다. 여기서 '이해관계'는 국민 모두의 이익이 아니라 '국익', 즉 사회를 지배하는 권력집단의 이익을 뜻한다.

로렌스 제이콥Lawrence Jacob과 벤저민 페이지Benjamin Page는 2005년《미국 정치학회지American Political Science Review》에 〈누가 미국의 외교정책에 영향력을 행사하는가〉라는 논문을 기고했다. 그들은 이 논문에서 "가장 크게 영향을 미치는 부분은 국제지향적인 기업이고, 두 번째는 기업의 영향권 내에 있는 전문가들이다"라고 정리했다. 반면 "국민 여론은 정부 관리들에게 거의, 혹은 전혀 영향을 미치지 않는다"고 덧붙였다.

그러나 이렇게 정책에 대한 지대한 영향력을 행사하는 사람들의 탁월한 이해력과 능력을 판단해볼 수 있는 증거를 찾는다는 것은 헛수고일 뿐이다. 오히려 그들이 자신이 이익을 보호하려고 취했던 행동들에 대한 증거만 찾게 될 것이다.

　　양심적인 권력자들은 국가라는 틀을 초월해 가족문제에서부터 국제문제에 이르기까지 인간 삶의 모든 영역에 영향력을 행사해야 한다. 그러므로(양심적인 권력자들이라면) 도처에서 벌어지고 있는 온갖 형태의 권위와 지배가 공정한 것인지를 엄격하게 따져보고 입증해야할 책임이 있다. 이는 자기 합리화를 위한 것이 아니다. 양심적인 권력자들이 이러한 책임을 떠안지 못하면 권위와 지배 자체가 와해되기 때문이다. 무정부주의자들은 고전적 자유주의 원칙을 대거 받아들이면서 권위와 지배의 해체를 지향했다.

　　나는 최근 유럽이 보여준 바람직한 발전 방향의 하나가 유럽 연합에서 비롯된 한층 유연해진 '연방제 협정'과 더불어 '국가 권력의 이양'에 있다고 생각한다. 즉, 각각의 전통 문화와 언어를 보존하면서 일정 수준의 지역적인 자율성을 보장해주는 것이다. 이런 식으로 발전한다면 지역적으로 분산된 국가 권력을 지닌 하나의 유럽을 그려볼 수 있을 것이다.

　　그러나 한편으로는 유럽 시민권과 공동의 목표 사이에서, 또 다른 한편으론 지역의 자율성과 문화적 다양성 사이에서 적절한 균형을 유지한다는 것이 그렇게 단순한 문제는 아니다. 결과적으로 제도권을 민주적으로 통제해야 하는 문제는 삶의 다른 영역으로 확대되기 때문이다.

　　이러한 문제의식은 '양심적으로 권력을 행사했던 진정한 권력자'들에게 머리를 숙이지 않는 사람들, 실제로 사람들의 생존을 위협하는 파괴적인 세력으로부터 세계를 지키려는 사람들 그리고 지금보다 더 문명화된 사회를 꿈꾸면서 그것을 구현할 수 있다고 믿는 사람들이 다루어야 할 중대한 의제가 되어야 할 것이다.*

(2006. 7. 13)

*

이 칼럼은 2006년 5월 베이루트의 아메리컨 대학에서 에드워드 사이드 추모 강연을 정리한 것이다. 원문은 《Inside Lebanon: Journey to a Shattered Land with Noam Chomsky》(2007)에 재수록되었다.

 **촘스키**가 걸어온 길

언어학자에서
행동하는 양심으로

아브람 노엄 촘스키Avram Noam Chomsky는 1928년 12월 7일, 미국 펜실베이니아 주 필라델피아에서 유태계 러시아인 이민 2세로 태어나 (아버지 윌리엄 촘스키William Chomsky는 《뉴욕타임스》 부음난에 소개될 정도로 저명한 히브리어 학자다) 오크 레인 컨트리 데이 초등학교(존 듀이의 교육 이념을 따르는 실험적이고 진보적인 이 학교에서 촘스키는 창조적인 사고를 키웠다)와 필라델피아 센트럴 고등학교(대학 진학을 최우선 목표로 삼는 경쟁적인 이 학교에서 촘스키는 불행했으며, 의욕을 상실했다)를 졸업하고 펜실베이니아 대학교에 진학했다.

그는 펜실베이니아 대학에서 언어학·수학·철학을 공부했으며, 하버드 대학교 특별연구회Society of Follows 연구원으로 재직하면서 박사학위 논문의 기초 연구를 수행했다.

1956년(29세)에 MIT 대학 부교수, 1959년(32세)에 정교수가 되었으며, 1964년(37세)부터는 석좌교수로, 1974년(47세)부터는 연구교수로 재직하고 있다.

1949년(22세)에 언어학자인 캐럴 슈어츠 촘스키Carol Schatz Chomsky
와 결혼한 그는 슬하에 2녀 1남을 두고 있다.

1950년대 아내와 함께 이스라엘 키부츠에서 공동체 생활을 경험하
면서 그는 자유주의 정신을 체득하고 현실을 직시하는 비판정신에 눈
뜨기 시작했다.

펜실베이니아 대학 시절 언어학 교수 젤리그 해리스의 영향으로 언
어학을 공부하게 된 촘스키는 생성문법이론으로 명성을 얻게 되었는
데, 생성 문법 체계 수립과 생성 문법에 내포된 의미로부터 언어 이론
을 세우는 작업은 현대 논리학과 수학의 기초에 관한 그의 관심으로부
터 발전된 것이다.

촘스키의 저술들은 1960년대 이후 학계의 폭넓은 지지를 받기 시작
했으며, 그는 왕성한 저술 활동과 더불어 전세계적으로 활발한 강의 활
동을 수행했다.

어릴 때부터 정치에 깊은 관심을 가져온 그는 언어학자로만 머물지
않고 1960년대부터 자신의 정치적 견해를 적극적으로 피력하기 시작했
다. 특히 그는 1966년 《뉴욕타임스》에 기고한 〈지식인의 책무〉를 통해
"지식인은 정부의 거짓말을 세상에 알려야 하며, 정부의 명분과 동기
이면에 감추어진 의도를 파악하고 비판해야 한다"고 역설했다. 이 기고
문은 그를 행동하는 지식인으로 각인시킨 결정적인 계기가 되었다.

흔히 '자유주의적 사회주의자'로 불리는 그는 《미국의 힘과 새로운
관료들》(1969)을 통해 미국의 베트남전 개입을 신랄하게 규탄했으며,
이후 《아시아와의 전쟁에서》(1970)《국가의 이유에 대하여》(1973)《밀실
의 남자들》(1973)《중동의 평화?》(1974)《인권과 미국의 외교정책》(1978)

《근본적 우선순위》(1981) 《새로운 냉전을 향하여》(1982) 《숙명의 트라이앵글 : 미국, 이스라엘, 팔레스타인》(1983) 《미국의 대외정책 : 제3세계 정책을 중심으로》(1985) 《지배·결속이론》(1987) 《507년, 정복은 계속된다 year 501》(1993) 《미국이 진정으로 원하는 것》(1996) 《그들에게 국민은 없다》(1999) 《불량국가 : 미국의 세계 지배와 힘의 논리 Rogue States》(2000) 《촘스키, 9-11》(2001) 등을 통해 진실을 널리 알리는 작업을 계속해오고 있다.

사실 촘스키의 존재는 그 세계적인 명성과 영향력에도 불구하고 우리나라 일반 대중에게는 2001년 9.11테러 사건을 계기로 대중 매체를 타고 뒤늦게 알려지기 시작했다. 아울러 정치 비평에 관한 그의 저작들도 그 이후에야 본격적으로 번역 소개되기 시작했다.

미국의 세계무역센터와 국방성 건물이 비행기 폭탄 테러를 당한 직후 미국 전역은 경악과 분노의 물결에 휩싸였으며 전세계 언론과 지식인들은 테러에 대한 저주성 성토를 쏟아놓기에 바빴을 뿐 그 누구도 테러에 대한 정직하고도 진지한 성찰을 보여주지 못했다. 그리고 아프가니스탄을 테러의 배후로 지목한 부시 행정부는 즉각 보복 전쟁을 선포하고 침공 준비를 개시했다. 그러나 세계 민중들은 테러 이면에 감춰진 진실, 제도권 언론이나 지식인들이 알려주지 않은(아니 감히 말할 수 없는) 감춰진 진실에 목말라했다.

바로 그 갈증을 촘스키가 적셔주었다. 촘스키는 언론들과의 연쇄 인터뷰를 통해 "미국 정부가 원인 제공을 했으므로 테러의 근본적인 책임은 미국 정부에 있으며, 만약 미국 정부가 국제법 절차에 따라 문제를 해결하지 않고 테러 응징을 명분으로 전쟁을 일으킨다면 미국이야말로 무고한 아프가니스탄 국민을 희생시키려는 테러 집단" 이라는 취지의 발언을 함으로써 미국은 물론 전세계를 경악시켰다. 그런 험악한 분위기에서 촘스키가 아니면 감히 어느 누구도 발설할 수 없는 진실의 메시지였다. 이러한 촘스키의 인터뷰는 "미국이 테러리스트의 역할을 멈추지 않는 한 더 큰 피의 악순환이 일어날 것"이라는 경고로 끝을 맺고 있다.

'미국과 테러'에 대한 촘스키의 견해를 《촘스키, 9-11》(9.11 테러 사태 이후 한 달여간 촘스키가 언론과 인터뷰한 내용을 엮음)에서 소상하게 읽을 수 있다. 그는 여기서, 배타적 애국주의로 치닫는 미국의 주류 언론과 지식인을 비판하면서 미국 정부와 언론의 선전 공세 뒤에 가려진 진실과 국제관계를 보는 새로운 시각을 전하고 있다.

신자유주의와 세계화의 위험성에 대한 경고와 비판의 고삐를 늦추지 않고 있는 촘스키는 올해(2008년)로 80세지만 진실을 향한 지적 성찰은 나이를 먹을 줄 모른다. 촘스키는, 지배권력의 선전에 세뇌되어 왜곡된 진실을 보듬고 살아가는 사람들에게 지적인 자기 방어법을 제공하고 세상을 바라보는 새로운 안목을 제시한다.

촘스키는 모든 '주의'(-ism)와 이중 잣대를 거부한다. 타락한 세계 지배권력의 심장을 정면으로 겨누는 촘스키의 투쟁은 종종 외로워 보이기도 하지만 '진실을 도둑맞고 사는 약자'들의 열렬하고도 광범위한 지지를 획득해가고 있다.

그러나 그의 투쟁 전선은 넓기만 하고 가야 할 길은 멀어만 보인다. 20세기를 오염시켰던 야만의 장면들이 더욱 폭력적인 모습으로 여전히 되풀이되고 있기 때문이다.

찾아 보기